遇见科学

——院士专家讲科学（第一卷）

北京市科学技术协会 编

科学普及出版社

·北 京·

图书在版编目（CIP）数据

遇见科学：院士专家讲科学. 1 / 北京市科学技术
协会编. -- 北京：科学普及出版社，2021.10
 ISBN 978-7-110-10235-0

Ⅰ. ①遇… Ⅱ. ①北… Ⅲ. ①科学知识－青少年读物
Ⅳ. ①Z228

中国版本图书馆CIP数据核字(2020)第268598号

总　策　划	《知识就是力量》杂志社	
策划编辑	郭　晶　　何郑燕	
责任编辑	江　琴	
封面设计	李子夜	
版式设计	李子夜	
文字整理	马之恒	
责任校对	邓雪梅	
责任印制	徐　飞	

出　　版	科学普及出版社
发　　行	中国科学技术出版社有限公司发行部
地　　址	北京市海淀区中关村南大街16号
邮　　编	100081
发行电话	010-62173865
传　　真	010-62173081
网　　址	http://www.cspbooks.com.cn

开　　本	787mm×1092mm　1/16
字　　数	387千字
印　　张	20.5
版　　次	2021年10月第1版
印　　次	2021年10月第1次印刷
印　　刷	北京利丰雅高长城印刷有限公司
书　　号	ISBN 978-7-110-10235-0/Z・244
定　　价	99.00元（全2册）

丛书编委会

主　　编　马　林

副　主　编　刘晓勘　　陈维成

成　　员　（以下按姓氏笔画排序）

王小丹　　王　康　　石　峭　　刘　然

李金欢　　李美依　　吴　媛　　何素兴

张和平　　张晓虎　　庞　引　　屈玉侠

赵　峥　　洪　亮　　韩媛媛　　程　锐

关注气候变化，走可持续发展道路。

丁一汇
2020年8月13日

△ 丁一汇
中国工程院院士，天气与气候学家

观察自然
认识自然

△ 许健民
中国工程院院士，卫星气象专家

神州坛天空对楼
嫦娥奔月鲲鹏
一展翅。我国航空航
天事业就辉煌。

闫楚良
2019·11·23

△ 闫楚良
中国科学院院士，飞机寿命与
结构可靠性专家

走遍天下
中国最美

刘嘉麒
2019.7.13

△ 刘嘉麒
中国科学院院士，地质学家

院士寄语

△ **沈国舫**
　中国工程院院士，林学及生态学专家

△ **汪景琇**
　中国科学院院士，太阳物理学家

△ **金涌**
　中国工程院院士，化学工程专家

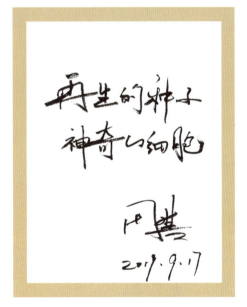

△ **周琪**
　中国科学院院士，发育生物学家

院士寄语

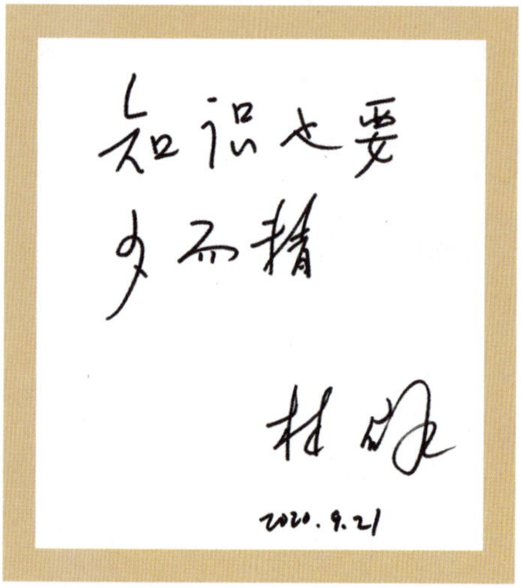

△ **林群**

中国科学院院士，数学家

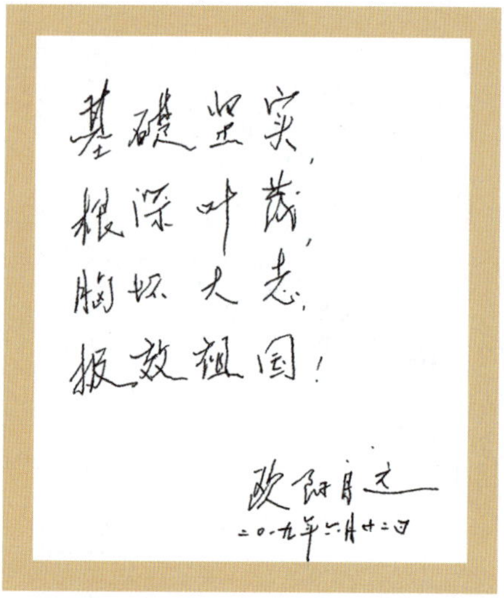

△ **欧阳自远**

中国科学院院士，天体化学与地球化学家

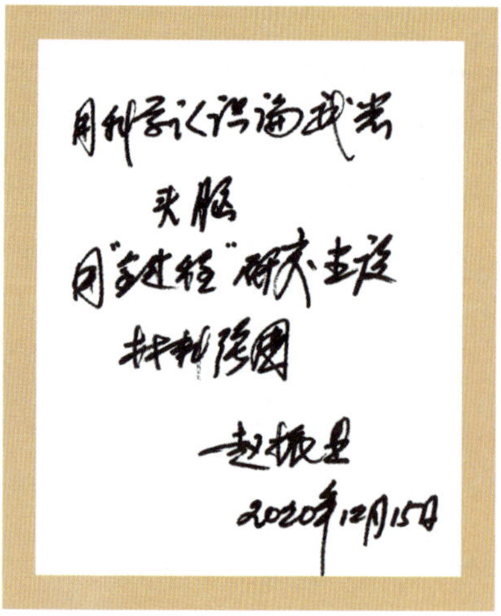

△ **赵振业**

中国工程院院士，金属材料科学家

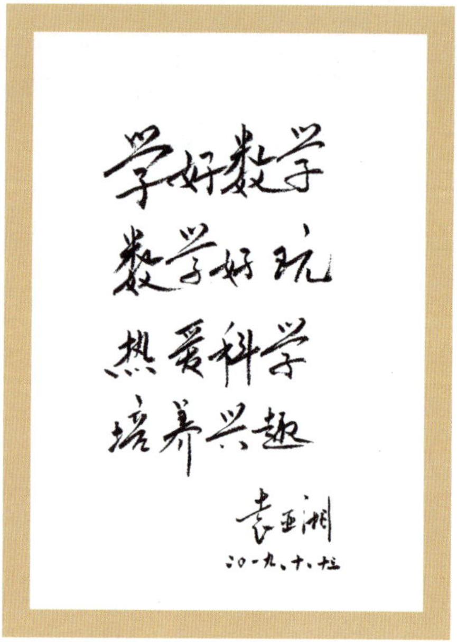

△ **袁亚湘**

中国科学院院士，数学家

△ **康乐**
中国科学院院士，生态基因组学研究
的领衔科学家

△ **翟明国**
中国科学院院士，前寒武纪
与变质地质学家

△ **谭建荣**
中国工程院院士，机械工程专家

△ **滕吉文**
中国科学院院士，地球物理学家

说明：以上内容均来自"院士专家讲科学"活动，"院士寄语"以姓氏笔画排序

序

习近平总书记强调，"科技创新、科学普及是实现创新发展的两翼，要把科学普及放在与科技创新同等重要的位置"。为落实习总书记对科学普及工作的要求，北京市科学技术协会立足资源优势，主动搭建科普主平台，深化科普理念与实践双升级，大力弘扬科学精神和工匠精神，推动首都科学教育、科学传播与科学普及大发展，突出优质原创内容建设，积极将"科技创新"与"科学普及"协同发展、比翼齐飞。

本书是以北京市科学技术协会主办，北京科学中心（北京青少年科技中心）等单位承办的品牌活动——"院士专家讲科学"科普讲座为蓝本，以提高公众的科学素养，激发青少年科学兴趣，发挥科学家在科学普及中的作用为宗旨，积极探索科教融合的新模式，增强青少年思维能力为重点，形成的一套适合青少年学习的科普读物。

书中汇聚了众多院士、专家，他们身上所具备的爱国奉献精神、工匠精神、探索创新精神、勇于开拓精神等都值得青少年学习。鉴于此，我希望青少年在阅读学习该书的同时，应认真地思考以下两点：

首先，希望青少年能从科学家的讲述中发现科学的魅力，找到培养科学思维的方法，领略院士、专家的科学思想，了解他们勇攀科学高峰的执着追求，学习科学家身上的宝贵精神。

其次，本书具有很强的科学性、探究性、趣味性和互动性。希望青少年在了解前沿科技成果及动态的同时，善于开动脑筋，自主探索，努力创新。

我相信，通过本书，青少年一定能从中学到科学基础知识，了解科学基本概念，掌握科学规律，提高科学素养。

　　书山有路勤为径，学海无涯苦作舟。青少年阶段的学习，不仅要深入钻研，打下稳固的基础，还要有广博的知识、不断开拓的眼界。我衷心希望，通过本书能让更多的青少年认识科学之美、探索科学奥秘、追逐科学梦想。

刘嘉麒

中国科学院院士

中国科普作家协会原理事长

2021 年 7 月

目录 CONTENTS

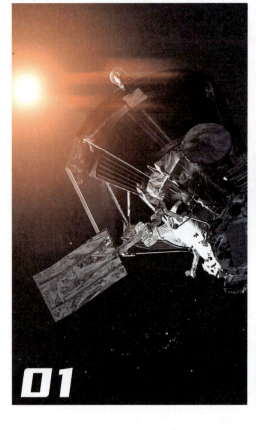

01

爱科学 · 播种科学的种子

金涌院士：
创新塑造今日世界   4

欧阳自远院士：
红色火星的蓝色星球梦   18

汪景琇院士：
倾听太阳的呼吸   32

刘嘉麒院士：
自然灾害与人类生存   44

林群院士：
数学为什么有用   60

02

学科学 · 激发科学的好奇心

李良：
外星人，你在哪里　　　　74

叶健：
微生物的星球　　　　90

周晋峰：
"地球之肾"与大自然　　106
精灵的故事

王爱慧：
蓝色星球的水循环　　　120

王宝会：
大数据离我们有多远　　136

王晓茹：
计算思维与人工智能　　152

说明：目录中有二维码标记的都是有相关视频

01
爱科学·播种科学的种子

○ 金涌院士：创新塑造今日世界

○ 欧阳自远院士：红色火星的蓝色星球梦

○ 汪景琇院士：倾听太阳的呼吸

○ 刘嘉麒院士：自然灾害与人类生存

○ 林群院士：数学为什么有用

金涌：

中国工程院院士，化学工程专家，清华大学教授

金涌院士：

○ 在现代生活中创新无处不在

创新塑造今日世界

扫一扫，
看专家讲座视频

　　回想一下你曾经学过的课本，你能想起多少科学家和发明家的故事？从石器时代的洞窟，到高度发达的现代化城市，创新的脚步从未停歇。得益于无数创新思维与创新成果的积累，人类将文明的触角伸向世界各地。我们在每一个大洲上留下了足迹，以陆上商路和海上航线联络彼此，掌握了飞上蓝天乃至外层空间，潜入水下乃至大洋深处的能力。

　　但创新是如何发生的？无论是根据现象提炼出新的科学理论，还是基于理论的指导完成新的技术发明，以及将新技术变为实用的工程，其背后都有一套井然有序的逻辑。完善的创新理论与思维方式，可以帮助人们排除思维的歧路，更快地找到问题的答案。无论是成功还是失败的案例，都蕴含着经验和灵感。因此，今天的创新者们，正是站在无数前人的肩膀上，创造科技快速发展的奇迹。

　　让我们跟随金涌院士，品味一个个关于创新的故事。锲而不舍的坚持，灵光一现的幸运，逆向思维和触类旁通的美妙……正是这些茅塞顿开的难忘时刻，塑造了我们的现代生活。

从柯达公司的命运说起

如果你对摄影稍有了解，就应该听说过柯达公司的大名。这家企业致力于将摄影变成普通人也能上手的简单工作，在使用传统胶卷相机的年代，其通过售卖胶卷和相机赚取了可观的利润。

但很少有人知道，取代了胶卷的数码相机，也是出自柯达公司的发明。不过，相比于日本的另一家著名的胶卷生产商富士公司，柯达公司对推广数码相机并没有太高的热情。胶卷已经能提供足够的利润，而制造数码相机需要搭建新的生产线，同时减少胶卷和冲印店的客流，似乎并不利于公司的发展。因此，柯达公司更倾向于通过申报专利的方式，垄断数码相机技术，再将它暂时封存。

于是，作为数码相机的发明者，柯达公司错过了这个足以改变行业面貌的技术转折点。随着日本的生产商绕开专利壁垒，大规模生产数码相机，胶卷很快显现出昂贵且不够灵活的劣势。柯达的业务出现了萎缩，甚至在 2012 年申请破产保护，以获得调整业务的喘息之机。

柯达公司的命运，称得上是对创新价值的一个注脚。当今世界，掌握核心技术无疑是工业、企业生存的关键；而在更高的层面上，国家之间的科技竞争也同样日益激烈。对于国家而言，重视科学研究与技术创新，是确保国家繁荣富强与国际影响力的基石。换句话说，依靠廉价劳动力和消耗大量资源发展经济的方式，已经不再适合今天的中国；而真正前沿的科学新知与核心技术，并不能用钱买到。

在改革开放初期，中国曾在汽车领域走过一段弯路。为了尽快提升汽车产业的技术含量，国家确定了"以市场换技术"的策略，开放中国的汽车市场，以期换取来自德国等汽车强国的先进技术，制造出更加环保节油也更舒适的汽车。但事实上，在燃油汽车这个领域，我们始终没有从国外得到先进的技术，因为这些汽车强国并不希望培养出潜在的竞争对手。相反，他们乐于看到中国停产技术暂时不够先进却是自主研发的汽车。随着研发人才的流失，中国只能不断接盘过时的技术，

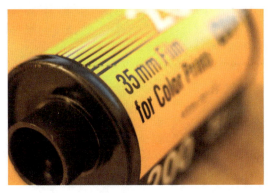
○ 胶卷

○ 数码相机

留在产业链的中低端，而且在普及私家汽车的过程中，将这个巨型市场的大部分利润拱手相让。

类似的情况，也曾经出现在家用电器领域。改革开放初期，中国曾经引进了120条彩色电视生产线。但工厂建成以后，我们才发现它只是个"组装厂"，因为电视机最核心的部件——彩色显像

○ 老电视

管，并不在技术转让的范畴之内。经过谈判，国家设法买回了制造彩色显像管的技术，却发现里面最核心的部件——电子枪，仍然不在技术转让的范畴之内。待到我们通过技术转让的方式，购买得到电子枪制造技术时，电视这种家用电器本身已经发生了剧变，更节能、画幅更大，而且不易刺激眼睛的液晶电视，已经显现出取代传统显像管电视的趋势。简而言之，在依赖技术转让而不进行自主研发的情况下，我们往往只能得到二流技术，耗费巨资在发达国家后面不断追赶。

因此，想要占领技术的制高点，唯有依靠自主研发。这注定是一条艰难的路，有可能付出大量劳动却一无所获。但只有掌握创新的思维方式，而且勇于试错，最

名师讲堂：
显像管

显像管本质上是一种阴极射线管，是电视机和计算机显示器能够显示图像的关键元件。

显像管的工作方式，是将电视摄像机或者计算机显示卡发出的电信号形式的图像信号，以亮度变化的形式重现在荧光屏上。显像管前面内壁玻璃的表面涂有一层薄薄的荧光粉，因此称为"荧光屏"。当电子枪发射的电子束打到荧光屏上面时，荧光粉就会发光，显示出图像。今天，我们已经很少使用通过显像管显示图像的电视机和显示器，只是在口语中留下了由"荧光屏"缩略而来的"荧屏"这个词，用来指代电视机。

终才能找到解决方案，将核心技术牢牢掌控在手里。不仅如此，探究人类认知过程与创新思维的本质，也会对基础科学研究有所助益。

想象力比知识更重要

阿尔伯特·爱因斯坦有一句名言："想象力比知识更重要。"正如他所言，对于科学研究和技术发明创新来说，在知识储备和逻辑体系的基础之上，想象力会成为更进一步的关键。

○ 弗朗西斯·培根

○ 爱因斯坦漫画像

通过研究科技史可以发现，人类的认知过程和思维方式，曾经发生过三次重要的变革。公元前 4 世纪，古希腊哲学家亚里士多德提出了"演绎法"，从形式逻辑以"三段论法"进行演绎，给知识以普遍的理论基础。用我们今天熟悉的事物来举例，我们知道了"金属可以导电"这个大前提，"铁是金属"这个小前提，就可以得出"铁能导电"的结论。

而后，在 17 世纪，英国哲学家弗朗西斯·培根提出了"归纳法"。他主张科学研究需要从观察和实践出发"逐级登攀"，从特殊事例上升到"较低公理"（适用范围有限的理论），进行多级归纳，最后上升到"普遍公理"。20 世纪初，爱因斯坦又提出了"直觉法"。他认为，人对科学现象可能会有一种突如其来的领悟或者理解。可以依靠直觉，引发顿悟，跳跃到未知领域的能力是非逻辑非经验的辩证思维，正如乔布斯所说"Think different"即另类思维。简而言之，单纯依靠逻辑推演，发现不了重大的科学原理。

事实上，这三种认知与思维的方式，并没有高下之分。做出原创性的科学发现，很大程度上有赖于对它们的综合运用。教育领域中的一个常见误区，便是教师习惯性地、不自觉地增加了演绎法的占比。中国物理学家杨振宁对此曾有过精辟的论述。他认为，清华大学的教师确实学识渊

○ 创新思维

博，对自己的研究领域有着非常深刻的见解；但在传道授业时，他们会倾向把自己的逻辑体系也传授给学生。在杨振宁看来，这样的做法在让学生掌握知识的同时，也会被逻辑体系构建一个"金色的笼子"，封闭了学生发散思维的可能性，使他们只能跟随教师的思路继续学习和思考。而这显然不利于培养学生的创新思维。

依靠直觉解决科学问题的实例并不鲜见。除了爱因斯坦提出相对论的过程，德意志数学家约翰·卡尔·弗里德里希·高斯的一则童年轶事，或许是我们更熟悉的例子。在高斯不到9岁，还在读小学的时候，有一次数学老师要临时离开课堂一段时间，就给学生们留了一道"难题"，让大家计算从1到100的所有数的和。这位教师原本以为，连续的加法运算和验算，会让学生们花费不少时间；可是他刚刚走出教室，高斯就已经给出了准确的答案"5050"。这是因为，高斯发现，1至100的数列可以相对折叠成50对，每一对（比如1和100、2和99）相加的和都等于101。而后，他只进行了一次乘法运算，就完成了题目的要求。显然，高斯童年时的这次"灵光一现"，正说明他在数学方面的直觉超过常人。这种特质，与后天培养演绎与归纳等能力结合起来，使他成长为伟大的数学家。

高斯的故事，以及其他许许多多关于"灵光一现"的故事，都在提醒我们在科学研究中想象力的可贵。在想象力方面，人有着无穷的潜能。不拘泥于前人的固有思维定式，往往是做出重要科学发现或者技术发明的关键所在。

古希腊时期，一些哲学家从生活经验出发，对当时流行的世界观提出挑战。他们意识到，人类生活的地球是一个球体，而非被半球形天空笼罩的平面。亚里士多德可能是从科学角度论证地球是球体的第一人。他指出，在港口观看远方驶来的航船，都是先看到桅杆再看到船体；月食是因为地球的阴影导致，而月食时的分界线总是弧线；夜行者向正南或正北快速旅行时，会发现一些星星从前方地平线升起，另一些从后方地平线落下并消失。基于这些证据，他推断人类其实是生活在一个不算太大的球体上面。

亚里士多德等古希腊哲学家已经知道，人类生活在一个不算太大的球体上面；但如何精准测量地球的尺寸，是一个人们感兴趣但一时无从做起的问题。相比于当时的交通条件，地球的尺寸还是惊人的，很难找到合适的测量方法。直到公元前3世纪，亚历山大港图书馆的馆长埃拉托色尼，想到了一个独特的办法，那就是利用阳光照射物体的影子。

当时，位于亚历山大港正南方的西恩纳（今天的阿斯旺），有一个非常著名的景观：每逢夏至日这一天，阳光可以直射到当地一口深井的井底。埃拉托色尼敏锐地意识到，在夏至日这一天，太阳正好位于天顶，是个不错的测量基准。而后，他在亚历山大港选择了一个很高的方尖塔，在夏至日那天，测量出塔的阴影长度。这样一来，他就可以得到方尖塔和阳光之间的角度。

按照几何学上已经证明的定理，当一条射线穿过两条平行线时，交叉点对角的角度相等；而太阳与地球相距遥远，同时照到西恩纳与亚历山大港的阳光，可以近似地理解为平行线。因此，通过几何学的方法，埃拉托色尼计算出西恩纳与亚历山大港之间的距离，等于地球周长的1/50。如果换算成今天的长度单位，大约是39690千米，这已经和现代的测量数据非常接近。因此可以说，埃拉托色尼正是凭借卓越的想象力，巧妙地将天文学与测地学结合起来，方才完成了这项看上去不可思议的成就。

想象力也会为技术发明提供独特的灵感。在现代社会，塑料导致的污染是一个非常棘手的问题，因为传统的塑料在自然环境中大约需要 200 年才能降解。因此，如果使用传统塑料制造温室大棚的薄膜，待到薄膜老化废弃之后，就会成为耕地的污染源。

为了解决这个问题，人们需要研发可以降解的塑料，使废弃的薄膜可以在自然界中更快地被微生物分解。但如何以低廉的成本，大量生产这样的塑料，是这项新技术能否投入使用的关键。微生物学家发现，在经过转基因的大肠杆菌体内有很多白色的小球状的点，它们不是组成细菌的器官，而是它储存的营养物质。大肠杆菌的繁殖速度是很快的，而且它们会以同样

快的速度吸收营养物质，以保障自身的生存。于是，生物化学家通过生物工程的方式，培养出这种特殊的大肠杆菌，使它们能将玉米浆等廉价易得的营养物质，转化成羟基丁酸酯，由于这种塑料是通过生物

○ 每年有大量土地被迫用于堆置、存放垃圾

名师讲堂：
回归线

在一年的时间里，太阳光直射到地球的位置，会在两条特别的纬线之间往返一次。这两条纬线分别位于北纬和南纬23°26′，称为"北回归线"和"南回归线"。在北半球，阳光会在夏至日（通常是 6 月 22 日）这一天直射北纬23°26′，因此这一天拥有一年中最长的白天。而在南半球，情况则正好相反，阳光会在北半球的冬至日（通常是 12 月 22 日）这一天直射南纬23°26′，使南半球拥有一年中最长的白天。

在历史上，一些北半球的古文明会将春分（通常是 3 月 21 日）作为一年的开始。因为这一天阳光直射赤道，全球昼夜平分，而且气温转暖，冬去春来，新的农作季节即将开始。今天，我们在英语中还能找到这种民俗的痕迹。英语中的 9 月（September）和 10 月（October），分别与拉丁语的 7 和 8 拥有相同的词根，这说明它们在历史上曾经是 7 月和 8 月。

○ 可降解材料

工程制造的，所以它可以参与人的生理代谢，作为人类器官植入人体，如人造骨钉、皮肤、血管等，并得以大规模生产。

　　看似微不足道的现象中，也可能蕴含着技术发明的灵感，但往往只有富于想象力的头脑，才能发现这些潜在的联系。你可能用过一种有着"哥俩好"或者类似绰号的环氧树脂"A"与"B"强力胶，这种胶平时分装在两个软管里，需要用的时候挤出来并且搅拌混合在一起，很快就会拥有惊人的黏合力。这是因为，在这两种胶混合的过程中，发生了化学反应，使混合后的胶开始凝固，从而黏结起不同的物体。

　　而在航天领域，高速飞行的卫星、宇宙飞船和空间站等航天器，即使遭到体量很小的小行星或者太空垃圾的划伤，也会造成有可能影响工作性能和飞行安全的损

伤。为了避免航天事故，人们在制造航天器的时候，就需要为它赋予自我修复的能力。航天器的设计者模仿环氧树脂胶的使用方法，在航天器由碳纤维缠绕的外壳材料中混入了一种微型胶囊。它的里面分别盛放着"A"与"B"两种强力树脂胶。当航天器被划伤的时候，胶囊就会裂开，使树脂胶与固化剂混合，两种树脂会混合固化迅速修复碰撞所造成的损伤部位。

另辟蹊径带来柳暗花明

　　拥有想象力是可贵的特质。另辟蹊径乃至逆向思维解决科研难题，同样有赖于想象力的指引。在科学研究和技术创新中，这样的实例并不鲜见。

　　目前，中国是世界上钢铁产量最大的

国家，但中国缺乏高品位的铁矿，绝大部分矿石的含铁量刚刚超过 30%。传统的炼铁业选矿方法，是将铁矿石中富含铁的部分筛选出来，进入冶炼流程。因此，低品位的铁矿石，会给选矿作业带来很大困扰。为了适应生产设备，中国需要从澳大利亚等国家购买铁矿石，因为进口铁矿石的含铁量可以达到大约62%。中国的旺盛需求，以及缺乏高品位铁矿石的资源条件，使国际市场上高品位铁矿石价格猛涨，成为中国钢铁工业的负担。

为此，科研人员逆向思考，由浮选铁元素的工艺改为筛选杂质脉石。这是因为，选矿的目的是将可供冶炼的金属与矿石中的杂质分离出来，先分离哪一部分其实并不重要。有效分离出铁矿石中杂质的技术，同样可以筛选得到含铁量很高，可以用于冶炼的原材料。这项由逆向思维引发的技术投入生产之后，高品位铁矿石的价格就发生了"跳水"，减价幅度超过一半！

美籍犹太裔化学家赫尔曼•佩恩斯找到高辛烷值汽油生产方法的过程，则说明了想象力、敏锐的观察，以及不迷信前人

○ 铁矿石

结论，都是有利于创新的宝贵特质。佩恩斯曾为美国的环球油品公司工作，负责分析炼油出产的样品。他需要将硫酸加入多种样品当中，观察它们发生的化学反应，从而了解其化学组成。有一天下班后，他应同事之邀去看电影，因此没有清洗试管就离开了实验室。第二天清晨，他却没有着急清洗试管，因为他发现前一天的实验余样，经过一夜的时间，已经发生了变化。

按照当时的有机化学理论，石蜡烃或烷烃（碳氢化合物）是惰性物质，在低温下不会与其他物质发生反应。但佩恩斯却通过前一天没有清洗的试管发现，情况似乎并不是这样。后来，他进入美国西北大学工作，与另一位化学家弗拉基米尔•伊帕蒂耶夫一起，从这个发现出发继续探索。我们知道，石油其实是很多种碳氢化合物的混合物，即使经过了分馏，得到了汽油、柴油、航空煤油、（船用）重油等一系列产品，每种产品实际上也仍然是多种碳氢化合物的混合。当硫酸加入炼油样品的时候，没有人知道究竟是哪一种或几种碳氢化合物同硫酸发生了反应；而且，这样的反应很可能会生成若干中间产物，它们彼此间又可能发生进一步的化学反应，使局

○ 正在加油的汽车

辛烷值是交通工具使用汽油抵抗震爆的指标，也就是我们在加油站看到的汽油的"标号"。人们设置这个指标的目的，是因为汽油内含有多种碳氢化合物，其中一些在高温高压条件下有可能自燃，造成震爆现象，影响发动机的正常工作。为了避免发动机使用不合适的燃料，人们用辛烷值来表示汽油中各种碳氢化合物的比例。

今天的大型飞机通常使用航空煤油作为燃料；但一些小型飞机可能会使用汽油。相比于汽车，飞机的燃料对抵抗震爆有更高的要求，通常需要加入 98 号或者更高辛烷值的汽油。第二次世界大战时期的很多飞机也以汽油作为燃料。因此能够迅速大量制造高辛烷值的汽油，对于航空业和军队保持战斗力就显得非常重要。

面更加复杂。

为了揭示当年试管中现象的本质，佩恩斯设法将每一种碳氢化合物分离出来，再向它们当中分别加入硫酸。最终他发现，硫酸可以使一些碳氢化合物异构化，也就是发生重排反应，将分子转化为另一个含有相同原子，但排列方式不同的分子。他进一步研究，找到了一种将正丁烷催化转化为异丁烷的方法，而这种方法是生产高辛烷值汽油的一个重要步骤。在第二次世界大战时期，佩恩斯将自己的方法提供给英国皇家空军，使英国的战斗机能够拥有充足的燃料，为最终赢得不列颠空战的胜利提供了帮助。另外，过去提高汽油辛烷值的方法是混加四乙基铅，这种方法会引起铅中毒，所以这也是清洁汽油生产的重大突破。

青霉素的发现，也离不开细致的观察和不拘于既有理论的想象力。1928 年 7 月下旬，英国微生物学家亚历山大·弗莱明将众多接种有致命葡萄球菌的培养皿，放在实验室里阳光照不到的位置，而后离开实验室去休假。9 月 3 日，度假归来的弗莱明刚进实验室，其前任助手来串门，问起弗莱明这段时间在做什么。于是，弗莱明顺手拿起一个培养皿准备解释时，却发现里面有一块惨白的颜色，说明原本在这里的葡萄球细菌已经被溶解了。

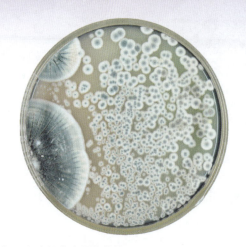

○ 正在生长的青霉菌菌落

弗莱明离开实验室后，来源不明的青霉菌孢子恰好落入了这个培养皿。不仅如此，葡萄球菌最适合在大约 37℃ 的环境下生长，因此需要放进恒温的培养箱里，才能得到最好的培养效果，而弗莱明因为准备去休假，不再需要这批葡萄球菌，因此并没有这么做。在那个夏天，弗莱明离开之后不久，伦敦出现了一段反常的凉爽天气，刚好将室温拉到了最适合青霉菌繁殖的范围。这样一连串巧合，使青霉菌得以迅速生长成熟，分泌出了能够溶解葡萄球菌的青霉素。尽管如此，青霉素只有在葡萄球菌快速繁殖的时候，才能发挥出溶解葡萄球菌的作用。可是接下来，伦敦气温回升，葡萄球菌开始迅速生长，刚好"撞"上了青霉素的"防线"，便发生了它们被青霉素溶解的现象。

弗莱明没有放过这个异常现象，而是顺着它进一步研究下去。这个培养皿当中原本培养着葡萄球菌，在当时的医疗条件下，这种危险的病原体，如果进入血液就可能引起致命的败血症。但在

○ 青霉菌菌丝体

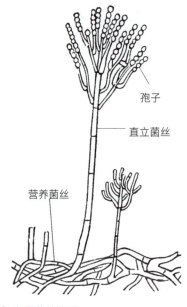

孢子

直立菌丝

营养菌丝

○ 青霉菌结构图

这个放置的培养皿，加上弗莱明对巧合现象的敏锐观察与后来的分析，最终发现了著名的抗生素——青霉素。这种强有力的杀菌药物，在日常生活中和战场上挽救了千千万万的生命。

成功有赖于勤奋，但科学创新所需的并非只有勤奋。学习知识的目的，是为了了解前人已经走过的路，要勤于思考不要让已有的知识成为自己继续创新的束缚。我们需要学会"站在巨人的肩膀上"，保持好奇心和善于想象的能力，通过创新来寻找解决问题的方案。只有这样，我们才能收获更有希望的未来。

思考：

本文对你有什么触动？
你还知道哪些创新故事，请告诉我们。

欧阳自远：

中国科学院院士，著名天体化学与地球化学家，
中国月球探测工程首任首席科学家

○ 火星

欧阳自远院士：

红色火星的蓝色星球梦

扫一扫，
看专家讲座视频

很多科幻小说、电影和计算机游戏，都描绘了人类登陆火星，甚至在火星上定居的情景。而在现实生活中，火星也被认为是人类在地球之外最有可能的家园，或者说是行星际移民的第一站。

现在的火星尽管并不宜居，却与地球有着诸多相似之处，它们都有季节的变化。而地球到火星的距离，也使人类能够凭借火箭与飞船，在可以接受的时间里，完成一次行星际的远征。

美国企业家埃隆·马斯克公布了组织上百万人移居火星的宏大计划，这个曾被认为是狂想的方案，正被一项项技术突破逐渐变为现实。中国的航天界也进入了这个新的领域，以便在探测乃至登陆火星的国际竞争中占得先机。

让我们跟随欧阳自远院士，去领略火星的过去、现在和未来，以及经过地球化改造的火星，将带给人类社会的无穷可能性。

引人注目的红色行星

　　按照人类目前已经掌握的天文学知识，我们生活的太阳系，拥有八颗环绕太阳旋转的行星。我们生存的地球，便是其中之一，地球是从太阳方向算起的第三颗行星。从地球出发，背对太阳向外走，第四颗行星便是火星。

名师讲堂：
冥王星为何不再是行星？

　　1930年，天文学家发现了冥王星，并且认为它是太阳系的第九颗行星。但随着天文学的进步，冥王星的地位被不断动摇。人们发现，冥王星的体积远远小于月球，而且与它的卫星"冥卫一"相比也相差不大。从1992年开始，在冥王星所处的柯伊伯带中，发现了更多与它质量相仿甚至更大的天体，对冥王星的行星地位构成了强有力的挑战。

　　2006年，国际天文学联合会（IAU）通过一项决议，正式定义了"行星"的概念。根据该决议，太阳系的行星必须绕太阳公转，能够通过其自身引力形成球体，而且必须能清除其轨道附近的区域。冥王星不符合第三个条件，因此被降级为"矮行星"，特指能够满足行星定义的前两个条件，但不满足第三个条件的天体。目前，冥王星是太阳系内已知体积最大、质量第二大的矮行星。同时被归入"矮行星"范围的，还有"冥卫一"和人类发现的第一颗小行星"谷神星"、与冥王星同处于柯伊伯带而且质量略大的"阋神星"等。"冥卫一"不再被视为冥王星的卫星，两者构成了双矮行星系统。

　　不过，天文学界仍然没有放弃找到真正的太阳系第九颗行星的希望。天文学家们推测，这颗行星有可能在海王星轨道外面非常远的地方，而且拥有极为漫长的公转周期。

○ 地球与火星

　　人类早已知道火星的存在。但自古以来，在世界很多民族的观念里，火星都被认为是不祥的象征。这或许是因为，大多数古人并不知道地球和其他行星都在围绕着太阳转动，因此从地球的视角来看，火星运行的轨迹和亮度总是变化不定，令人迷惑。所以，我国的古人将火星称为"荧惑"，认为它代表着灾难，如旱灾、烈性传染病和战乱。如果火星、土星与心宿二（天蝎座 α）在夜空中看上去像是连成了一条直线，就被称为"荧惑守心"，是需要国家慎重对待的凶险天象，因为它往往象征了君王驾崩乃至国家灭亡。按照史籍记载，中国历史上第一位皇帝秦始皇嬴政，就是在一次"荧惑守心"天象出现后不久猝然离世。

　　而在西方，火星的红色使人们联想到鲜血，因此古希腊人将它视为战神阿瑞斯的象征。阿瑞斯是一位残暴的神灵，嗜好鲜血、打斗和杀戮，极为粗暴而且有勇无谋。古罗马人继承了古希腊人的神话和神灵谱系，将阿瑞斯改名为"玛尔斯"，作为古罗马文明的战神。今天英语中的"火星"（Mars）一词，便是源于玛尔斯的名字。

○ 火星红色的地表

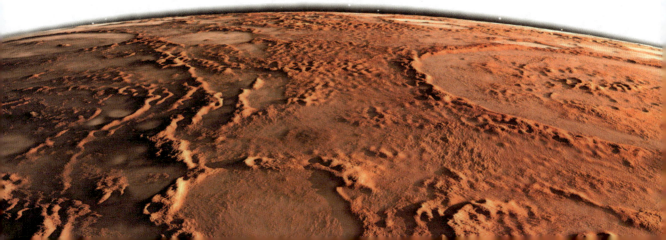

火星呈现出红色，是因为火星表面的土壤中富含赤铁矿的微粒。火星上常有沙尘暴，当风沙弥漫的时候，赤铁矿微粒被风卷集四处飘散，使火星成为一颗红色的星球。现代科学也早已经证明，"荧惑守心"并不会带来灾祸，火星本身也和地球上的战争等灾祸无关。不仅如此，火星还孕育着一份独特的希望，因为它有可能是太阳系里第二个有生命的天体。

火星与地球都属于"类地行星"，也就是以硅酸盐矿物组成的岩石作为主要成分的行星；从木星开始的另外四颗行星，则是巨大的气体行星，称为"类木行星"。而且，火星经过地球化改造后与地球都将处于太阳的"宜居带"之内。这意味着可以孕育生命，以及人类登陆乃至定居火星的可能性。

火星在很多方面都和地球颇为相似。

它环绕太阳旋转一周需要的时间，按照地球的时间来表达是 687 天，或者说将近两年。它自转一周的时间，或者说一个"火星日"是 24 小时 39 分 35 秒，与地球上的一天相差不大。火星的自转轴倾角大约是 25°19′，也和地球的 23°26′相差不大。因此，在火星上有着和地球一样分明的四季。

不过，因为火星距离太阳比地球更远，火星能够接收到的阳光能量，只相当于地球的 43%，这使火星成为一颗更为寒冷的行星。火星的体积也比地球要小，半径大约是地球的一半。此外，火星的大气成分与地球有很大不同，是以二氧化碳为主，加上少量的氮气和氧气。以现在的条件来看，火星对人类来说并不宜居。尽管如此，在太阳系的行星中，火星仍然是人类最有可能移居的新家园。

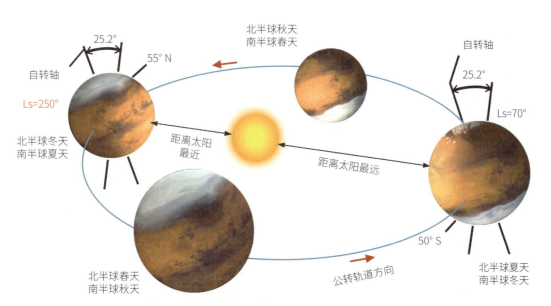

○ 火星的公转轨道和四季变化

地球拥有唯一的天然卫星月球。火星拥有两颗天然卫星，但它们与月球有着不同的起源。

现代天文学已经大体确认，月球起源于地球形成初期，某个火星大小的天体撞击地球后产生的碎块围绕地球运行，逐步汇集形成月球。根据地球与月球具有"基因性的同位素组成"测定，表明月球是地球的"女儿"。但火星的两颗天然卫星，并非源于火星。这两颗体积非常小的卫星，原本是行经火星附近的小行星。它们被火星的引力俘获，成为环绕火星旋转的卫星，属于外来的"养子"。

火星上有生命吗？

几百年来，火星上是否有生命乃至文明的问题，吸引着一代代天文学家们的好奇心。在 19 世纪，受制于天文望远镜的成像精度，人们有可能会从看到的火星景象，联想到日常生活中熟悉的事物。这种在心理学上称为"空想性错觉"的现象，曾经引发了一起著名的误会事件。

1877 年，意大利米兰天文台的台长制作了一张火星地图，在上面标注出一些被他称为"沟渠"的线条。他的本意或许是要表明，火星表面在很久以前可能曾经有过水，这些沟渠便是干涸的河床。但在将意大利语翻译为英语的过程中，"沟渠"被误译成了"运河"。这样一来，火星地图上标注的性质，就有了本质的不同。运河显然是人工建造的产物，在火星上发现"运河"，或许意味着这颗星球曾经有过智慧生命，而且建立起了文明，只是因为难以索解的原因销声匿迹。

"火星人"由此成为人们关注的话题，并为若干早期科幻作品提供了灵感。直到人类进入航天时代，很多人仍然基于先入为主的观念，对火星文明怀有憧憬。20 世纪 70 年代，美国的"海盗 1 号"火星探测器，曾经拍下过一张著名的"火星人脸"照片。这个酷似一张人脸的"建筑物"，不免让

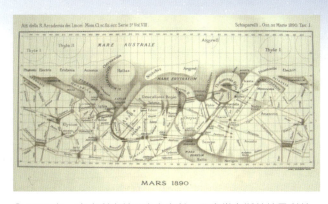

○ 1877年，意大利米兰天文台台长、天文学家斯基帕雷利首先用望远镜观察到火星上的沟渠系统

人联想起古埃及的狮身人面像。但事实上，新的探测器拍摄的更为清晰的照片显示，这个区域只是一座普通的山。因为当年的相机分辨率不佳，加上一些光影的巧合，造成了人们的误判。

虽然火星上并没有科幻作品中描述的"火星人"，也没有明确的文明遗迹的证据，但火星上是否有生命，却仍然是天文学界关注的话题。不过，开展火星探测要比前往月球更难，因为火星的距离更为遥远，而且地球与火星的公转周期差值并不是整倍数，所以每隔大约26个月，才会有让探测器飞行距离相对较短的"窗口"。同样是因为距离遥远，探测器在飞行途中会遇到更多不可控的因素；而且登陆火星的最后着陆阶段也无法依靠地球遥控，只能让探测器通过预设的程序自行判断。

名师讲堂：
空想性错觉

人们看到无意义、不相关的事物，会不自觉地将它与日常生活中熟悉的事物进行匹配，寻找眼前所见事物的意义或者关联。我们会将第五套人民币50元纸币上的两个特定花纹，想象为唐僧和孙悟空的形象，就是一个典型的例子。

这样的"脑补"现象，被称为"空想性错觉"。心理学研究表明，尽管空想性错觉指向了错误的结论，但这种"下意识找规律找关系"的举动，恰恰反映出人脑认知世界的底层机制。

　　"火星上存在文明"的观念，曾经为很多科幻作品提供了灵感，科幻电影《异星战场》的原著小说《约翰·卡特火星战记》便是其中之一。根据电影和系列原著小说的设定，火星是至少四种智慧生命的家园：建造了繁华城市定居生活的希雷姆人和住在机械移动城市里四处劫掠的佐丹格人，都有着酷似人类的外表，双方常年征战不休；神秘的瑟恩人自称为"神"（某种远古高阶文明）的使节，拥有几乎无限的自然寿命和随意改换外表的能力，以介入其他智慧种族的争斗为乐，并且为佐丹格人提供了毁灭性的超级武器；绿色皮肤的萨克人身材高大，拥有四条手臂，过着游牧部落式的生活，在希雷姆人与佐丹格人的争斗中保持中立，并通过拣拾装备残骸和袭击战败者获得生活物资。

　　美国退役军人约翰·卡特在前往西部拓荒途中，误触了瑟恩人留在地球的一个超时空传送装置，被意外传送到火星。因为火星的重力低于地球，卡特在火星上成为力量和弹跳能力惊人的超级英雄，也不自觉地参与到各个智慧种族的争斗当中。

　　截至 2020 年，人类总共进行过 47 次火星探测任务，成功了 24 次，也就是成功率只有大约一半。在着陆火星的探测器承担的任务中，最为激动人心的部分，就是通过现场采样和分析，寻找火星拥有生命的证据。目前，探测器确实已经在火星上发现了液态水，以及历史上曾经存在过大量水的痕迹。在火星的演化过程中，火星表面的液态水，一部分逃逸到太阳系空间，另一部分转入地下，形成地下水。但是，目前火星地下存在的液态水，拥有极高的含盐量，超出了地球上所有已知生命的承受能力。因此，目前的科学理论倾向于认为，火星上的水很难作为判断是否有生命存在的直接证据。

　　宇宙的大部分区域对于生命来说是险恶之地，只有很少的地方有可能孕育生命。科学家们通常认为，液态水是生命生存所不可缺少的元素；而在一颗恒星周围，通常会存在一片区域，恒星的热能传输至此的部分不多不少，刚好允许水以液态形式存在，这片区域便被称为"宜居带"。如果有行星恰好处于这一区域内，它或它的卫星便得益于液态水的存在，而有可能孕育生命。

　　宜居带的位置和范围，取决于恒星的体积、温度和演化阶段等因素。对于太阳来说，地球目前刚好处在它的宜居带中，火星则处于外侧边缘，也有孕育生命的潜质。

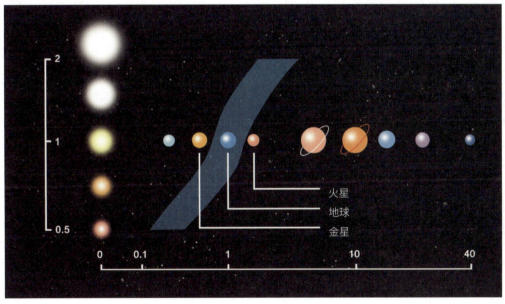

○ 不同质量恒星的宜居带示意图，唯有地球在太阳系的宜居带内（横坐标为行星与主恒星的距离，以地球公转半径即 1 个天文单位为 1）（纵坐标为主恒星的质量，以太阳的质量为 1）

遇见科学

01

院士专家讲科学

○ 由火星快车号所得数据构建出的具有水冰的撞击坑景象（图片来源 / 欧洲航天局）

火星大气层中发现极微量的甲烷气体，追溯甲烷气体的来源是探寻火星生命的一个新途径。一些生命活动会产生甲烷，并排放到大气当中；地球上的天然气，其实主要成分也是古生物死亡后经过地质作用转化而成的甲烷（天然气）。因此，甲烷的存在，往往与生命存在关联。精确测定甲烷的碳同位素组成，立即可以判断甲烷是来自生命活动，还是来自与生命活动无关的非生物过程合成的。由于火星大气中的甲烷含量大约只有 30ng/L，当前还难以进行火星大气中甲烷的碳同位素分析，难以取得可信的科学数据。

尽管如此，人类仍然有希望揭示火星生命的奥秘，那就是研究火星陨石。当小行星撞击火星的时候，一些火星岩石会因为撞击飞入太空，而后又作为陨石坠落到地球上。在人类还无法登陆火星，也无法让无人探测器采集标本并送回地球的情况下，火星陨石是人类能够掌握的唯一直接源自火星的标本，尽管这是可遇而不可求的。

地球表面大部分是海洋，人们无法寻获掉入大海深处的陨石。相比之下，沙漠和南极洲的冰盖，是容易寻获陨石的区域。但火星陨石在陨石当中只占极小的一部分，到目前为止，人类手中掌握的火星陨石，也只有 230 块左右。2014 年，中国科学家在一块 2011 年发现于摩洛哥的火星陨石中，发现了

知识链接　　发现甲烷与有机物

2014年12月16日美国国家航空航天局宣布，好奇号火星车在火星称为"夏普山"（Mount Sharp）的沉积岩上，发现了比背景甲烷浓度高10倍的甲烷气体。对于甲烷排放量的研究有助于了解火星是否有生命存在。此外，还在火星岩石样本上首次确定性探测到其他有机分子。虽然有这些新发现，但火星上是否有生命仍然未知。

○ 好奇号

微小的碳颗粒，并证明这种碳颗粒是有机物质，有可能是由生物形成的。这项发现表明，在非常久远的过去，火星上有很大可能性曾经存在过生命。但想要得到更为直接和详细的证据，或许只能有待将来探测器着陆采集火星标本，并且将它们送回地球。

简而言之，我们今天已经知晓，火星上并没有智慧生命和文明，但曾经可能有过原始低等生命的发育。不过，因为至今尚不知晓的原因，火星的磁场早已消失，只有若干很弱的区域性的磁场。因此，在没有磁场保护的情况下，火星难以像地球一样抵挡宇宙中的各种辐射，特别是太阳风的侵袭。因此，火星损失了大部分的水，成为一颗死寂的星球，并将不适合居住的状态保持到今天。

改造火星，再造一个地球

但人类仍然有可能运用科技的力量，经过漫长的努力，使火星重新变得宜居。人口数量的增长和环境污染，正在使地球

○ 火星陨石 NWA 7034 昵称"黑美人"
（图片来源 / 维基百科）

环境面临挑战；而以人类目前的航天技术，即使是最快的宇宙飞船，也需要数万年时光才能到达距离太阳最近的恒星，4.22光年外的比邻星。尽管天文学家已经发现了大量太阳系外甚至银河系外的行星，而且在太阳系外行星中筛选出了一些潜在的宜居行星，但在航天技术发生巨大突破之前，它们都只是可望而不可即的梦想。想要缓解人类当下面临的生存危机，火星的地球化改造反而是最容易实现的目标。

"再造一个地球"需要极高的成本和漫长的时间，但这是在为全人类储备未来。改造火星的第一步，是增加火星表面的温度，让它的气候慢慢变热。现在，火星的年平均温度大约是−60℃，只有在夏天的时候，赤道附近有可能接近20℃，因此火星上没有水循环，而且大部分区域没有水。让火星升温的一条重要途径，就是增加二氧化碳的排放。现在，地球上的各个国家都在努力限制二氧化碳的排放，因为它会

○ 改造火星"三部曲"：
　红色火星－绿色火星－蓝色火星

导致温室效应，使地球两极冰川融化，全球海平面上升。但在目前还很寒冷的火星上，温室效应却是求之不得的。如果通过排放二氧化碳，在火星上形成温室效应，就可以融化火星极地的冰川，开启火星的水循环。

随着二氧化碳浓度的增加，火星大气的密度和组分也会发生变化。随着星球表面的温度提高，低等植物将有可能生存下来。而后，植物会逐渐产生氧气，进一步改变火星的大气，让它适合人类居住。在此之前，登陆火星的人类先遣队，以及最

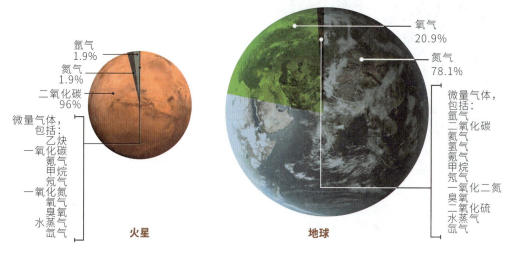

○ 火星和地球的大气成分对比（图片来源／欧洲航天局）

早的居民，只能在密封的前哨基地中生存。但只要经过上百年的努力，"红火星"便会成为"蓝火星"，成为人类的第二个家园。届时，地球与火星会如同一起成长的姐妹，成为人类社会持续发展的共同体。

随着航天技术实力的增长，中国一直关注着人类未来移居火星的趋势，并开始了自己的探测计划。2020年7月，是适合火星探测的"窗口"时间。在此时发射升空前往火星的探测器，只需要飞行不到7个月时间，即可进入环绕火星运行的轨道。7月23日，中国用"长征五号"大型运载火箭，发射了"天问一号"火星探测器。到2020年结束的时候，这个探测器仍然在飞向火星的途中。按照计划，它会在环绕火星大约3个月后，火星环绕器（火星卫星）与火星车着陆器分离，火星环绕器绕火星运行开展全球性探测火星，在2021年5月火星车着陆器软着陆火星表面，释放出火星车，对火星的表面形貌、土壤特性、物质成分、水冰、大气、电离层、磁场等方面开展科学探测，实现中国在深空探测领域的技术跨越。

○ 移民火星是人类的梦想

我们并不知道第一座火星城镇会在何时落成，但可以确定的是，在针对火星的探测之后，中国也会将飞向木星乃至行星际穿越探测计划提上议事日程。富强的中国，有能力让行星际深空探测器飞得更远，也一定要飞得更远。遨游太阳系的星辰大海，是中华民族伟大复兴的"中国梦"的一部分。

思考：

本文对你有什么触动？发挥你的想象力，我们还能在火星上做些什么？

汪景琇：

中国科学院院士，太阳物理学家

○ 美丽的太阳

扫一扫,
看专家讲座视频

汪景琇 院士:

倾听太阳的呼吸

　　大家都知道"万物生长靠太阳"的道理。作为太阳系的中心天体,太阳不断地释放出光和热。距离太阳不近也不远的地球,因此成为生命的温床。

　　太阳的能量源于核聚变,在太阳核心将物质转化为能量并向外传播,在约外 1/4 处驱动对流,产生磁场和丰富多彩的活动现象。太阳有时可能会"发一些脾气",突然急剧地释放出在太阳大气中积累的大量磁能,这被称为"太阳风暴"。太阳惊人的体量,意味着这种对它而言稀松平常的事件,有可能会给地球环境带来巨大的扰动。随着人类相继进入电气时代和信息时代,太阳风暴开始成为人类文明存续面临的潜在危机,例如,由此产生的大范围的通信甚至电能供应中断,势必会产生一连串难以预料的连锁反应。

　　但太阳活动长期陷入低潮,对人类而言也并非幸运。天文学研究已经表明,这种异常有可能导致地球进入小冰期,带给人类文明一段动荡的岁月。太阳生命中的短短一瞬扰动,对于人类社会来说却可能是翻天覆地。

　　让我们跟随汪景琇院士,一起领略在太阳上发生的种种关于能量的话剧,一起"倾听太阳的呼吸"。

"熟悉的陌生人"

早在人类文明的黎明时期，人们便已经熟悉了太阳的东升西落，还有阳光带来的光明与温暖。随着文明的发展，世界各地的人们不约而同地开始了对太阳的崇拜和探索。在2300多年前的中国战国时期，楚国诗人屈原在《东君》中歌颂太阳，也在《天问》中探讨宇宙的起源，以及关于太阳和季节变化的种种问题。现代天文学为我们揭示了太阳系的结构，太阳能量的来源，并且将太阳与地球的距离设定为一个"天文单位"；但太阳仍然蕴含着许多待解的谜团，天文学界目前还只是大致了解它的内部细节。对于人类来说，它像一位"熟悉的陌生人"。

从地球上用肉眼看去，太阳如同一个红色或者金色的圆盘，但这只是距离遥远的缘故。如果使用天文望远镜，或者能抵近太阳观察，我们可以发现它的表面相当不平静，完全可以用躁动来形容，甚至有时候还会突然"暴怒"。这是因为，太阳的能量源于核聚变。它无时无刻不在发生着剧烈的热核反应，将物质转化成为惊人的能量。其外层大气中的磁场更是强烈纠缠、剧烈变化，在这个过程中，太阳不时会发生非常激烈的物质抛射，也会向周围释放爆发式增长的电磁辐射。

但同样是因为距离遥远，大部分太阳活动并不会给人类生活带来太大的影响。从太阳表面出发算起，阳光需要超过8分钟时间才能到达地球。同时，太阳爆发的能量也只有一小部分光顾地球，特别是地球的磁场也会发挥保护作用，隔绝来自太阳的高能粒子与高能辐射。但有些时候，太阳活动也会大幅扰乱人类的生活。于是，预测太阳活动及其对人类生存环境的影响成为一门新的学问——空间天气学（也称

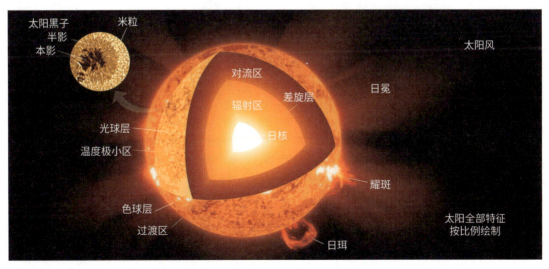

○ 太阳内部结构图（来源 / 维基百科）

"太空天气学")。天文学家们致力于探索太阳活动与"太空天气"之间的关联，并且像天气预报那样，提供对"太空天气"或者说太阳活动及其影响的预报服务。

○ 地球有全球性的偶极磁场，带电的太阳风粒子被磁场屏蔽在大气层外围，从而保护了地球大气不被"吹走"（图片来源／美国国家航空航天局）

尽管太阳活动有可能为人类带来困扰，但这只会是偶发现象。目前的太阳处于演化的"主序星"阶段，如同一个温和的中年人。正是这种长期的稳健，成就了地球生命。数十亿年前，形成不久的地球，便进入了新生太阳的生命"宜居带"之中，这种格局一直维持到了今天。比地球更靠近太阳的金星和水星过于炎热；位于"宜居带"外侧边缘的火星是否有过生命、将来如何进行漫长的"地球化改造"，也是还在探索的科学问题；更为遥远的行星则距离太阳过远，难以得到足够的光和热。因此，地球能够孕育生命，并且演化成今天丰富多彩的世界，正是出自太阳的馈赠。

名师讲堂：
恒星模型

　　1919 年，法国物理学家让·巴蒂斯特·佩兰给出了恒星产生能量的模型。他指出，太阳等恒星发出的光和热，来自氢的核聚变反应。在 4 个氢核聚变为氦核的过程中，会出现质量损失，而这转化成了巨大的能量。这样一种机制，使恒星可以在数以 10 亿年计的漫长时间里持续产生光和热。20 世纪 30 年代，这一理论成为美国物理学家汉斯·贝特和德国物理学家卡尔·弗雷德里希·冯·魏茨泽克工作的基础，使人类最终揭示了恒星产生能量的过程。

随着时间的推移，太阳会在数十亿年后成为一颗红巨星，其外层膨胀到相当于今天地球甚至火星轨道的位置。尽管此时地球的位置也会向外移动，但太阳的高温仍然会让地球陷于毁灭。但在此之前，人类很可能已经掌握了恒星际航行的技术，并在宇宙中开辟了新的家园。

太阳扰动人类生活

地球上有雨雪风霜，太阳的大气层中，也有若干种相当于"天气"的活动现象，极为常见的便是太阳黑子。

人类很早以前便知晓太阳黑子的存在。在中国史书《汉书》上，就曾经记载了发生在西汉时期的太阳黑子现象："三月乙未，日出黄，有黑气大如钱，居日中央。"科学史研究者一般认为，这是世界上第一份关于太阳黑子的有文字记载的记录，而且详细清楚地叙述了太阳黑子出现的时间与位置。到了中国明朝，皇帝仁宗朱高炽在1424年亲手绘制了太阳黑子图。这出自"御手"的科学绘图，以今天的标准来看也有参考价值，可以让人们知道当时太阳黑子的位置和分布。

但科学解释太阳黑子的成因，则要等到20世纪。美国天文学家乔治·黑尔在1908年发现，太阳黑子的本质是太阳上的磁场活动。太阳黑子自身具有强磁场，能够抑制太阳内部能量通过对流的方式向外传递。所以，当强磁场浮现到太阳表面时，可以让所在区域的温度大幅降低，降幅可以接近2000℃。因此，从地球的位置看，这些"低温"区域就要比周围更暗。但黑子外围的谱斑区却比太阳平静的表面要亮。

太阳黑子往往成群出现，太阳黑子的数量，也是衡量太阳活跃程度的一个主要指标。早在19世纪上半叶，德国业余天

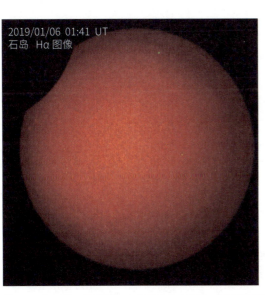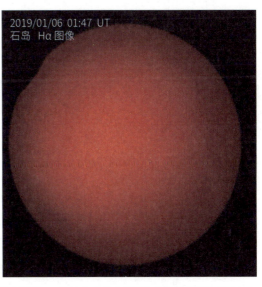

○ 2019年1月6日早晨，山东石岛的太阳Hα望远镜拍摄的日食图像——图中左上角太阳因为月球的遮挡而缺了一小块（山东省石岛气象台的太阳光球色球望远镜和太阳射电望远镜，是中国气象部门首个太阳观测项目）

文爱好者亨利·施瓦布就发现，太阳黑子的数量存在 11 年左右的周期变化。后来的天文学研究已经大体确定，当太阳黑子数量比较多的时候，其他的太阳活动现象也会比较频繁。其中对地球影响最大的，是太阳耀斑和常与之相伴的日冕物质抛射现象。

有时，太阳表面的某些位置会突然亮起来，在很短的时间内释放出大量的能量。这不仅会让发亮的位置瞬间升温，还会向外发射出各种增强的电磁辐射，并伴随高能粒子辐射。这样的现象，在天文学上被称为"太阳耀斑"。它会使地球大气层中的电离层受到剧烈扰动，对通信造成影响。有时，太阳耀斑会向太空中发射出巨大的磁化等离子体云，这种现象被称为"日冕物质抛射"，或者说太阳风暴。它有可能威胁正在运行中的航天器，并使正在进行太空行走的宇航员（航天员）受到大剂量的辐射，也会导致地磁暴，给地球环境带来强烈的扰动。

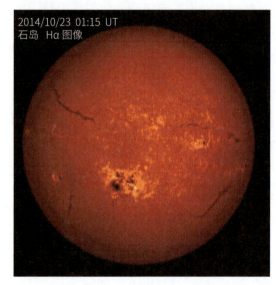

2014/10/23 01:15 UT
石岛 Hα 图像

○ 2014 年 10 月 23 日，石岛 Hα 望远镜拍摄的太阳图像。中间偏下位置的黑色斑点是一个巨大的黑子群（AR 12192）

名师讲堂：

等离子体

等离子体是离子化气体状物质，由部分电子被剥夺后的原子及原子团被电离后产生的正负离子组成。它在宇宙中广泛存在，常被认为是固态、液态、气态之后物质存在的第四态。等离子体是一种很好的导电体，利用经过巧妙设计的磁场，可以捕捉、移动和加速等离子体。

在日常生活中，也有一些家用电器是依靠等离子体来工作的，如日光灯的灯管，以及现在正在逐渐衰落的等离子电视。

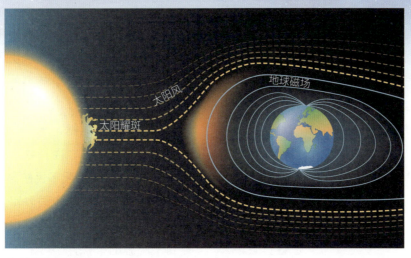

○ 地球浸泡在太阳风中

目前，世界上几个核大国装备的氢弹，每一枚的威力大约是 100 万吨 TNT 当量。而一次大规模太阳耀斑，本质上是一次规模惊人的大爆炸，释放出的能量可以达到这种氢弹的 10 亿倍。如此巨大的能量被迅速释放出来，不仅影响航天器和航天员（宇航员），也可能导致地磁暴影响地球上的远距离输电系统，从而给人类文明带来悲剧性的后果。比起工业革命之初和更为久远的古代，今天的世界更依赖电能、卫星通信和集成电路芯片等高技术，这对太阳风暴更脆弱。如果这些维系人类文明的脉络被太阳风暴瞬间瓦解，人类文明必会元气大伤。

名师讲堂：
TNT当量

"TNT 当量"是表示核武器威力的通用方法，是指一枚核武器爆炸时释放的能量，相当于多少吨 TNT 炸药爆炸所释放的能量。每吨 TNT 爆炸可以产生 42 亿焦耳的能量。1945 年 8 月，美国投掷在日本广岛的原子弹，威力大约是 2 万吨 TNT 当量；现代的洲际弹道导弹上搭载的核弹头，威力通常会数十甚至上百倍于此。人类曾经制造过的威力最大的氢弹，威力达到了 6500 万吨 TNT 当量。

在近些年里，我们已经感受到了日冕物质抛射的巨大威力。2000 年 7 月 14 日，一次与太阳耀斑相伴的日冕物质抛射，导致整个美国在 15 日和 16 日都能看到极光。因为恰逢世纪之交，这种现象引起了广泛的恐慌，甚至使报警电话系统因为过多的呼叫而瘫痪。飞离太阳的日冕物质越过了海王星轨道，甚至被早已远离地球的"旅行者 1 号"和"旅行者 2 号"探测器观测到。因为 7 月 14 日恰好是法国大革命纪念日，而 1789 年的法国大革命又是以进攻巴黎的巴士底狱开场，所以这次日冕物质抛射事件被命名为"巴士底日事件"。

2003 年 10 月底，人类又领教了近百年来第二强的太阳风暴。因为其发生时间接近西方的万圣节，所以这次日冕物质抛射事件被命名为"万圣节事件"。灾害性的空间天气使日本的 EOS 卫星丢失，一些科研卫星丢失了数据，瑞典全国的电能供应中断了一个小时，而且导致了全球范围的短波通信中断，引起了民航导航的混乱。当时，以美国为首的多国联军正在伊拉克作战，他们使用的通信和卫星导航设备也受到了严重的干扰，GPS 和罗兰导航系统都陷入瘫痪。

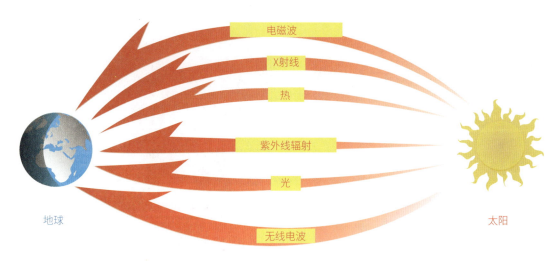

○ 太阳耀斑发出的电磁辐射影响地球的通信与定位系统

罗兰导航系统

罗兰导航系统（LORAN）是英语"LOng RAnge Navigation"（远程导航系统）的字母缩写。这是一种利用无线电进行海上远程导航的系统，诞生于第二次世界大战时期。随着卫星导航的出现和完善，罗兰导航系统逐渐退居二线，但仍被保留下来作为卫星发生故障或战争中遭到摧毁等极端情况下的备份。

○ 恶劣的空间天气会破坏地面电力系统

从人类进入电气时代以来，强度最大的太阳风暴，是发生在 1989 年 3 月的"魁北克事件"。这次事件摧毁了加拿大魁北克省的输电系统，导致当地停电达 9 个小时之久，损失供电能力 9450 兆瓦，使大约 600 万人受到影响。太阳风暴的影响也波及美国，新泽西州就发生了变压器熔化的事故。

不过，天文学界普遍认为，发生在 1859 年的"卡林顿事件"，其能量强度要远远胜过"魁北克事件"。卡林顿事件发生于 9 月 1 日这天，人类第一次观测到极强的太阳耀斑。当时，英国业余天文学家理查德·卡林顿在观测太阳黑子的时候，突然发现了肉眼可见的、强烈的"白光"耀斑。仅仅 60 秒之后，耀斑便急剧减弱，但巨大的能量已经飞向地球。

在卡林顿观测到太阳耀斑爆发后的几分钟内，英国格林尼治天文台就测量到了地磁场强度的剧烈变动。又过了大约 17 小时 30 分钟，地磁仪的指针因为超强的地磁强度而跳出了刻度范围。与此同时，世界各地电报局的电报机操作员报告说，他们的机器正在闪火花，点燃了电报纸，甚至电报线也被熔化了。当天夜里，地处热带的古巴和夏威夷群岛都可以看到极光。

今天，我们已经知道这些现象都与太阳耀斑有关。在卡林顿发现太阳耀斑爆发后几分钟内发生的地磁扰动，是一些以接近光速运动的高能粒子到达地球时引起的。随后的电报机闪火花和低纬度极光等现象，

○ SDO 卫星拍摄的太阳耀斑爆发（供图 / 毛田）

则是由运动速度较慢的粒子触发的，它们携带着这次太阳风暴释放的大部分能量。幸运的是，卡林顿事件发生在人类还不怎么依靠电能的时代；如果同样强度的太阳耀斑发生在今天，必然会引起大范围、长时间的停电，甚至让一些能源消耗巨大的发达国家迅速成为发展中国家。

如果太阳活动沉寂

太阳为地球带来光和热，偶尔发生的高强度太阳活动会扰乱人类的生活，但如果太阳活动完全沉寂，对人类而言又意味着什么呢？

答案很可能同样是"灾难"。而且，这样的事件在历史上也曾经发生过。天文学观测资料表明，从 1645 年到 1715 年的 70 年间，太阳黑子的数量非常少，或者说太阳活动已经接近于停止。为了纪念对这一现象进行深入研究的天文学家安妮·罗素·蒙德和爱德华·沃尔特·蒙德夫妇，这段时期被命名为"蒙德极小期"。

大约在同一时期，地球进入了一段小冰河期，全球气候转向寒冷。从流传至今的反映当时生活的画作来看，当时欧洲主要的河流在冬天都出现了结冰的现象，住在英国伦敦的人们甚至在泰晤士河上溜冰。这一时期的中国也出现了严重的自然灾害，农业受到了极大的冲击，甚至导致了明王朝在 1644 年垮台。这段时间对于太阳的生命只是短短一瞬，却影响了文明的兴替和地球上无数人的命运，让人类社会翻天覆地。

未来，太阳有可能再次进入类似"蒙德极小期"的阶段吗？答案是肯定的，而天文学家也在致力于研究太阳的演化，以期在下一次极小期到来之前，能够对整个人类社会做出预警。

为了了解更多的细节，特别是揭示太阳风起源的奥秘，2018 年 8 月，美国国家航空航天局发射了"帕克太阳探测器"。这个以太阳风预言者尤金·帕克命名的探

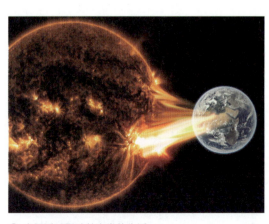

○ 太阳活动影响着人类的生活

○ "帕克太阳探测器"（来源 / 美国国家航空航天局）

测器，是第一个飞入日冕的人类航天器，也是人类进入航天时代以来，最接近太阳的人造物体。凭借其精心设计的隔热措施，帕克会在 9 个太阳半径之内触摸太阳，为我们揭开太阳诸多未解之谜。

思考：

本文对你有什么触动？

面对极端空间天气，我们该怎么应对？说说你的看法。

刘嘉麒：

中国科学院院士，中国科普作家协会荣誉理事长，地质学家

◎ 只有一个地球

扫一扫，
看专家讲座视频

刘嘉麒 院士：

自然灾害与人类生存

我们常常在新闻中看到关于自然灾害的内容。盛夏时节的洪水和泥石流，严冬时节的冻雨和雪灾，还有毫无预兆突然发生的地震，都会将千千万万人的生活骤然抛入剧变之中。人们可能会被困在家中，或是流离失所，甚至失去生命。

古人倾向将自然灾害解释为上天的惩罚，并通过祭祀仪式来避免或者减轻灾害。今天，我们已经逐渐了解了自然灾害发生的机制，而且找到了防范一部分自然灾害的方法。然而，面对大自然难以抵挡的力量，技术往往显得渺小。

而且，一些自然灾害，如地震，到目前为止还难以预测，因为人类对地球内部结构的理解相当有限；源于太阳活动的自然灾害，则有可能给今天高度依赖电能和计算机芯片的世界，带来难以防御也难以迅速恢复的损伤；曾经小天体的撞击造成地球生命的"洗牌"。今天，人类同样面临这样的威胁。

让我们跟随刘嘉麒院士，去了解现代科技在预防自然灾害和减少损失方面提供的助力。

自然灾害伴随人类文明成长

到目前为止，人类是地球上唯一的智慧生命。人类用几百万年时间从野生动物中分化出来，建立起自己的文明，而且让自己的足迹抵达全球各地乃至外太空。在这个过程中，人类逐渐懂得开发和利用地球上的种种资源，从捡拾而来的细小树枝、石块，狩猎捕捉得到的动物和采集得到的植物果实，到种种金属和非金属矿藏，直至开发出原子核内部的能量。地球以丰富的物产，孕育了人类文明的繁荣。

但在文明演进的征途中，人类也在不断面对自然灾害的挑战。因为地球，有着自己的节律。气象和地质活动终年无休；与人类同享这颗星球的其他物种，也在不断繁衍生息。与自然灾害相伴，正是人类生活在地球上所要承受的。

原始人类对自然灾害几乎无力抵御，森林火灾和洪水、泥石流都会带来毁灭性的后果。但在火灾之后，人类发现了火的秘密，开始用火御寒、自卫和烹熟食物，树立起文明的第一块里程碑。人类建立文明，拥有语言和文字，所有文明的史籍中都留下了对自然灾害的记载。

经历了一次次损失，人们逐渐总结出应对乃至预防一部分自然灾害的措施。从"大禹治水"的传说开始，我国古代就有很多关于兴修水利工程的记载，因为这些治水的工作，可以"驯服"一些常常发生水灾的河流，减少甚至防止水灾的发生。而对于典型的农耕文明来说，蝗灾往往也会给民生带来极大的冲击。因此，蝗灾和消灭蝗虫的过程，也会在史书中留下印记。

○ 降水过少带来的干旱

○ 都江堰水利工程鱼嘴分流

名师讲堂：

召父杜母

今天，我们常常把能够为百姓带来幸福生活的官员称为"父母官"。这个称谓的源头，要追溯到两汉时期的南阳郡（今天的河南省南阳市）。

在西汉元帝刘奭（shì）统治时期，南阳郡太守召信臣鼓励农耕，并致力于发展农村水利工程。他组织百姓开通沟渠，修建水闸堤堰数十处，使灌溉面积年年增加，达到三万顷之多。他还为百姓制定了用水规则，刻在石头上立于田边，防止人们为用水争抢斗殴。这些工作使粮食产量大幅提高，从而能养活更多的人口。因此，当地人尊称召信臣为"召父"。

到了东汉开国皇帝光武帝刘秀统治时期，南阳郡太守杜诗发明了水力鼓风机，以水力传动机械，使皮制的鼓风囊连续开合，将空气送入冶铁炉，使建造铁质农具的效率大幅提高。他还修治坡地池塘，发展水利工程以扩大耕地面积，使经历改朝换代动乱之后的南阳郡迅速恢复元气，人们也变得殷实富裕。因此，他被当地人尊称为"杜母"。

两位地方官对农业特别是水利、灌溉用水的重视，使农民能够在不必担心水灾的情况下安心开垦劳作。因此，南阳人常用"前有召父、后有杜母"来感慨自己的福气，这句话逐渐被缩略为"父母官"。今天的南阳市内还有"信臣路"和"杜诗路"，以纪念这两位重视百姓福祉的古代官员。

姚崇灭蝗

在唐玄宗执政初期，中原地区发生了一场大规模蝗灾。当时，绝大多数人相信蝗虫是上天降下的灾难，只能祈祷它早日平息。但宰相姚崇认为，蝗虫只是一种害虫，凭借人力加上一些技巧完全可以扑杀。他利用蝗虫具有趋光性的特点，命令灾区百姓一到夜里就在田头点起火堆，等飞蝗看到火光飞下来，就集中进行扑杀，投入田边的火坑中，焚烧之后就地掩埋。运用姚崇设计的方案，仅仅是汴州（今天的河南省开封市）一地，就扑杀蝗虫 14 万石，使灾情很快平息下来。

随着科学的进步，人们不再认为自然灾害是"上天的惩罚"，而且积极寻求减少损失乃至预防、预测灾害的方法。现代科学将自然灾害分为四类，分别为气象灾害、天文灾害、生物灾害和地质灾害。

"气象灾害"是指各种具有破坏性，或者能够对人造成伤害的极端天气，如极端的高温和低温、台风、冰雹、冻雨、特大暴雨（雪）和强降水引发的洪灾。由于气象活动导致的灾害，如狂风引起的沙尘暴，或者长期无风的天气导致的雾霾，都属于气象灾害的范畴。

○ 威力巨大的龙卷风可分分钟摧毁一座城镇

"天文灾害"是指天文现象和天气活动导致的自然灾害，如小天体撞击地球，以及太阳活动对人类生活的影响。随着人类社会越来越依赖电能和各种电子设备，剧烈的太阳活动很可能会对供电网络造成冲击，并且摧毁相当一部分缺乏防护的芯片，使现代文明的正常运转受到威胁。

　　"生物灾害"是指各种有害的植物、动物和微生物对人类生产生活的影响，以及生物入侵现象。从蝗虫泛滥、外来物种成灾到烈性传染病的大流行，这些灾难都可以从生物学角度找到原因。

　　"地质灾害"是指能够从地球物理或者地球化学方面找到原因的灾害。常常造成巨大破坏的地震、火山爆发，以及地震引发的海啸，便是典型的地质灾害。另一类常常被忽视的地质灾害，则是微量元素缺乏或者过多导致的地方病。土壤中微量元素的含量，是由地球化学的机制所决定。不同地区的风土差异，经由水和食物的传导，最终影响人类的健康。

　　还有一些自然灾害，是由多种不同的原因共同导致的。雪山地区是否会发生雪崩，取决于积雪、降雪量和山体形状的综合作用。泥石流则有若干种不同的成因，降雨、降雪甚至雪崩触发了原本不稳定的地质结构，便有可能引发泥石流。巨量的水会携带泥沙和石块，形成特殊的洪流，摧毁村镇和交通设施。如果入冬时下游的河道过快冻结，或者春季到来时气温升高过快，使上游的冰层迅速融化成水，而下游仍然有冰层，就会导致凌汛。

○ 由无人机拍摄到的危地马拉圣玛丽亚火山高分辨率照片

当北方的河流从低纬度流向高纬度的时候，因为温度的差异，下游高纬度的河段会首先结冰，融化的时间则会比较滞后。所以，如果河流的上游没有结冰，而下游迅速结冰，就意味着上游的河水会被下游的冰层阻挡，最终漫出河床，这种现象被称为"凌汛"。

在中国，典型的有凌汛危害的河流，是流向呈"几"字形的黄河。在甘肃省到内蒙古自治区这一段典型的由南向北流的河段，冬季寒冷的气候使凌汛成为巨大的威胁。如果春天气温急剧上升，会导致上游的冰层融化过快，使下游的冰层阻滞更多的水，导致大的凌汛威胁，称为"武开河"。如果气温上升平缓，冰层缓慢融化，凌汛的危险性也会降低，称为"文开河"。

地质活动灾害留下历史印记

在所有的自然灾害中，中华民族对地震有着极为深刻的集体记忆。今天，我们常常会说起 1976 年 7 月 28 日的唐山大地震和 2008 年 5 月 12 日的汶川大地震，这些强烈的地震毁灭了大量的城市和村庄，给灾区人民带来了惨重的伤亡，还使交通线和通信网络中断，为紧急救援带来困难；不畏牺牲挺进灾区的解放军，则成为公众敬仰的英雄。在这两次著名的大地震之前，近代中国损失最惨重的地震，可能是 1920 年 12 月 16 日的海原大地震。它发生在今天宁夏回族自治区的海原县境内，震级大约是 8.5 级，造成了 28 万～ 29 万人死亡。

○ 地震中倒塌的大楼

中国是一个多地震的国家。第一次被史书明确记载的地震，发生在公元前 780 年。此时正值西周末年，周王朝的发祥地岐山发生了强烈地震，导致今天陕西省境内的泾河、渭河、洛河断流。地震发生时雷电交加，令人们感到十分恐怖。地震之后仅仅10年，西周便亡于犬戎（少数民族）入侵。因此，在当时的人们看来，这场大地震是西周国本动摇的预兆。当然，这个说法带有迷信的色彩，但地震导致了严重的经济损失和人口损失，使已经走下坡路的西周更加衰落，却是不争的事实。

到了明朝，1556年1月23日午夜，地震再次光临关中地区。在今天陕西省华县境内，发生了世界地震史上伤亡惨重的华县特大地震。现代地震学家认为，这次地震的震级可能达到8级，以至于大半个中国都有震感。古代的民居难以抵御这样的强震，大部分当地居民又是住在黄土上开凿出的窑洞里，这样的居所对地震的抵御能力更差；加之地震发生在深夜，熟睡中的人们毫无防备。一夜之间，繁华的关中地区被夷为平地，大约83万人死于非命。这次地震留在山体上的遗迹，直到今天仍然可以看到。

地震其实是地球地壳板块的运动。全球大部分地震发生在大板块的交界处，一部分发生在板块内部的活动断裂上。根据全球构造板块学说，地壳可以被大体划分为六个板块，分别是太平洋板块、欧亚板块、非洲板块、美洲板块、印度洋板块和南极洲板块。全球大部分地震就发生在这些板块的交界处，还有一部分发生在板块内部的活动断裂上。基于这些板块的分布，地球上有三条主要的地震带，分别是环太平洋火山地震带、地中海－喜马拉雅地震带和海岭地震带，其中前面的两条都与我国有关。所以，我国在历史上常常发生地震，时至今日仍然会受到地震的威胁。

环太平洋火山地震带是三条地震带中主要的一条，集中了全世界大约三分之二的地震活动，其中包括了很多活火山。因此，这条地震带也被称为"火山链"。 1980年5月18日，美国西部华盛顿州的圣海伦火山发生了一次大爆发，释放出相当于1600颗广岛原子弹的巨大能量，导致57人遇难，200幢房屋、27座桥梁、24千米铁路和298千米高速公路被毁。火山爆发喷出了超过4.2立方千米的物质，其中相当一部分是被强大的能量炸碎的山体。圣海伦火山的高度因此降低了大约400米，并留下一个2000～3000米宽、640米深，北部存在一个巨大缺口的火山口。

每次大规模的火山活动，特别是火山爆发之后，巨量的火山灰都会给交通、能源、污水处理和水处理系统带来严重的问

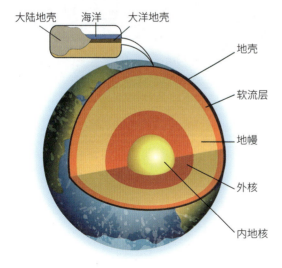

○ 地球结构示意图

大陆地壳　海洋　大洋地壳

地壳

软流层

地幔

外核

内地核

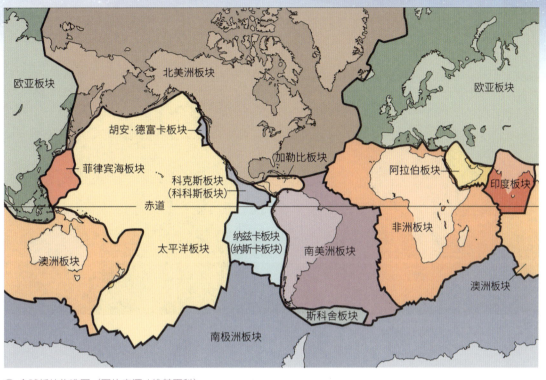

○ 全球板块构造图（图片来源 / 维基百科）

地图标注：欧亚板块　北美洲板块　欧亚板块　胡安·德富卡板块　加勒比板块　阿拉伯板块　印度板块　菲律宾海板块　科克斯板块（科科斯板块）　赤道　非洲板块　澳洲板块　太平洋板块　纳兹卡板块（纳斯卡板块）　南美洲板块　澳洲板块　斯科舍板块　南极洲板块

题。火山灰导致能见度下降，使高速公路和主干道封路，多个机场关闭。火山灰也会导致内燃机和其他一些机械设备磨损，并引起变压器短路。1982年6月24日，英国航空公司的一架波音B747航班从英国飞往新西兰，与此同时，印度尼西亚爪哇岛上的加隆冈火山正在活动。飞机经过爪哇岛附近时，就飞进了这片火山灰云。火山灰被吸入飞机发动机，与高速旋转的涡轮风扇摩擦，令其内部的温度急剧升高，一部分火山灰还被吸附在发动机内部。同时，发动机内部的燃料被火山灰污染，发生输送不畅的故障。这两个因素综合影响，导致飞机的四台发动机全部停止工作。幸运的是，随着飞机失去动力降低高度，空气发挥了冷却作用，加之发动机因为没有启动，温度持续快速下降使火山灰脱落。这使飞机在坠机前的瞬间得以重启发动机，并在印度尼西亚雅加达迫降。

人类历史上极为著名的火山活动，或许是公元79年8月24日发生在意大利的维苏威火山爆发。火山灰将距离火山大约10千米的古罗马城市庞贝城完全埋没，城中所有人员也随之被掩盖于火山灰之下。直到1000多年后，从16世纪末到18世纪中期，零星的遗物因为当地工程建设才陆续出土，人们才逐渐意识到，当年神秘消失的庞贝古城，是因为火山爆

○ 维苏威火山

发而被掩埋于地下。经过考古挖掘和保护修复工作，庞贝古城重见天日。古罗马时期的各种建筑和物品都被保存下来，使整座城市遗址成为展示古罗马时期生活方式的博物馆。

如果地震发生在海边或海中，地震还有可能引起海啸。地震波会搅动海水，当地震掀起的巨浪接近海岸的时候，因为水深急剧下降，携带巨大能量的海水，会如同急刹车一样迅速涌起，形成吞没海岸并造成严重损失的海啸。2004 年 12 月 26 日，印度尼西亚苏门答腊岛以北的海底发生了 9.3 级强烈地震。这是人类拥有现代地震记录以来，强度第二大的地震，引起了波及印度洋周边各地的强烈海啸。因为此时正是圣诞节假期的旅游旺季，热带海滨有很多度假的游客。他们大多并不了解海啸发生的前兆，以及逃生的方法，因此这次海啸导致总共 292206 人死亡。

现代地震记录中最为强烈的地震，是1960 年 5 月 21 日的智利 9.5 级强烈地震。这次地震引起的海啸，不仅侵袭了智利，而且贯穿整个太平洋，波及日本、菲律宾、新西兰、澳大利亚等。因为当时的信息技术远不如今天发达，如此大范围的灾难所造成的死亡人数和经济损失无法精确统计。但可以确定的是，它使太平洋沿岸的至少 200 万人失去了家园。

庞贝城位于今天的意大利南部城市那不勒斯附近，维苏威火山脚下。对这座掩埋于火山灰之下的城市的考古发掘，使人们能够了解古罗马人生活的种种细节，成为研究古罗马文化和社会的一手资料。

在庞贝古城的遗址中，当年的市场留存着还没有来得及售出的商品；酒吧柜台的墙上还留着价目表和常客的赊账额度；面包坊的烤炉里还有没来得及拿出的面包，上面刻着面包坊老板的名字；大竞技场里留着角斗士们使用的武器装备，墙上还有将要进行的格斗和斗兽节目的预告；浴池是古罗马城市中重要的社交场所，庞贝城的浴场设计奢华，建有营造恒温环境的蒸汽管道，为当年的达官贵人提供舒适的环境……火山灰也保留了庞贝城居民们临终前的姿态。虽然遗体已经朽坏，火山灰却成为绝佳的模具，使考古学家们能将石膏灌入其中，重现这些人生命的最后时刻。

考古学家也发掘了大量的民宅。当时的富豪阶层喜欢由大理石建造的豪宅，并用小石子、陶片和小块玻璃拼成的镶嵌画进行装饰。在一栋豪宅里，考古学家们发现了一幅闻名世界的镶嵌画，《马其顿亚历山大大帝与波斯国王大流士三世作战图》，展示了亚历山大大帝向东方进攻，在伊苏斯战役中击败波斯帝国的情景。而在人声嘈杂，曾被认为不适合居住的港口区，一些穷苦居民会"见缝插针"地营造居所，甚至会选择在水道附近搭建简陋的窝棚以供栖身。因此，庞贝是一座非常繁华和富庶，但贫富差距也极大的城市。

到目前为止，庞贝古城只被发掘了大约三分之一；还未发掘的部分会带给世界怎样的惊喜，让我们拭目以待。

遇见科学

01

院士专家讲科学

震中

○ 海啸的形成

　　福岛核电站位于日本福岛工业区，由第一核电站和第二核电站组成，分别拥有六台和四台核反应堆，都是20世纪70年代和80年代建造，结构比较简单的沸水堆。2011年3月11日，日本东北部发生9.0级地震，使福岛核电站受到重创。因为地震和随后引起的海啸超出了核电站设计的安全冗余范围，福岛核电站失去控制，发生了严重的放射性物质泄漏事故。根据放射性物质泄漏的数量，福岛核事故被确定为7级事故（特大事故，核事故的最高等级），与1986年4月的苏联切尔诺贝利核电站事故同级。时至今日，福岛核电站的遗址和处理核事故产生的含有放射性物质的废水，仍然是周边国家面临的巨大危机。

○ 福岛核电站

人力无法胜天，但可未雨绸缪

在史书中我们可以找到许许多多关于自然灾害的记载，不仅有地震，还有洪水、旱灾、蝗灾和严重的瘟疫。直到今天，新闻节目也常常报道世界各地的自然灾害，如洪水、雪灾等。

我国会发生如此多种多样的自然灾害，是由我们所处的位置和整个国家的地形决定的。除了地处地震带，导致发生地质灾害的概率高，我国西高东低的阶梯状地形，也给地质灾害创造了条件。我国东部属于季风气候，而且地势平坦，这为农作提供了良好的基础，但也让气象灾害比较频繁，特别是太平洋上的热带气旋（台风），很容易在我国东部登陆，并给人们的生产和生活带来严重的威胁。如果台风活动与海洋潮汐活动的涨潮叠加起来，就会形成风暴潮，有可能给沿海地区带来海啸一般的严重破坏。

人类的活动也有可能增加一些地区发生自然灾害的概率，或者使自然灾害有可

○ 人类活动导致全球气候变暖

能造成更严重的损失。在草原过度放牧，甚至试图将草原开垦成农田，其后果是导致草原的荒漠化，成为沙尘暴的策源地。设计不合理的水利工程有可能出现泥沙淤积，使水利工程作废或者形成自然灾害的隐患。设计和建造不合规的建筑，则有可能在强烈地震发生时迅速倒塌，导致更大的伤亡。

幸运的是，人类已经发现了一些自然灾害的成因，并且找到了相应的预防措施。因此，在设计工程和制订产业规划的时候，这些知识便成为避免灾害的指引。进入 21 世纪之后，青藏铁路开始修建从青海省格尔木市至西藏自治区拉萨市的路段，以期使铁路能够通达西藏自治区。但铁路线上有长达 550 千米的路段需要通过冻土层。为了让冻土层的温度保持稳定，避免路基不平威胁行车安全，工程师们采用了"石气冷"（构筑片石层通风路基）、碎石护坡、以桥代路、"热棒"（内有氨水的中空钢管）降温等方式，顺利完成了在冻土地带修筑高原铁路的任务。

而对于更多普通的生产任务和民生

○ 古老的地动仪

工程来说，防范自然灾害的最佳方法莫过于未雨绸缪。我们通过天气预报获取第二天是否会下雨的消息，并且在有可能下雨的天气里带伞出行避免淋湿；甚至，一些人会习惯在多雨的季节里天天带伞，因为天气预报没有预料到的骤雨可能会突然来袭。人类抵御自然灾害，其实也遵循着一样的逻辑。我们可以预测一部分自然灾害，如洪水的演变和洪峰到来的时间；有可能对一部分自然灾害做出一定程度的预判，如台风的行进路线和有可能影响的范围。但地球气象的运行机制相当复杂，天气有可能因为人类尚不了解的因素，发生难以预知的变化。还有一些自然灾害，如地震，以人类目前的科技水平，是很难预测的，因为人类对地球深处的结构还没有足够的了解。

因此，想要减少自然灾害的损失，最好的办法莫过于在可能发生某一类或者某几类灾难的地区，进行有针对性的防范。在常常发生洪水的地区，人们需要更高、更坚固的堤坝，以及缓冲洪峰的水利工程；在常常发生地震的地区，人们需要更坚固的、有特别设计的防震措施的房屋，从而在强烈地震之后能够幸存，并且有足够的逃生时间。

1923 年 9 月 1 日，日本神奈川县小田原附近相模湾内发生了 8.1 级强烈地震，史称"关东大地震"。繁华的东京都在这次地震中，成为受灾最严重的地区。

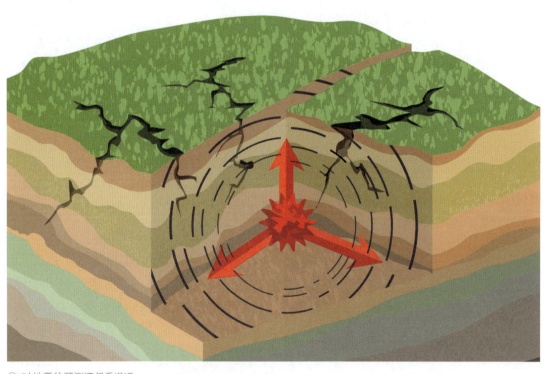

○ 对地震的预测还任重道远

当时的日本还保留着很多 19 世纪建造的木屋，抗震能力有限。这些房屋倒塌后，失控的灶具和电路在废墟中引起了大量火灾，使很多被废墟困住无法逃生的人死于大火和烟雾。灾后重建特别是第二次世界大战后再度重建城市的时候，日本鉴于国土多地震的事实，吸取了关东大地震的教训，格外重视建筑物的抗震性能，以及倒塌之后不发生大规模火灾的能力。2011 年 3 月 11 日的东日本大地震虽然震级更高，造成的人员伤亡却远远小于关东大地震，而且很多人实际上是被海啸卷走的，直接死于地震房屋倒塌的人就更少了。

不过，有一些自然灾害，是人类凭借现有技术难以抵御的，它们往往和天文活动有关。比如，一次突然发生的强烈太阳活动，有可能给全球供电网络和计算机芯片带来巨大的破坏。为这样一个概率极低的事件，就对全球的输电网络和计算机系统进行强化，无疑成本高昂；但只要这样的事件发生，便有可能对高度依赖电能和信息技术的当代社会造成强烈的冲击。今天的地球常常受到小天体的撞击，只是暂时没有受到毁灭性撞击的威胁，但没有人知道这样的事件在未来是否会发生。

尽管人类已经创造了辉煌的文明，但人终究不能胜天。对大自然运行规律的藐视，试图"征服自然"的狂妄，都必然会招致惩罚。相反，如果我们能够对大自然常怀敬畏之心，对可能发生的灾难有所准备，就会有更多的生命得到拯救。

思考：

本文对你有什么触动？
面对极端天气我们可以在科技创新方面做哪些努力？

林群：

中国科学院院士，中国科学院数学与系统科学研究院研究员

林群 院士：

○ 领略数学的魅力

数学为什么有用

扫一扫，
看专家讲座视频

每一天，我们都在不经意间与数学打交道。从购买日用品的账目，到交通工具时刻表、房产面积和各种税的计算，数学是人类文明的基石。但在大多数人的印象中，数学家们殚精竭虑钻研的前沿课题，似乎只是无实用价值的纯粹理论。

事实显然并非如此。晦涩难懂的高等数学，依然在用人们几乎感觉不到的方式，影响着社会的运转。正是由于数学界的基础研究，高效率的、卓越的算法被开发出来，使得计算机与更擅长创造性思维但算力不足的人脑形成互补。根植于数学的管理和分析系统，更是效力于从运动员训练到投资决策等诸多领域。

让我们跟随林群院士，走进神奇的数学世界。也许你会发现，数学并不是你想象的那样严肃枯燥，而是充满了茅塞顿开的乐趣。

从"黄金分割"谈起

几年前，我乘坐出租车去开会。司机和我闲聊："您不在家带孙子，这么大年纪了还到处跑，您是做什么工作的？"我告诉他："我是研究数学的。"没想到，司机马上接我的话说："我知道数学，（你们研究发现了）0.618。"他的话让我大吃一惊，因为 0.618 正是黄金分割比值的近似值。

黄金分割在自然界中广泛存在，人类社会的应用也不仅仅局限在设计领域。中国数学家华罗庚在推广"优选法"时，就着重介绍了经过自己简化和补充的"0.618法"。这种方法的精髓，是在"优选"时，把尝试点放在事物的黄金分割点上，来寻找极佳的选择。

举例而言，人们已经知道将某种化学原料添进钢水里，可以改进钢材的性能。但人们并不知道添加多少合适，只知道大致的添加区间，比如，在每吨钢水里添加 1000～2000 克。按照一般人的实验设计思路，或许要将尝试点设在中位数上，也就是添加 1500 克，并分别对比它与添加 1000 克和 2000 克之后的性能差异，判断出最优添加量所处的数据区间。而后，实

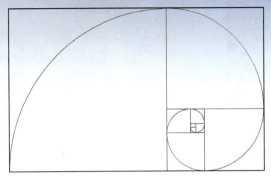

○ 黄金分割

名师讲堂：
优选法

"优选法"是以数学原理为指导，合理安排实验，以尽可能少的实验次数，更快地找到生产和科学实验中较优方案的科学方法。优选法的应用范围相当广泛，特别是在工业生产中，企业在新产品、新工艺研究，仪表、设备调试等方面采用优选法，能以较少的实验次数，迅速找到较优的方案，在不增加设备、物资、人力和原材料的条件下，缩短工期、提高产量和质量，降低成本。

○ 鹦鹉螺

将一个整体（如一条线段或一个长方形）一分为二，使较大部分与整体部分的比值，等于较小部分与较大部分的比值，便构成了"黄金分割"。它的计算公式是 $\frac{\sqrt{5}-1}{2}$，近似比值为 0.618。在艺术设计和工业设计等领域，这个比例被公认为是能引起美感的比例，因此被称为"黄金分割"。法国卢浮宫的镇馆之宝之一，著名的"断臂维纳斯"雕像，就因为在雕刻时有意延长了人物的腿，使雕塑精准地符合黄金分割比例，呈现出动人心魄的美感。而在自然界中，黄金分割也是普遍存在的现象，典型的例子就是鹦鹉螺的螺壳，腔室构造的外缘构成了一条符合黄金分割的等角螺线。

在中国、日本等东亚国家，以及一些伊斯兰国家，还流行着另一种同样能带给人美感的比例，称为"白银分割"或者"白银比例"。它的计算公式为 $\frac{\sqrt{2}}{1}$，近似比值为 1.414。白银分割常常用在建筑设计方面，很多东亚古建筑的宽和高都符合白银比例；一部分清真寺会选用符合白银比例的菱形嵌套图案，作为外墙镶嵌装饰的基本单元。而在日常生活中，常见的符合白银比例的事物，或许就是 A 系列打印纸。办公室中常用的 A4 打印纸，长 297 毫米，宽 210 毫米，基本符合白银比例。事实上，所有的 A 系列打印纸都符合白银比例，因此，在任何一种 A 系列纸上完成的设计稿，都可以轻松地成比例缩放到其他规格的 A 系列纸上。

验者通过不断尝试中位数，从而得到较优的添加量。

但华罗庚证明，这样的实验方法并不科学，需要经过较多的尝试步骤才能得到答案。更好的选择，是将尝试点选在黄金分割点上，也就是添加 1618 克，并分别对比它与添加 1000 克和 2000 克之后的性能差异，来判断较优添加量所处的数据区间。此后的每一次尝试，都将尝试点选在新的数据区间的黄金分割点上。这样的实验方法，可以更快地锁定一个更小的数据区间，并得到较优添加量的数据。

有人认为，华罗庚的做法，有可能让人误以为"优选法"只有"0.618法"，有点片面。但在我看来，华罗庚的工作可以说是抓住了主要矛盾的主要方面。作为世界顶级的数学家，他对数学有着超过常人的理解，所以能够看透各种数学方法的本质，并将精髓提炼出来传授给人们。而且，他总结形成的知识体系，通常是简洁易用的。

数学其实并不"难"

1979年，华罗庚录制过一个视频节目，内容是梳理初等数学体系。所谓"初等数学"，就是人们从小学到高中学习的所有数学知识；与之相对的"高等数学"，则是指升入大学之后从微积分开始的数学课程。华罗庚认为，初等数学的所有内容，只用五页纸就可以写下。

他进一步解释说，初等数学可以分为"数"和"形"两部分。在"数"方面，人类最早的概念是数字，以及今天所说的正整数，称为"自然数"。后来，人们有了减法的概念，就出现了负数；再后来有了除法的概念，就出现了分数。所有这些，都属于"有理数"。有理数之间发生的四则运算，除了不能除以0这项限制，计算结果必然是有理数。

但仅有有理数，并不能涵盖数学运算中的所有情况。比如，对2进行开平方运算，得到的结果就不可能是有理数。所以，人们将类似这样的无限不循环小数称为"无理数"，并将它与有理数合称为"实数"。与有理数的情况一样，除了不能除

○ 简单的数学公式

　　0在除法中不能作为除数，是由这个数字本身和除法的定义决定的。0代表"什么也没有"，而除法是乘法的逆运算。因此，如果一个不是0的数除以0，答案等于某一个特定的数，那就等于承认这个数乘以0的结果不是0，与"任何数字乘以0都等于0"相矛盾。所以，在数学上，任何数除以0的结果都是没有意义的、避而不谈的。如果在电子计算器上输入以0作为除数的除法算式，计算器便会报错，或者弹出"0不能作为除数"的一类提示语。

以0的限制，实数之间发生的四则运算，计算结果必然是实数。但实数仍然不能涵盖数学运算中的所有情况，因为某些方程式无法得到实数解，比如，对−1进行开平方运算，得到的结果便不是实数。人们将这样的数称为"虚数"，并且与"实数"一起合称为"复数"。初等数学的知识体系，正是随着人们对"数"的不断认识而建构起来的。

○ 神奇的无理数 π

　　至于初等数学中"形"的部分，也就是初等几何，其源头是对各种二维图形的面积的计算。人们通过公式计算平行四边形、矩形、梯形、三角形、正多边形乃至圆的面积。这种源于日常生活的需求，经过抽象，成为建构在公理体系和推导规则之上的初等几何。由于三维图形可以被视为二维图形平移或者旋转的结果，因此计算它们体积的公式，也就能够被推导出来。

　　华罗庚的这些梳理工作，对于学习数学的人来说，无疑是宝贵的财富。遗憾的是，他没有对高等数学的知识体系进行像这样完善的梳理，就在1985年因为心脏病发作而离世。但在此之前，对于作为高等数学知识体系基础的微积分，他已经给出了一个关键的论断，"微积分就是求面积"。

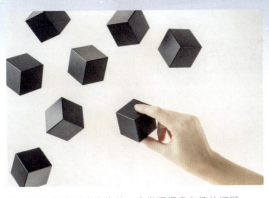

○ 从不同视角观察立方体，会发现很多有趣的问题

换个视角看微积分

"微积分"是由英国物理学家、数学家伊萨克·牛顿和德国数学家戈特弗里德·威廉·莱布尼茨分别创立的，是"微分学"与"积分学"这两个高等数学基础学科的合称。微分学是一套关于变化率的理论，用以表述物体的速度变化（加速度）和曲线的斜率等事物；积分学则为人们定义、计算面积和体积提供了一套通用的方法。微积分诞生的缘由，是为了用相对简单的方法，去计算复杂的变量，如运动中的物体的即时速度、曲面围成的体积、异形物体的重心等。正如华罗庚所言，这些问题其实可以等价为一项，那就是设法简便地计算由不规则曲线围成的面积。

简单来说，微积分需要解决的问题，如同尝试计算一个油饼的面积。小学数学课程已经教授了计算各种规则图形面积的公式，但早餐摊上售卖的油饼呈现出不规则的形状，显然不能套用任何一种图形的公式。按照人的一般逻辑，可行的方法或许是将油饼切碎成许许多多微小的矩形，分别计算它们的面积而后相加。然而，如果严格考量，

○ 微积分

谁创立了微积分？

　　微积分是由谁首先创立的，至今仍然是数学界的公案。科学史研究表明，戈特弗里德·威廉·莱布尼茨可能在 1675 年冬天就已经完成了创立微分学的初步工作。1684 年，他公开发表了第一篇微分学论文，定义了"微分"的概念；1686 年，他又发表了第一篇积分学论文，将微分学与积分学联系起来，并且创立了代表积分的符号"∫"。

　　但英国科学界始终认为，伊萨克·牛顿创立微积分的工作早于莱布尼茨之前完成，只是在 1693 年之前几乎没有发表这方面的研究成果。从 17 世纪末开始，英国不断有学者主张牛顿是微积分的创立者，并激进地指责莱布尼茨是"骗子""剽窃者"。英国与欧洲大陆数学界持续多年的论战，极大地影响了英国的数学研究。英国数学家拘泥于牛顿的学术体系和符号系统，拒绝使用莱布尼茨的更为直观的符号，直到 19 世纪初才逐渐接受。这使得英国数学界在超过一个世纪的时间里，几乎无法在这个领域进行对外交流。

　　不过，牛顿本人曾在代表作《自然哲学的数学原理》的早期版本中承认，微积分是他与莱布尼茨分别独立创立的。牛顿在这本 1687 年出版的书中写道："10 年前，在我和杰出的几何学家莱布尼茨的通信中，我表明我已经知道确定极大值和极小值的方法、作切线的方法，以及类似的方法，但我在交换的信件中隐瞒了这方法……这位卓越的科学家在回信中写道，他也发现了一种同样的方法。他也叙述了他的方法，与我的方法几乎没有什么不同，除了措辞和符号。"因此，科学史研究者一般据此认定，牛顿和莱布尼茨共同享有创立微积分的荣誉。

　　在创立积分学的过程中，莱布尼茨引入了被沿用至今的积分符号"∫"。在当时的欧洲，拉丁语是学术界的工作语言，一些源于拉丁语的缩写也获得了学术界的普遍认同。比如，"求和"（sum）一词即是拉丁语"summa totalis"，以及源于拉丁语的古法语词"summe"或"somme"的缩略。"summa totalis"确切的含义是列竖式计算多个数的和，并将答案写在竖式上方（与今天的习惯正好相反）。经过几个世纪的变化，人们将所有的加法计算都称为"sum"。莱布尼茨深知这个词的源头和含义，便选择将第一个字母"s"拉长，作为积分的符号。这是因为，积分学中首先被创立的部分是定积分，表示的是一个无穷求和的过程。

遇见科学

01

院士专家讲科学

油饼不可能精确地切分为矩形，而又不损失任何面积。这意味着直接切分的方法不仅费时费力，还会导致比较大的误差。

　　微积分的思路则是设法证明，这块油饼的面积数值，可以等价于某一条线段的长度。而后，只要精确测量这条线段，就可以知晓油饼的面积。如此一来，复杂的二维图形问题就被转化成了一维问题，只用一步就能得到更精确的答案。

　　如今，学过微积分的人不少。但在离开课堂之后，他们很容易忘记这些知识，以至于多年之后只记得一个"豆芽菜"，也就是代表积分的符号"∫"。这种现象的成因，正是源于对微积分本质认知的缺失。另外，很多生活中的问题，又有赖于微积分才能更有效地解决。

　　目前，中国拥有全世界规模最大的高速铁路网。高速铁路是为快速运送旅客和急需货物而设计的系统，昂贵而又精密。为了最大限度地利用路网资源，调度人员需要知道每一列高速列车的速度变化情况和各个时刻的速度，并由此知道它们刹车所需的距离。只有这样，繁忙的线路才能安排尽可能多的列车，而且让它们保持安全间距，为可能发生的意外情况留出紧急处置的空间，不至于发生事故。对列车之间相互影响加以把握，

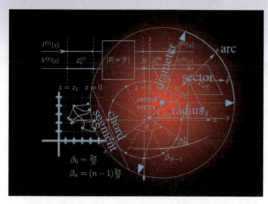

○ 符号语言让数学表达更清晰简洁

○ 密码学也与数学关系紧密

以及据此安排这套系统，都有赖于通过微积分的理论来建构算法。

经济学、医学甚至企业管理等领域的智库系统，其实也是基于微积分的思想来设计和建构的。人们在这些领域中，每一次活动取得的经验，都可以被视为一个微分；这些经验的积分，就尽可能多地涵盖了这个领域的进展与智慧。

或许这正是计算机的普及带给微积分学习，乃至整个数学界的变化。人类势必更加注重对算法的设计与研发，因为在纯粹的计算方面，人脑比起计算机已没有优势。既然如此，利用机器强大的计算能力去做烦琐的计算，将人类的精力解放到创造性的工作当中，会成为未来的趋势。

○ 高铁系统与数学关系紧密

思考：

本文对你有什么触动？

根据你的观察，在生活中还有什么与数学有关？

02

学科学·激发科学的好奇心

◎ 李良：外星人，你在哪里

◎ 叶健：微生物的星球

◎ 周晋峰："地球之肾"与大自然精灵的故事

◎ 王爱慧：蓝色星球的水循环

◎ 王宝会：大数据离我们有多远

◎ 王晓茹：计算思维与人工智能

李良：

北京天文馆《天文爱好者杂志》副编审。曾任中国空间学会科普与教育委员会委员，现任中国科普作家协会演讲专业委员会专业委员

○ 科幻片《第三类接触》剧照（1977 年，由美国导演斯皮尔伯格执导，影片所展现的外星人降临的情景）

李良：

外星人，你在哪里

扫一扫，
看专家讲座视频

　　形形色色的科幻小说、电影和游戏，塑造了诸多令人印象深刻的"外星人"形象。不过，在现实生活中，我们暂时还没有发现其他智慧生命存在的迹象。尽管如此，人们仍然在努力地寻找地外生命乃至智慧生命。

　　在银河系中，有数以千亿计的恒星，其中相当一部分拥有自己的行星。在如此众多的行星当中，人们猜测有一部分孕育着生命，乃至演化出了智慧生命。但这些生命身在何方，今天的人类并不知晓。

　　天文学家通过搜索无线电信号的方式，搜寻地外文明存在的迹象；搭载着人类信息的探测器，也作为文明的"信使"在宇宙中远航。而与寻找地外生命密切相关，并且正在成为研究热点的领域，便是对太阳系以外宜居行星的研究。让我们跟随专家李良，踏上一段寻找地外生命的旅程。

人类的"外星人"情结

科幻作家创造了不少关于"外星人"的科幻作品，科幻迷们对此如数家珍。作为一种"触类旁通"，他们也可能会着迷于不明飞行物（UFO）事件，如1947年6月24日的"阿诺德事件"，以及7月的"罗斯威尔事件"。这些事件的当事人，都目击了类似碟子一样的飞行器，也就是民间俗称的"飞碟"。因为这些飞行器行动方式相当诡异，与人类的固定翼飞机或者直升机有很大区别，所以被认为是来自地外文明的交通工具。

事实上，早在1878年，美国得克萨斯州就已经有人目击过这样的飞行器。而众所周知，此时飞机还未发明。在"阿诺德事件"之后，也有很多人宣称自己目击了"飞碟"，甚至拍下了照片。虽然大部分不明飞行物事件都可以用科学来解释，

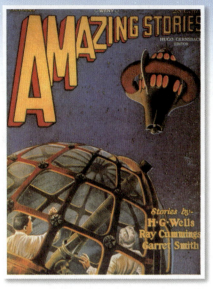

○ 1927年，在美国出版的一期《惊奇故事》杂志的封面上，描绘的是地球人遭遇外星人时的情景

比如，人们对某些天体的误判，或者军队在试飞某种高度机密的新概念飞行器，但仍然有一些不明飞行物的成因是无法解释的。美国军队在2019年放过战斗机追踪不明飞行物的视频，这些直接来自机载录像设备的视频显示，飞行员在训练中遇到了形状怪异而且能够在高速飞行中急停的不明飞行物，其飞行性能完全无法用人类现有的航空理论来解释。

此外，还有2017年曾经引起广泛关注的"奥陌陌"，是人类发现的第一颗来自太阳系外的小行星。它有着不同寻常的狭长外表，加之又是从太阳系外高速冲入，因此被一些人认为是一艘废弃的外星星舰。但受制于航天技术，人类无法到"奥陌陌"附近进行勘察，它的细节或许将会一直成谜。

○ 外星人 E.T. 收获了众多粉丝

"阿诺德事件"与"罗斯威尔事件"

1947年6月24日14时许，美国飞行爱好者肯尼斯·阿诺德驾驶飞机升空，试图搜寻一架坠毁的C-46运输机的残骸。在途中，他看到9个闪闪发光的圆盘状物体正在高速飞行，时速约为1900千米，远远超过音速。而在当时，人类还没有进入超音速时代，各个军事强国主力战斗机的最高飞行速度只有这些不明飞行物的一半不到。事后，阿诺德在接受记者采访时说，这些飞行物"像馅饼碟一样扁平"，它们能在高速飞行时急转弯，"就像碟子掠过水面"。由于阿诺德生动的比喻，"飞碟"从此成为不明飞行物的代名词。

不到半个月之后的7月5日，美国新墨西哥州罗斯威尔市附近有农场主向警方报案，宣称目击飞碟坠毁。美国军队介入这起事件，回收了现场的不明碟形物残骸，并对外宣称是探空气球坠毁。时至今日，"罗斯威尔事件"的真相仍然笼罩在迷雾之中。一些人相信，美国军队确实得到了来自外星的航天器，甚至还保存着外星智慧生命的遗体。

目前，科学界倾向于认为，不明飞行物事件并不意味着有地外文明造访了地球；但与此同时，科学界也认为地球并非是唯一存在生命的行星，宇宙中一定有其他星球孕育了生命，乃至拥有智慧生命。

宇宙是非常广袤的。根据人类目前掌握的天文学知识，我们生活的太阳系，包括太阳这颗恒星，八颗行星，冥王星、谷神星等若干矮行星，以及几十万颗大小不等的小行星，还有许多彗星。八颗行星当中，水星、金星、火星、木星和土星可以用肉眼直接看到；天王星和海王星因为距离遥远，需要借助天文望远镜方可观测。著名的天文照片《暗淡蓝点》，便是由"旅行者1号"探测器在海王星轨道外拍摄。在那里，地球已经是一个很难看清的"蓝点"，一颗"悬浮在阳光中的微尘"。但海王星轨道远不是太阳系的边界，我们也尚不知晓，太阳系是否还拥有更多的行星。

小行星"奥陌陌"

　　"奥陌陌"是人类已知的第一颗经过太阳系的星际天体。它在2017年10月19日被天文学家发现，11月被命名为"奥陌陌"（1I/'Oumuamua）。这个名字取自夏威夷群岛土著的语言，意为"远方来的信使"。

　　"奥陌陌"长约400米，宽约40米，呈现出类似雪茄烟的狭长外观，与人类已知的小行星有很大不同。因为人类目前拥有的探测手段难以分辨出它的材质，所以有些人认为"奥陌陌"可能是来自地外文明的星舰，或者废弃的航天器。这或许是因为，"奥陌陌"突然出现和离开，而且不回应人类的行为方式，会使人联想起英国科幻作家阿瑟·克拉克的作品《与拉玛相会》。

　　在这部小说里，人类发现了一艘飞临太阳系的外星星舰。它是一个体量惊人的圆柱体，内部却空无一人，只有自动机械维持着城市的运转。人类探险队在非常不安的氛围中，对这艘神秘星舰进行了考察，却无法弄清它的建造者和航行的目的地。最后，这艘星舰启动特殊的保护罩，从太阳中心毫发无伤地穿过，同时吸取太阳能量，加速飞向未知的远方。

○ 科幻背景下的外星球场景概念图

○ 银河系

但在银河系中，太阳只是一颗非常普通的恒星。我们在夜晚仰望星空的时候，看到的满天繁星绝大部分是银河系的恒星。在银河系中，恒星的总数可能高达 4000 亿颗。而银河系又只是宇宙中的一个恒星系，在宇宙中像它这样的恒星系的数目，也是非常惊人的。因此，地球应该不是宇宙中唯一拥有生命的行星。

文明的条件有多苛刻？

但一颗行星想要拥有生命，而且演化出智慧生命乃至形成文明，条件其实相当苛刻。今天，人类是地球上唯一的智慧生命，建立起覆盖全球的文明；但世界呈现出今天的样貌，其实有很大的偶然性。

古生物学研究认为，人类起源于非洲。大约 600 万年前，人类从人与黑猩猩共同的祖先中分化出来，而后通过迁徙扩散到了全世界。但这只是人类建立文明的最后一步。早在距今 46 亿年前，地球就已经诞生。它幸运地处于太阳的"宜居带"，而且演化出了生命。经过漫长的时间，生命逐渐变得复杂，从海洋登上陆地，最后拥有了智慧。这些人们很熟悉的地球历史，其实并不像大家想象的那样"顺理成章"。从天文学的角度上说，假如太阳是一颗远比现在更大的恒星，它的寿命就有可能更短暂，使地球"来不及"演化出一个繁盛的生物圈。而这样的情况，在宇宙中应该并不罕见。

早在人类进入太空时代前夕，20 世纪 50 年代初，曾经获得 1938 年诺贝尔物理学奖的意大利物理学家恩里科·费米，提出了著名的"费米悖论"。他曾开玩笑地说："如果存在'外星人'，他们为什么不在美国白宫的草坪上着陆，欢迎人类加入'银河俱乐部'呢？"但在玩笑背后，是一系列清楚而完整的逻辑推理。在我们的宇宙中，应该存在许多拥有生命的行星。如果比照地球的历史，这些行星从演化出最早的智慧生命，到智慧生命拥有向母星之外发送信息或者航天飞行的能力，大约需要 500 万年。相比于宇宙的历史，这段时间是非常短暂的。所以，即使智慧生命出现的概率非常小，那么仅仅在银河系内，也应该有相当大数量的文明存在。但我们并没有在地球上，或者在人类已经观测到的宇宙的其他地方，找到智慧生命存在的、切实可靠的证据。而地球在宇宙中并非特殊的存在，遵循着与其他行星相同的自然规律。简而言之，人们估计宇宙中会有很多的智慧生命，其中一部分会有航天飞行甚至恒星际飞行能力，却一直缺少他们存在的证据。

"费米悖论"成为天文学家和航天技术专家关注的热点，他们也对此给出了一些解释。人类能否发现地外文明，取决于很多变量：银河系中恒星的数目，恒星拥有类地行星的比例，类地行星可以让生命诞生的概率，演化出智慧生命的概率，智慧生命拥有航天能力或者至少可以向母星之外发送信息的概率，文明存续的时间等。这些信息当中，大部分都是人类尚未了解，只能通过大致估算来确定的。因此，任何一项估算有误，都会使人类估算的地外文明数量，与实际情况发生很大的偏差。

○ 太阳和八大行星（手绘图）

中国科幻作家刘慈欣在他的代表作《三体》三部曲中，给出了一种针对"费米悖论"的解释，称为"黑暗森林"理论。这一理论认为，在广袤的宇宙中，文明之间的距离极为遥远，使沟通变得非常困难；而且，文明有着不同的起源，其价值观存在巨大的差异。因此，所有的文明都倾向于消灭潜在的对手，这使宇宙成为一片"黑暗森林"，各个文明如同"森林中带枪的猎人"，竭尽全力避免暴露自己的存在，并且向着任何可疑的位置"开枪"。由于"藏好自己、做好清理"成为宇宙中各个文明的共识，人类不仅难以发现地外文明，而且可能因为自己"找朋友"的行为，使太阳系遭受致命的攻击。

比如，某颗行星曾经诞生了智慧生命，而且建立了现代文明。但他们在掌握航天技术之前，就因为小天体撞击、大规模杀伤性武器或者其他原因遭遇了毁灭，或者文明倒退瓦解，那么人类便无法知晓这个文明的信息。

地球生命的起源迄今也尚不明晰。天文学家和古生物学家暂时还不能确定，地球上最早一批生命，是源于地球自身的化学与气象活动，还是由彗星的撞击传入地球。后一种理论认为，地球生命的起源，要追溯到附着在彗星尘埃微粒上的一些小有机体。当彗星与地球相撞时，这些有机物来到地球，并形成了早期的生命。对火星陨石的研究似乎可以支持这个观点，因为在不久之前，中国科学家曾经从一块火星陨石中，发现了远古火星有可能曾经存在原始生命的证据。但因为火星的环境，这些生命的"种子"最终没能茁壮成长。换句话说，源于小天体撞击的"播种"可能并不罕见；但能够真正诞生出生命，却是概率极为微小的事件。

前往外星的几位人类"信使"

为了寻找地外文明，人类在 20 世纪 70 年代发射了四个特殊的探测器："先驱者 10 号""先驱者 11 号""旅行者

1号""旅行者2号"。它们实际上相当于航天时代的"漂流瓶",会在太空中飞行数万年乃至更久的时间,以期被潜在的地外文明寻获。

"先驱者10号"和"先驱者11号"是最早按照飞出太阳系的要求来设计的两个人类探测器。它们分别携带了一块镀金铝板,上面绘制了一男一女的图像、探测器的侧视图、太阳系的示意图和它在宇宙中的位置等信息,以便向寻获探测器的地外文明解释探测器的来源。"旅行者1号"和"旅行者2号"则携带了著名的"旅行者号金唱片",以储存更为丰富的信息,使地外文明能够更全面地了解地球和人类文明。

如果以地球上的交通工具作为标准,探测器的飞行速度快得惊人;但相比于宇宙的广袤,人类最快的探测器的飞行速度,也慢如蜗牛爬行。相比之下,无线电波就快得多,能够以光速在宇宙中传播。1974年,美国通过位于波多黎各的阿雷西博射电望远镜,向距离地球25000光年的球状星团M13,发射了著名的"阿雷西博信息"。"射电望远镜"是用来观测天体发出的射电波的设备,也可以向外发送无线电波信息。当时,口径为305米的阿雷西博射电望远镜,是世界上性能最强大的射电望远镜,因此被选中承担起向地外文明发送信息的重任。

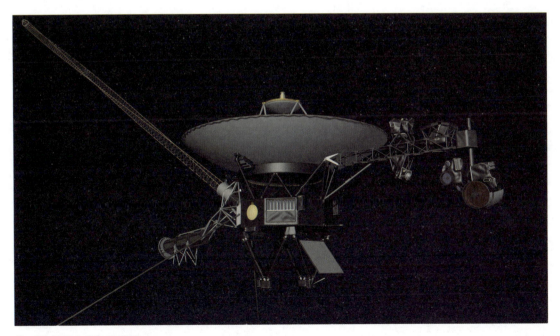

○ "旅行者1号"探测器

"旅行者"探测器与"金唱片"

"旅行者1号"和"旅行者2号"探测器分别在1977年9月5日和8月20日发射升空（"旅行者2号"先于"旅行者1号"出发）。它们的任务是抓住176年一遇的行星特殊几何排列的时机，用比较短的时间迅速造访太阳系里的四颗气体行星，而后尝试飞出太阳系，成为人类派往潜在的地外文明的"信使"。

为了实现后一项目的，两艘探测器搭载了理论寿命长达10亿年的铜制镀金磁盘唱片和配套的播放系统，收录了用55种人类语言录制的问候语、27首世界各国的音乐，以及115幅关于地球和人类生活的图像。音乐中既有西洋古典乐，也有中国古琴演奏的《高山流水》和日本尺八演奏的《鹤之巢笼》等典型的东方音乐，以求"把地球上美的音乐献给人类的知音"。图像中也有两幅与中国有关，分别是长城和中国人的家宴。

目前，"旅行者1号"是距离地球最远的探测器，已经飞出了太阳风的影响范围，进入了星际空间。

阿雷西博信息由1679个二进制数字组成。如果收到信息的地外文明将它解码成73行、23列，就可以得到一幅展示人类文明基本信息的图像：人类普遍使用十进制，通过DNA储存遗传信息，居住在太阳系的第三颗行星上，（男人）平均身高176.4厘米，地球上已经有将近43亿人，通过阿雷西博射电望远镜发出这份"宇宙电报"。

2020年12月，阿雷西博射电望远镜因为缺乏维护发生了坍塌事故，并因此退役，即将进入拆解程序。直到此时，当年的"阿雷西博信息"仍然没有收到任何回复。不过，世界上还有其他很多的射电望远镜，如位于中国贵州省黔南布依族苗族自治州平塘县大窝凼的FAST，就拥有比阿雷西博射电望远镜更为强大的性能，可以承担起寻找地外文明的重任。

事实上，通过射电望远镜，天文学家们曾经取得过一些有趣的发现，其中比较典型的便是"'Wow！'信号事件"。1977年8月16日，美国俄亥俄州立大学的杰瑞·埃曼教授，通过大耳朵电波望远镜接收到一个明显的窄频无线电信号。

○ 阿雷西博国家天文台

○ 中国 500 米口径的 FAST

这个信号的特征显示，它并非是来自太阳系内，因此埃曼在记录信号接收情况的打印纸上随手标注了"Wow！"（英语中表示大吃一惊的感叹词）。在此之后，人们再也没有接收到这个信号。虽然有天文学家认为，它可能来自一颗在当时还没有被人类发现的彗星，但这个信号的真相究竟是什么，到目前为止还没有完全确定的答案。

英国物理学家史蒂芬·霍金一直反对人类主动与地外文明接触。他认为，宇宙是多维度的，人类不是宇宙唯一的智慧生命；但是由于维度与维度之间的隔阂，人类与地外文明都看不见彼此，这就如同某种生活在二维平面上的生命，感觉不到生活在三维空间中的人类一样。

因此，人类难以发现（生活在更高维度的）地外文明的存在。

宜居行星的潜在候选

从"旅行者 1 号"和"旅行者 2 号"出发至今，人类的生命科学也取得了长足进步，对生命存在的条件有了更深刻的理解。因此，有天文学家认为，太阳

○ 人类一直在努力探索系外行星

系内就可能存在地外生命，只是此前的研究思路有问题，而且受制于航天技术，难以对一些潜在的候选天体进行更为详细的勘察。

目前，人类已知的八颗太阳系行星，可以分为两组：靠近太阳的水星、金星、地球和火星是岩石行星，称为"类地行星"；外侧的木星、土星、天王星和海王星是气体行星，称为"类木行星"。"类木行星"拥有更多的卫星，木星和土星更是以拥有大量天然卫星著称。木星最大的四颗卫星被称为"伽利略卫星"，因为它们是由意大利天文学家伽利略·伽利莱在1610年用早期天文望远镜发现的。木卫二"欧罗巴"有一个薄薄的冰外壳，探测器照片显示，它的冰外壳下面有大量的液态水。假如事实果真如此，那么木卫二会是太阳系中除地球之外，唯一有大量液态水存在的地方。因为液态水与生命的孕育密切相关，所以有天

○ 木卫二表面冰壳裂缝中喷出的水柱（艺术绘画）

○ 木卫二冰壳表面复杂的褐色网状裂缝

文学家认为，木卫二的冰外壳下面，很可能有生命存在。

土星最大的卫星土卫六"泰坦"，则是太阳系中唯一拥有浓厚大气层和液态海洋的卫星，而且全球的液态海洋互相连通。天文学家认为，土卫六上也很可能有生命，而大气中的甲烷可能是生命体的基础。

不过，更有吸引力的研究，是在火星上寻找生命存在与否的证据。火星距离地球更近，也与地球有一些相似之处，被认为是人类未来移民异星的首选。很多科幻作品都畅想了火星上的智慧生命与文明，但在现实生活中，"火星人"并不存在。不过，火星上有液态水，而且火星处于太阳"宜居带"的外沿，这意味着火星上仍然有可能发现地外生命，或者至少找到曾经有过生命的证据。

为了更深入地了解这个"邻居"，人类先后发射了数十个火星探测器，其中一部分成功地在火星上"软着陆"，

○ 土卫六

○ 火星探测器发现的火星上数十亿年前形成的、曾经充满了水的火山口

并开始分析当地的环境。尽管今天的火星环境恶劣，但在远古时期，它的表面可能有过大量的水，因为探测器发现了火星河流的痕迹。随着越来越多的探测器飞往火星，人类有可能在未来取得比火星陨石更为翔实的证据，揭开火星上是否存在生命的谜团。

在可以预见的未来，人类会登陆火星甚至建立居民点，也有可能挺进更为遥远的木卫二和土卫六。但在太阳系之外，也存在着很多像地球一样的岩石行星，或者说"类地行星"。它们当中有一部分处于恒星的"宜居带"中，甚至拥有和地球相近的体积。这些地球的"表兄弟"，有可能会在人类实现航天飞行技术的突破后，成为未来星际移民的备选项；而且，它们也有可能孕育着生命。

为了更有效地寻找这些远方的宜居行星，美国国家航空航天局在 2009 年 3 月发射了"开普勒太空望远镜"。我们知道，当行星围绕着恒星公转的时候，在远方的观察者看来，行星必然会有一个挡在恒星与观察者之间的阶段。比如，太阳系里最靠近太阳的行星是水星，人们在地球上就可以看到水星从太阳表面经过的景象。这样的现象，在天文学上称为"行星凌日"。每当行星凌日现象发生的时候，恒星的亮度都会略微降低。

开普勒太空望远镜的工作，就是观察银河系中恒星的亮度变化，以求发现行星凌日现象，并以此发现太阳系外的行星。从发射升空到 2013 年 5 月因为硬件故障放弃任务，开普勒太空望远镜发现了大量太阳系外的行星，如曾在媒体上引起轰动的"开普勒 62e"和"开普勒 22b"，都因为很可能存在液态水而为人熟知。根据行星的体积、公转时间，以及它与恒星的距离等信息，天文学家可以大致分析出行星的环境，从而判断它孕育生命的概率。

○ 艺术家虚构的火星基地

2018 年 4 月 18 日，"苔丝太空望远镜"发射升空。作为开普勒太空望远镜的后继者，它依然通过观察行星凌日现象寻找太阳系外的行星，任务覆盖范围却相当于开普勒太空望远镜的 400 倍。随着天文学与航天技术的进步，也许人类终有一天会在地球以外的天体发现生命，甚至与地外文明相会。

思考：

寻找地外文明有哪些途径，对火星基地你有什么畅想？

叶健：

中国科学院微生物研究所研究员

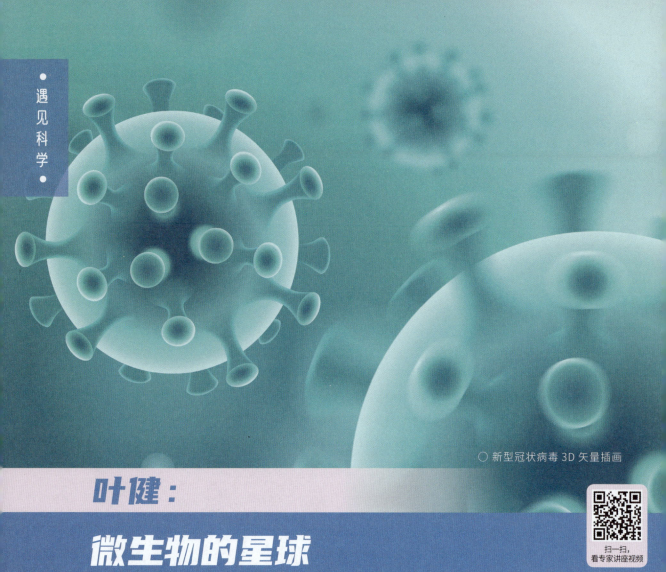

○ 新型冠状病毒 3D 矢量插画

扫一扫,
看专家讲座视频

叶健:

微生物的星球

    2020 年,新冠肺炎疫情席卷全球,成为深刻影响人类社会的灾难事件。具有极强传播能力的微小病毒,导致了数量惊人的病患,以及恐慌、混乱和经济衰退。而在人类历史上,类似的事件发生过不止一次。很多重大历史事件背后,都有微生物的影子。

    在地球上,除了生活中常见的动物和植物,还有很多微生物。虽然它们当中的大部分都无法用肉眼看到,但却从方方面面影响着人们的生活,甚至与人建立起相当于共生的关系。但也正因为不借助工具就无法"亲眼目睹",人类直到很晚才认识到微生物世界的存在,并且逐渐厘清它们与疾病和一些食品制作过程的关系。

    今天,对微生物的研究,仍然是医学、药学和农学研究的重要主题。对有害微生物的防治,意味着一些身患疾病的人能够得到拯救,粮食生产得到保障。让我们跟随专家,走进隐藏在显微镜之下的、生机勃勃的"迷你"世界。在地球这颗充满微生物的星球上,人类仍将不断面临来自它们的挑战。

发现微生物的世界

当我们仰望星空的时候，经常会感慨生命是如此多姿多彩。迄今为止，地球仍然是人类已知的唯一拥有生命的星球。为了研究地球上的各种生物和它们组成的生态系统，人类逐步构建起庞大的生命科学体系。而在生命科学研究中，微生物是一个无法忽视的领域，因为微生物与人类社会的发展息息相关。

我们常用"上下五千年"来指代世界历史，因为在大约 5000 年前，世界上最早一批国家开始形成，人类文明正式起步。从那时开始，改朝换代、文明兴替就在世界各地不断上演。如果分析这些事件，我们可以发现它们的背后，常常会有战争、饥饿或是瘟疫的影子。而后两类事件，往往可以归因于微生物的影响。由微生物导致的粮

名师讲堂：
斑疹伤寒击败拿破仑大军

1812 年，法国皇帝、军事家拿破仑·波拿巴已经击败了欧洲大陆上的绝大部分国家。为了彻底控制欧洲大陆，从而封锁和降服英国，拿破仑调集 60 万军队，发动了对俄罗斯的远征。

前往俄罗斯必须经过波兰，而当时的波兰基础设施条件极差，很多人难以洗澡，也得不到医疗保健服务，很容易发生传染病疫情。在拿破仑的大军经过的时候，波兰正在流行斑疹伤寒。这是一种由微生物立克次氏体（Rickettsia）引起的急性传染病，可以通过寄生在人体上的虱子进行传播。斑疹伤寒不可避免地传入拿破仑的军队，引起了大量非战斗减员。因为身上寄生的虱子过多，军人们被迫用定期脱掉并烧毁军服的方式来杀灭它们，企图遏制疫情传播，但效果并不理想。

最终，拿破仑率领一支伤亡惨重且重病缠身的军队，进入了已经被提前撤成一座空城的莫斯科。而后，俄军纵火焚城，将脱去冬装正在休整的入侵者逐出城市。拿破仑被迫率领残兵撤离，沿途不断有人死于斑疹伤寒、伤口感染和俄军的反击。最终，只有大约 3 万人回到远征的出发地，拿破仑的霸权就此陨落。

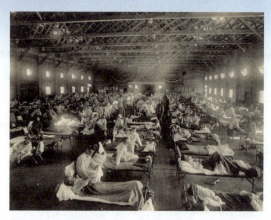
○ 1918 年西班牙流感大流行病

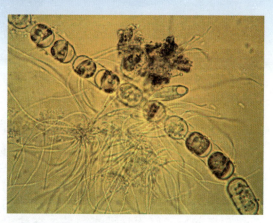
○ 显微镜下的水体微生物

食歉收，会成为社会动荡和变乱的源头，在"无农不稳、无粮则乱"的传统农业国家尤为如此。甚至，战争也与微生物有着千丝万缕的联系。由微生物引起的传染病，有可能使精锐部队遭遇惨重的伤亡；军队的迁徙，战场上不能及时埋葬的遗体，还有战乱导致的医疗卫生体系的崩坏，都有可能使战争与瘟疫叠加在一起，造成更为恐怖的灾难。

而人类直到 17 世纪，才第一次观察到微生物的世界。开创微生物学这门学科的科学家，是荷兰人安东尼·范·列文虎克。他本是经营绸布店的商人，后来又被任命为公务员。这两个职业都不算太辛苦，收入也相当可观，因此他可以将一项童年时的爱好维持下来，那就是将玻璃和一些宝石经过手工磨制成镜片。

靠着卓越的手艺，他制造出了能够将物体放大 300 倍的显微镜。他从池塘里舀上一些水，再取一滴放在显微镜下观察，意外地发现池水中竟然有一个生机勃勃的世界。他将透过显微镜观察到的微生物的形态绘制下来，写成论文，提交给了英国的皇家学会。

在当时的科学家们看来，这是一项不可思议的成就，因为他们不敢相信，世界上竟然会有这么小的生物存在。但是，其他科学家很快使用类似范·列文虎克的设备，观察到了与他的发现基本相同的结果。于是，1677 年，皇家学会认可了他的发现，微生物学便由此起步。三年之后，他又被皇家学会接纳成为外籍院士。而在范·列文虎克创立微生物学之后 10 年，也就是 1687 年，英国物理学家、数学家伊萨克·牛顿发表了他的代表作《自然哲学的数学原理》，成为 17 世纪人类科学革命的顶峰。

世上微生物知多少

范·列文虎克的发明和研究工作，为

　　大约在16—17世纪之交，原产于中亚的郁金香传入荷兰，并很快得到人们的喜爱。在栽培郁金香的过程中，人们发现一些郁金香会开出碎色的花朵，也就是花瓣上出现多种颜色，甚至形成火焰状的花纹。今天我们已经知道，这样的现象是郁金香碎色病毒导致的，它干扰了植物中花青素的生成；但在当时，很多人为染病的郁金香独特的花色而痴狂，使它们成为炒作的对象。

　　郁金香碎色病毒产生的碎色效果有很大的不确定性。被感染的郁金香可能会开出怪异、丑陋的花朵，而且球茎会加速退化，寿命明显缩短，来年能否开花也难以预料。而且，人们买卖的只是郁金香的球茎，在开花之前没有人知道它能开出怎样的花朵，只能相信卖家的诚信并祈祷大自然给予好运气。但这些特性，反倒使郁金香交易成为一种刺激的投机生意。随着交易规模的扩大，荷兰人还为郁金香搭建起一套期货系统，人们买卖的只是交割郁金香球茎的权限，而球茎本身还留在农地里。名为"永远的奥古斯都"的郁金香品种，被认为有着完美的花色，它的一个球茎，在交易火爆的时候，可以在荷兰首都阿姆斯特丹最繁华的市中心换取一栋豪宅。

　　到1637年年初，一些偶然的意外事件，包括一名外国水手误食了一个"永远的奥古斯都"的球茎，以及某一次名贵品种拍卖会的流拍（拍卖会上无人出价），使一些理性的人意识到价格虚高的郁金香带来的风险。他们开始卖出手中的郁金香，恐慌的情绪使郁金香暴跌的浪潮迅速席卷全国，很多高位"接盘"郁金香的人因此倾家荡产。"荷兰郁金香泡沫"是人类历史上第一次有明确记载的金融泡沫事件。它使荷兰陷于严重的经济危机，阿姆斯特丹金融交易中心的地位也被英国首都伦敦取代。

○ 郁金香

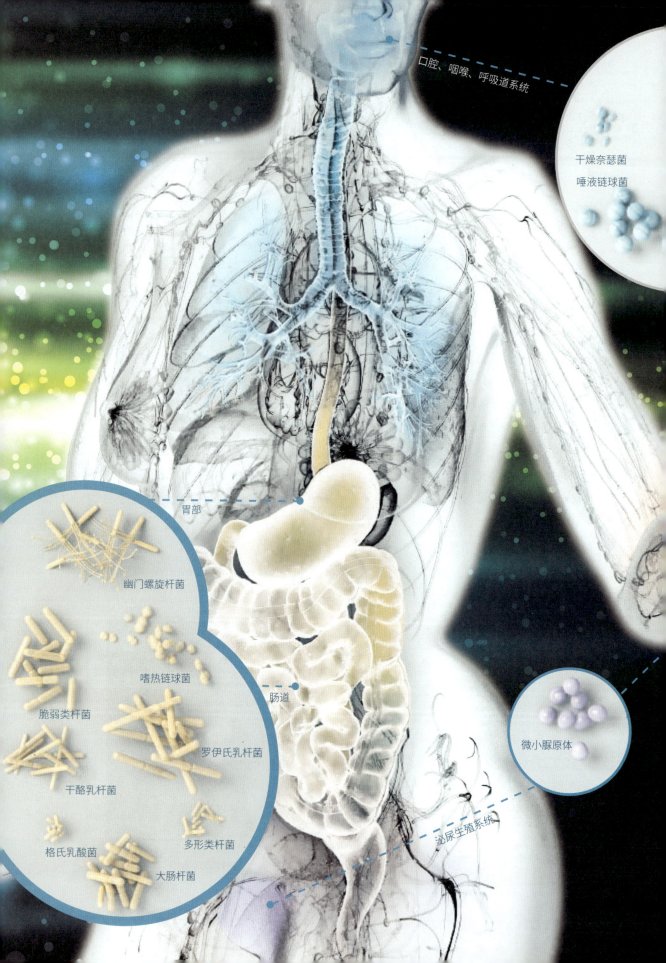

口腔、咽喉、呼吸道系统

干燥奈瑟菌

唾液链球菌

胃部

幽门螺旋杆菌

嗜热链球菌

脆弱类杆菌

罗伊氏乳杆菌

干酪乳杆菌

多形类杆菌

格氏乳酸菌

大肠杆菌

肠道

微小脲原体

泌尿生殖系统

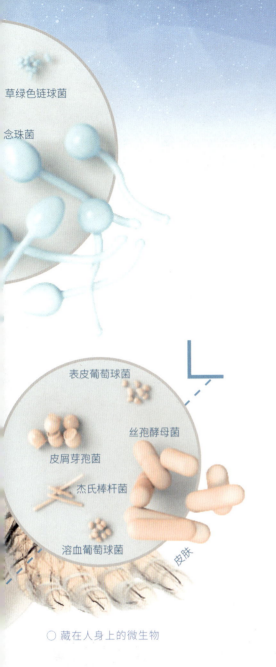

草绿色链球菌

念珠菌

表皮葡萄球菌

丝孢酵母菌

皮屑芽孢菌

杰氏棒杆菌

溶血葡萄球菌

皮肤

○ 藏在人身上的微生物

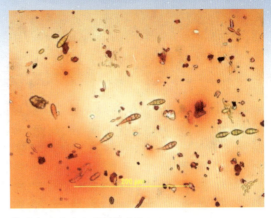

○ 空气中也含有多种微生物

人类打开了一个全新的世界。在他之后，一代代微生物学家在这个领域不断有了新的发现。目前，人们将微生物大体分为八个大类，分别是细菌、病毒、真菌、放线菌、立克次氏体、支原体、衣原体和螺旋体，前三类较为常见。

在我们身边，微生物可以说无处不在。在一个什么也没装的、普通的塑料垃圾袋里，有 5000～6000 个微生物。像范·列文虎克当年做的那样，用家中的饭勺从池塘里舀一勺水，再从中取出一滴，里面大约会有 2000 万个微生物；而这一整勺水里，大约会有 10 亿个微生物！

在我们每个人身上，也有很多微生物。人体由大约 50 万亿个细胞构成，而人体上的微生物，仅仅细菌的数量就大约 10 倍于此，也就是 500 万亿个。人体上所有微生物的总质量，可以达到 1.5 千克，大约与人脑的质量相当。人的很多生命活动，还有很多疾病或不适，都与微生物密切相关。因此，人体上的微生物又被称作人的"第二套基因组"。

如果放眼全球，微生物的数量更是惊人。地球表面的 71% 覆盖着海洋，但人类对海洋特别是深海环境还缺乏了解。按照目前的研究数据加以估算，世界上的微生物总共有 1 万亿种，其中 40% 分布在海洋里，其余的分布在陆地上。目前，地球上生活着大约 75 亿人，而微生物中仅仅是细菌的数目，就有 10^{30} 那么多，而病毒的数量可能 10 倍于此。

除了数量巨大，微生物还可以忍受各种各样极端的恶劣环境。在水温几乎达到 100℃的沸泉里，生活着微生物；在苦涩的海水里，生活着微生物；在冰雪覆盖的南极大陆，曾有过－89.2℃的极端低温，而这里也生活着微生物；甚至，在太空中飞行的国际空间站上，以及距离海平面 20～100 千米的"临近空间"，都可以找到微生物的踪迹。

名师讲堂：
临近空间

"临近空间"通常是指海平面以上 20～100 千米的区域，在飞机等传统航空器活动的"天空"和宇宙飞船等航天器活动的"太空"之间，包括了地球大气层的中间层，以及一部分平流层和一部分热层。绝大多数飞机无法抵达临近空间，航天器通常也只在发射和返回地球时短暂经过。因此，临近空间飞行器具有传统航空器、航天器所没有的优势，显现出巨大的战略价值。

微生物无处不在，得益于它们惊人的繁殖和扩散能力。人体内的大肠杆菌通过分裂来繁殖，每 20 分钟就可以分裂一次，也就是从一个变成两个。因此，如果资源足够，只要 12 小时，一个大肠杆菌就可以拥有几亿个"后代"。

蘑菇等大型真菌则像蒲公英一样，可以利用孢子来繁殖。蘑菇的孢子很轻，可以随风飘散到很远的地方，只要有合适的环境，就可以很快萌发。我们常常

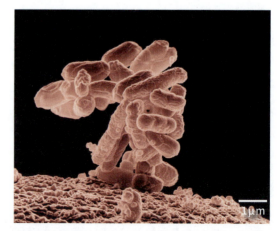

1μm

○ 大肠杆菌

○ 蘑菇由菌丝体和子实体组成

染的需要佩戴口罩，以削弱病毒通过飞沫传播的效果。

有一些病毒还可以通过血液传播，不正规的采血和输血就有可能导致传染。还有一些病毒会在母婴之间传播，也就是通过母亲的胎盘传给腹中的婴儿，或在哺乳的过程中发生传染。

随着人类越来越多地侵入野生动物的栖息地，以及一些地方食用野生动物的陋习，原本寄生在野生动物身上的微生物，有可能传播给人类，并在人体内发生变异，甚至引起致命的后果。因此，拒绝餐桌上的野味，不要随意打扰野生动物，也是在保护人类自己。

在夏日的雨后，看到林间朽木上长出一簇簇新生的小蘑菇，它们就是由极为细小的孢子生长出来的。

有一些寄生在动物身上的真菌，还可以控制动物的行为。比如，某种能够寄生在蚂蚁身上的真菌，会使受感染的蚂蚁不由自主地爬上树梢。在那里，真菌的孢子会从死去的蚂蚁体内释放出来，随风飘散传播到更远的地方。

病毒更是有着多样化的传播方式。自从新冠肺炎疫情暴发以来，一条最重要的防疫措施就是进入公共场所要佩戴口罩。这是因为，病毒可以通过人们咳嗽和打喷嚏时喷出的飞沫，向四面八方扩散，再被周围的人吸入导致感染。在以往的流感季节，很多人也出于预防感

寻找地外生命的证据

微生物能够适应各种各样的环境，甚至能在非常苛刻的条件下生存下来，还拥有强大的增殖能力，因为它们是地球生命篇章的开创者，而且已经繁衍了数十亿年的时光。地质学研究表明，地球约有46亿年的历史。如果将这46亿年浓缩成一天，地球诞生时设定为0点的话，那么第一批微生物大约在凌晨2:30出现，而人类直到这一天的最后一秒才诞生。

微生物的出现极大地改变了地球的面貌。随着第一批生命，也就是蓝绿藻的出现和繁殖，地球的大气中开始出现了氧气，为后来更为高等的生命的诞生奠定了基础。而今天地球上形形色色的多细胞动物，甚至包括人类，或许都可以追溯到某个共同的微生物祖先。

○ 河水的清澈在于流动，这里有微生物的功劳

　　地球历史告诉我们，因为数量巨大，微生物的诞生和繁衍，可以在大气层中留下痕迹。基于这样的事实，其他星球上看起来像微生物活动的现象，可以作为寻找地外生命甚至宜居星球的线索。有一些天文学家认为，火星和木星的卫星木卫二上，都有可能存在或者曾经存在过微生物。虽然这两个天体要比地球寒冷得多，但微生物也有可能在那样的环境里生存。而且，这两个天体上都存在水，具备孕育生命的条件。不过，受制于探测手段，到目前为止，人们还没有得到这两个天体上存在微生物的直接证据。想要揭开谜团，或许需要功能更为强大的探测器，甚至载人登陆。

　　近年来，寻找太阳系的宜居行星，成为一个颇有吸引力的科研领域。虽然受制于航天技术，人类暂时还无法前往那些遥远的天体进行星际移民，却有可能在遥

○ 已经影响太空的微生物

远的未来实现这样的目标；而且，对太阳系外宜居行星的研究，也有可能让人类发现地外生命乃至文明。

　　美国麻省理工学院的教授萨拉·赛格尔，是美国国家航空航天局"凌日系外行星勘测人造卫星"（TESS）探测计划团队的成员。她曾经提过一个很特别的寻找地外生命的方案，那就是在太阳系外行星的大气层中，寻找只可能由生命活动产生的气体的痕迹。

○ 在火星上寻找微生物

这个理论的依据是，一些地球上常见的微生物，如人体内的大肠杆菌，以及酿酒使用的酵母菌，在合适的培养环境下，它们的生命活动会产生某些特定的气体。而如果将这些细菌放在氢气环境下培养，它们仍然能生存下来，只是生命活动会变得缓慢，但仍然能够生成那些气体。所以，只能由生命活动产生的气体，就可以成为一种"标志物"，向人类展现那些遥远的天体上生命存在的迹象。

由美国国家航空航天局、欧洲航天局和加拿大航天局联合研发的詹姆斯·韦伯太空望远镜，就拥有这样的能力。通过测量通过行星大气的恒星光的强度，望远镜可以计算出行星大气的组成。只要观测数据足够精确，天文学家们就能分析出太阳系外行星大气的成分。如果大气中没有一氧化碳，却同时存在大量二氧化碳和甲烷，这颗行星上就很可能有生命。因为二氧化碳和甲烷通常会相互反应，产生新的化合物；如果它们是分开存在的，那就说明它们正在被不断生成。而就人类目前所知，只有生命活动能做到这一点。

亦敌亦友的微生物

对于大多数普通人来说，极有可能与微生物打交道的情境，是患上由于微生物导致的疾病。目前，中国法律规定的甲类传染病有两种，分别是"一号病"鼠疫和"二号病"霍乱。鼠疫的病原体是鼠疫耶尔森菌（鼠疫杆菌），通过鼠蚤叮咬人传播；霍乱的病原体是霍乱弧菌，人们因为食用被它们污染的食物和水而患病。在历史上，鼠疫和霍乱都是死亡率很高的烈性传染病，直到今天，在

詹姆斯·韦伯太空望远镜是红外线观测用太空望远镜，是著名的哈勃空间望远镜的继任者，也是人类有史以来建造的功能极强大的太空望远镜。

詹姆斯·韦伯太空望远镜的质量为 6.2 吨，约为哈勃空间望远镜（11 吨）的一半。主反射镜由铍制成，口径达到 6.5 米，面积为哈勃太空望远镜的 5 倍以上。它的主要任务是调查宇宙大爆炸的残余红外线证据，从而了解宇宙的初始状态。但因为望远镜部署在距离地球大约 150 万千米的第二拉格朗日点，发射之后便无法再维护保养，因此望远镜的设计和制造必须完美无缺。由于技术上的不确定性和新冠肺炎疫情的影响，望远镜发射升空的时间一再推迟。

一些医疗条件比较差的国家或地区，还有很多人因为缺乏防护手段和医疗服务，在感染后得不到医治最终离世。

在对抗微生物导致的传染病的过程中，人类取得的重要的胜利，便是灭绝了天花。它是由天花病毒感染导致的烈性传染病，其源头至今尚不明晰，感染人类的历史却可以追溯到距今 3000 多年以前的古埃及时代。1798 年，英国医生爱德华·琴纳证明，为人接种牛痘疫苗可以起到预防天花的作用，而且一经接种便可终身免疫。此后，经过将近 200 年的奋战，在全球范围内广泛接种的牛痘疫苗，使越来越多的人免于天花的威胁。1980 年 5 月，世界卫生组织庄严宣告，天花已经在野外灭绝，人类终于摆脱了这个古老的梦魇。

不过，今天的人类社会，仍然会受到很多微生物导致的烈性传染病的威胁。比如，曾经引发恐慌的炭疽热，就是一种由炭疽杆菌引起的急性传染病，有可能引起全身性的中毒。炭疽热是人畜共患病，一般来说，它的患者通常从事与畜牧业有关的职业，如屠夫、兽医、牧民等。但由于炭疽杆菌在历史上曾经作为一种细菌武器被大规模生产，因此不慎泄漏或者被恐怖分子盗取，就有可能使更多人受到致命的威胁。随着全球变暖的加剧，一些患有炭疽热的史前动物的尸体，有可能随着冻土层的融化暴露出来，导致意料之外的炭疽热疫情。

名师讲堂：
皇家慈善疫苗远征队

1800 年年底，使用牛痘疫苗预防天花的方法传入了西班牙，相关的医学文献先后被翻译为加泰罗尼亚语和卡斯蒂利亚语（西班牙语）。在完成文献翻译的工作后，国王卡洛斯四世的御医弗朗西斯科·哈维尔·德·巴尔米斯·贝伦格进言，组织一次接种疫苗的环球航行，在西班牙语世界里消灭天花。巴尔米斯与来自加泰罗尼亚的军医约瑟夫·萨尔瓦尼·莱奥帕特合作，在 1803 年 11 月 30 日率领团队离开西班牙。

在当时的技术条件下，牛痘疫苗的保质期只有 12 天。因此，巴尔米斯和萨尔瓦尼以接种牛痘疫苗的孤儿作为"人链"，成功将牛痘疫苗输入新大陆。而后，接种团队一分为二，巴尔米斯负责跨越太平洋将疫苗传入菲律宾，而后在完成任务返回西班牙途中，将最后一批疫苗传给了与世隔绝的英国属地圣赫勒拿岛；萨尔瓦尼则负责在南美洲的西班牙殖民地进行接种工作，并因此积劳成疾离世，南美洲的接种计划也因为萨尔瓦尼病逝和殖民地独立战争而未能完成。

尽管如此，巴尔米斯和萨尔瓦尼的工作，使通过接种牛痘预防天花的观念广为人知，有着比接种数量本身更为巨大的价值。1990 年，在天花野外灭绝 10 周年之际，世界卫生组织正式认定，由巴尔米斯和萨尔瓦尼共同领导的牛痘疫苗接种行动，奠定了人类消灭天花的第一块基石。今天，加泰罗尼亚公共卫生局位于巴塞罗那洛克·博罗纳特街 81 号的办公楼，被命名为"萨尔瓦尼大厦"；西班牙军方则将 2020 年抗击新冠肺炎疫情的任务命名为"巴尔米斯行动"，以纪念 19 世纪初这次曾经改变世界的环球航行。

不断变异的流感病毒，也会在每年的寒冷季节给人们带来威胁。1918年深秋，一场流感大流行结束了第一次世界大战。但因为战争导致的社会秩序混乱和医疗服务不足，这次流感疫情在战后席卷全球，导致总共大约4000万人死亡，相当于第一次世界大战的两倍还多。现在，多种流感病毒有可能通过猪或者禽鸟传给人类，并在人之间和动物之间相互传染。跨物种传播使病毒之间不断发生遗传物质的交换，使病毒不断变异，使防治流感成为医疗卫生系统的一项重要任务。

微生物不仅有可能直接使人类生病，还可能导致农作物病害，使人类受到粮食歉收的影响，甚至陷入粮食危机。马铃薯晚疫病对爱尔兰的影响，就是一个典型的例子。19世纪中叶，马铃薯是爱尔兰主要的粮食作物。为了追求产量，人们通常种植匍匐型品种的马铃薯，但这样的品种对导致马铃薯晚疫病的致病疫霉（真菌）缺乏防御力。从1845年开始，一场大规模的马铃薯晚疫病席卷爱尔兰，使大约90%的马铃薯绝收。持续五年的疫情，使爱尔兰大约有100万人死于饥荒，另有100万人被迫离乡移民美国，甚至因此改变了美国人口的族裔比例。

尽管一些微生物会给人类带来灾害甚至惨重的灾难，但也有一些微生物，在发挥着造福人类的作用。出现在餐桌上的菌类，也就是木耳、银耳和各种蘑菇，是微生物中的"异类"，因为它们看起来并不"微"，甚至有些像植物。但它们的身体里并没有像植物那样，发生分化并且存在"分工"的细胞。按照目前的生物分类体系，这些大型食用菌仍然属于真菌的"家族"。一些通过现代生物技术选育的真菌，还有可能成为口感接近肉类的"人造肉"，为人们省下饲养和屠宰牲畜所需的巨大空间等。

除了这些可以直接食用的微生物，很

○ 将橘子放在温暖潮湿的环境中，就很容易长出霉菌，即长"毛"。颜色较浅的地方为青霉，黄色、绿色或黑色的为曲霉。发霉橘子上的青霉主要是指状青霉或者意大利青霉，左图即为指状青霉的菌丝

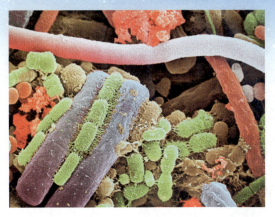
○ 口腔中的微生物

○ 奶酪

多食品的制作也离不开微生物的参与，如奶酪、酸奶和酒类。中国南北朝时期的农学家贾思勰（xié），在农书《齐民要术》中指出，制作豆豉时要选择暖和又不会被太阳直晒的屋子，使室温与人体腋下温度大体相当，其适合豆豉发酵。制作过程中，还要每天两次检查发酵温度，也就是将手插进豆子堆中。如果温度如腋下一样温暖，就需要翻动豆子，避免热量积累导致温度升高，影响发酵的效果。而在制作奶酪时，发酵的温度则要略高于人的体温。这些生产要领如果用现代科学的术语来解释，便是参与发酵过程的细菌，在一定的温度条件下拥有最佳的活性。

在人体的内部，对食物的消化吸收也离不开微生物的参与。医院消化门诊会为一些腹痛病人开出活菌胶囊，因为他们肠道内的菌群已经失衡，需要通过人工手段加以补充。也正因如此，我们需要反对滥用抗生素的行为。因为未经医嘱自行使用的抗生素，很可能会"不分敌我"地杀死人体内有益的微生物，

引发更大的健康问题。

微生物在人类的生活中无处不在，而且，它们仍将扮演着亦敌亦友的角色。毕竟，我们是在与难以计数的微生物共享这颗星球。

思考：

用一个具体事例说明人类与微生物的关系，为什么说微生物是人类的敌人，也是我们的朋友？

周晋峰：

中国生物多样性保护与绿色发展基金会副理事长兼秘书长，世界绿色设计组织副主席，IUCN世界环境法委员会 WCEL 委员，罗马俱乐部执委会委员

○ 若尔盖湿地自然保护区水景（摄影／刘欣）

周晋峰：

"地球之肾"与大自然精灵的故事

扫一扫，
看专家讲座视频

　　如果说热带雨林是"地球之肺"，那么世界各地的湿地就是"地球之肾"。湿地是陆生生态系统和水生生态系统之间的过渡地带，在净化水体方面发挥着难以替代的生态价值。不仅如此，湿地也是很多动植物的乐园，在它们的生命节律中，湿地扮演着不可或缺的角色。

　　鸟类与湿地的关系尤为密切。很多候鸟在迁徙途中，需要经停湿地寻找食物，补充继续远行所需的能量；一些鸟类更是会选择在湿地筑巢繁衍生息。因此，保护湿地，也是在为诸多鸟类创造生存的机会。

　　但是，随着城市人口的增长和城市规模的扩张，令一些湿地面临挑战，附着其中的生态系统也会被建设工程"连根拔起"。对于一些分布范围狭窄，或者栖息地已经严重不足的湿地物种来说，这些难以适应的急剧变化，无异于灭顶之灾。让我们跟随专家，共同领略湿地生态系统的美丽与哀伤。

湿地，为什么这么重要？

我们常常在关于环境保护的书籍或者文章里看到"湿地是'地球之肾'"的说法。这是因为湿地拥有强大的净化水体的能力，可以让人类和地球上的其他生物享有能够维持生存的水，如同肾脏在人体中扮演的角色一样，在清除代谢废弃物和毒物的同时，又能留住水分和营养物质。

名师讲堂：
地球三大生态系统

地球三大生态系统是指湿地、森林和海洋，分别被誉为"地球之肾""地球之肺""地球之心"。它们都拥有惊人的生物多样性，而且分别在净化水质、减少二氧化碳释放氧气、全球水循环方面扮演着重要的角色，是地球生物圈的基石。其中，海洋是全球最大的生态系统，也是全球唯一连通的生态系统。

在地球上，湿地的形态是多种多样的。它包括了暂时或长期覆盖水深不超过 2 米的低地，土壤充水较多的草甸，以及低潮时水深不过 6 米的沿海地区。具体来说，各种咸水或淡水沼泽地、湿草甸，与湖泊、河流有关的洪泛平原、河口三角洲、泥炭地、湖海滩涂、河边洼地、河漫滩、湿草原等区域，以及水稻田、水库、公园人工湖和池塘等人类活动的产物，都可以归入湿地的范畴。

1971 年缔结的《国际湿地公约》，全称为《关于特别是作为水禽栖息地的国际重要湿地公约》，是世界上第一部关于环境保护的国际公约。《国际湿地公约》在承认人类与地球自然环境相互依存的基础上，强调了湿地具有调节水分循环、维持湿地特有植物，并且为水禽提供栖息地的基本生态功能。如果湿地遭到破坏，将会给自然环境带来不可弥补的损失。考虑到水禽具有跨国远程迁徙的行为，它们应该被视为国际性资源。世界各国对湿地和其中动植物的保护，应该作为可持续发展的一部分。

○ 不同湿地类型（①人工湿地；②滨海湿地；③河流湿地；④湖泊湿地；⑤沼泽湿地）（供图／牛振国）

今天，《国际湿地公约》的内容仍然没有过时。当今世界正在面临全球变暖的挑战，而全球变暖的一个重要原因，就是化石燃料的大量使用导致了惊人的碳排放。湿地中丰富的植被，有着固碳的功能；如果它们随着湿地消失，就意味着人类失去了一张降低碳排放和遏制全球变暖的"王牌"。

在沿海地带，湿地中的珊瑚礁和红树林可以帮助人类抵御海啸。有红树林分布的海岸可以缓冲海水的能量，沿海居民蒙受的损失往往更小。而且，所有的湿地都有着出色的生物多样性，地球上40%的物种都在湿地中有分布。从人类的角度来看，湿地还能提供充足的食粮。从平原水田的稻米，到海边产出的各类海藻，世界上大约有10亿人，也就是整个人类的1/7，直接依靠湿地提供的食物维生。

鸟类生态类群

　　根据鸟的生活方式和栖息环境，人们可以将鸟类归入六个生态类群，分别是游禽、涉禽、猛禽、攀禽、陆禽和鸣禽。

　　猛禽一般性情凶猛，拥有尖锐的喙和脚爪，食物主要是肉类。攀禽大多数生活在树林中，演化出了善于攀缘树木的脚。鸣禽善于鸣叫，其鸣声根据性别和季节的不同而有所差异，繁殖季节的鸣声通常较为婉转、响亮。涉禽通常生活在沼泽和水边，演化出了修长的颈部和腿，以便涉水行走，但不善于游泳。游禽喜欢在水中取食和栖息，擅长游泳。陆禽通常在陆地上栖息，拥有健壮的体格，善于行走但不擅长远距离飞行，一些陆禽甚至完全放弃了飞行的能力。

　　如果以物种数量来衡量，鸣禽是鸟类中的"第一大家族"。大约有60%的鸟类可以归入鸣禽的范畴。

遇见科学

02

院士专家讲科学

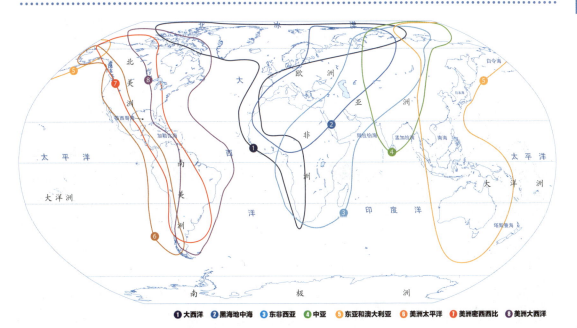

❶大西洋　❷黑海地中海　❸东非西亚　❹中亚　❺东亚和澳大利亚　❻美洲太平洋　❼美洲密西西比　❽美洲大西洋

○ 全球候鸟迁徙路线图

并且，生态学研究表明，整个地球范围内有 8 条候鸟迁徙的"通道"，其中有 3 条经过中国。最重要的一条，是"东亚－澳大利亚"迁徙线（East Asian-Australasian Flyway，EAAF）。它是一条跨越印度洋东部、北冰洋和太平洋西部的环行线路，会经过中国、蒙古、印度尼西亚、澳大利亚、日本，以及美国的阿拉斯加州和俄罗斯的亚洲部分。因为地球南北半球的季节是相反的，所以一些候鸟会在南北半球之间不断迁徙，以"追逐"食料丰盛的夏天。在漫长的飞行途中，一个个湿地便成为它们补充能量的"站点"，以充足的植物和小动物等食料，使这些候鸟获得休憩的机会。

湿地的萎缩会给自然的精灵们带来哪些危机？

天津市是中国北方重要的海港城市，原本拥有 100 多千米的天然海岸线。但改革开放以来，随着人们对海洋货运和工业品的需求不断增加，使大部分沿海湿地（荒滩）成为港口码头、船坞、公路和一些工业生产设施，只有大约 10 千米还保留着原生态的环境。不可否认，这里的经济建设取得了巨大的成就，但付出的代价，便是一些珍稀鸟类如遗鸥的栖息地，被压缩到只有原来的约十分之一。

尽管在天然湿地上开展建设工程之

○ 湿地，不仅孕育了丰富的生物多样性，也是迁徙鸟类的停歇驿站

○ 2012 年 11 月 10 日，500 只东方白鹤抵达天津北大港湿地，由于栖息地的丧失，候鸟不得不挤在所剩无几的湿地中停歇

○ 遗鸥

后，人们还建造了一些人工湿地，如滨海公园，用以美化环境并且补救铲除湿地带给大自然的损失。但当地原有的天然形成的荒滩没有得到有效的保护和开发，生存其中的可以作为鸟类食物的小动物也随之消失，这些损失并不能完全由人工湿地来弥补。

可以供候鸟觅食和休憩的天然湿地迅速消失，或者被大幅度压缩，会给候鸟的生活带来巨大的风险。在严重超载的栖息地，对食物的竞争会极为激烈。因此，在天津市仅存的遗鸥栖息地，是禁止"赶海"活动的。因为，当天然湿地非常充裕的时候，遗鸥可以分散在 100 多千米漫长海岸线的各处湿地觅食；而"赶海"的人基本上只是当地的渔民，他们少量挖掘海洋动物带回家中佐餐，并不会对遗鸥的觅食产生什么影响。但是如今，遗鸥的栖息地已经被压缩到只有原先的十分之一左右，在它们种群总数量没有太大变化的情况下，这片残存的湿地能够提供的食物，不一定能让它们完全吃饱，只能勉强让它们撑到下一个可以觅食的湿地。与此同时，抱着猎奇心态来参加"赶海"的人却增加了不少，其中大多是不懂海洋生态，对海洋也缺乏敬畏之心的游客。人群不仅会干扰遗鸥觅食，增加它们的能量消耗，人们出于娱乐还带走和毁弃一部分海洋生物，对遗鸥来说更是意味着一场难以避免的饥荒！

全世界的海洋会不断发生涨潮与退潮。居住在海边的人们会把握这种规律，在退潮时到海岸的滩涂和礁石上打捞或采集海产品，这种行为称为"赶海"。古人类学研究表明，最早一批在海边定居的人类，就是因为发现了通过"赶海"可以轻松获得食物的奥秘，才做出这样的选择。而今天的大多数"赶海"已经脱离了食物生产的范畴，演变为一种娱乐活动。

湿地大幅减少不仅带来了食物的紧张，而且由于鸟和鸟之间间距变小，传播疾病的风险也会变得更大。在迁徙途中，候鸟遵循本能行动，很容易因为通过疫区而染上禽流感，并随着继续迁徙，将病毒扩散到更远的地方。湿地面积大幅缩小，意味着候鸟在休憩和觅食时有更大可能性会聚集在一起，一旦暴发禽流感，就会给种群带来灭顶之灾。

在中国南方，江苏省东台市弶（jiàng）港镇的条子泥围垦工程，也引起了巨大的争议。从经济发展的角度来看，东台市是江苏省北部唯一没有海港的县级市，这可能会成为经济增长乏力的隐患。而且，地窄人稠是中国南方的普遍问题，这使得人们倾向于开展围垦工程，将天然沿海湿地转变为新的农田。但从生态的角度来看，东台市大体处于"东亚－澳大利亚"迁徙线的正中央。因此，所有在这条"通道"

上的候鸟，都需要通过这片天然湿地获取食物，补充能量，这使条子泥湿地如同处于高速公路枢纽位置的大型服务区。

在人类的交通网络中，突然撤销或者关闭一个客流量巨大的高速公路服务区，往往会引起惊人的混乱，需要消耗更多的资源去调度和救援受到影响的车辆。这样的规律，在自然界也同样适用。只看到沿海荒滩没有被开发，便认为"损失了土地资源"，是一种短视的思维；如果这块容留了大量候鸟的湿地就此消失，损失的生态价值将无法衡量。沿海湿地不仅是候鸟栖居的乐土，也是诸多海洋动物的"产房"，如海龟终生生活在海里，只有产卵的时候才会爬到沙滩上。海边的珊瑚礁，则会成为一些鱼类的产卵场。总之，一些海洋动物必须依靠沿海湿地，方能拥有繁衍后代的机会。如果湿地面积萎缩，它们的生存便会面临巨大挑战。

○ 这只尖尾滨鹬（Calidris acuminata）经过漫长的迁徙之旅，还没到达目的地就已力不能支了
（摄影／阙品甲）

而在内陆，湿地的情况也同样不容乐观。因为工程建设铲除湿地，或者进行考虑欠周的改造工程，往往会严重干扰一些湿地鸟类的生活。

崖沙燕是一种体型很小的鸟类，但分布非常广泛。除了大洋洲和南极洲，世界各地都可以找到它的踪迹。中国的河南省就分布着大量的崖沙燕，它们在湖泊和江河的泥质沙滩，以及附近的土崖上活动，并选择陡峭的崖壁筑巢。近年来，一些整治河道的"生态"工程，却将崖沙燕的习性，视为对河道周边环境的破坏因素，并通过改造工程将它们驱离。但崖沙燕主要以飞行性昆虫为食，可以有效降低蚊蝇数量，还可以消灭一部分农田害虫，如蝗虫等。崖沙燕被驱离，让一些农田受到蝗虫和其他农业害虫的威胁加大。农民们会使用更多有毒的化学农药来杀虫，但农药也会通过食物链进入崖沙燕的身体，因为生物富集作用毒死了一部分幸存的崖沙燕。于是，虫害进一步失控，最终陷入不得不大量使用化学农药的恶性循环。残留在农作物和土壤中的农药，会损害人们的健康。在生态方面考虑欠周的后果，最终要由全社会来承担。

○ 在沙滩上产卵的海龟

在生态系统中，放射性物质和化学农药等一些特定的污染物，可以通过食物链或食物网各个营养级的传递，在作为高级消费者的肉食动物体内逐步聚集，并损害其健康，这样的现象被称为"生物富集作用"。

一般来说，食物链中处于顶端的肉食动物，容易受到生物富集作用的伤害。举一个例子，前往南极洲考察的科学家，曾在企鹅体内发现了剧毒农药 DDT 的痕迹。这些农药通过河流进入海洋，在洋流和生物富集作用的共同作用下，逐渐进入南极洲附近鱼类的体内，又被食鱼的企鹅进一步富集。虽然企鹅暂时不会受到致命伤害，但企鹅体内的剧毒农药，会给以企鹅为食的更大的肉食动物，如海豹和虎鲸，带来巨大的健康隐患。

在河南省新乡市，黄河岸边的湿地是大鸨（bǎo）的栖息地。在目前世界上所有能飞行的鸟类中，大鸨的体重是最大的。因此，它需要像重型运输机一样，在大片没有遮拦的荒原上进行长距离助跑方能起飞。在这个过程中，大鸨是非常脆弱的，如果奔跑速度不够快或者不能及时起飞，就会成为狼和狐狸的猎物。

为了建立观看河景的观光廊道，人们在黄河岸边栽植了行道树。这个决定看起来没有什么问题，毕竟人们常常把植树和环境保护联系起来，而且这些树确实能让当地环境显得更美观。但与此同时，它们却成了大鸨起飞路线上的障碍物。发现天敌之后"紧急起飞"的大鸨，很容易在刚刚起飞，身体还不稳当的时候，高速撞上行道树，或者在紧急转向的过程中撞上高压输电线。这两种情况都会让大鸨身负重伤甚至当场死亡；也有一些大鸨会因为起飞不及时或者不敢起飞，更大概率地成为猛兽的食物。所以，一个看起来"让环境更美观"但实际上考虑欠周的决定，却将当地的大鸨种群推入了一场不必要的灾难。

○ 大鸨

保护湿地，我们该怎么办？

在中国的云南省，哈尼族人开垦出了适合山地农作的梯田，并使之成为一种成功的"人造湿地系统"。但当时间进入现代社会，梯田的生产效率逐渐缺乏竞争力。不过，现代科技为梯田带来了新的活力，由水产领域科研人员搭建的"稻渔综合种养"的循环农业体系，兼顾了农民增收和生态保护，甚至成为中国扶贫攻坚的典型案例。

而在河北省唐山市的曹妃甸区，科研人员仍然在湿地生态保护与保障农业生产之间寻求着艰难的平衡。生态学家曾经为很多候鸟戴上追踪设备，通过这种相当于"大数据"的方法，判断出唐山市是候鸟迁徙的必经之路。如果能通过人工注水的方式，保持住当地正在萎缩的湿地，就能为候鸟提供一处重要的"补给站"，增加它们的生存机会。然而，曹妃甸区范围内有若干个大型农场和养鱼场。农民们并不了解保护湿地生态的意义，只倾向于保护

○ 从山顶上看到的哈尼梯田

自己的劳动成果。通过候鸟身上的追踪设备，执法人员可以发现候鸟被大量捕杀的地点。但这些违法行为，有相当一部分是农民为保护劳动成果实施的"正当防卫"。所以，当地的农民无法理解用人工手段保护湿地的做法，因为这会吸引更多的候鸟前来觅食，给他们保护劳动成果带来更多的困难。保护湿地鸟类的生存环境和当地农民的经济利益，是一项并不容易完成却必须完成的任务。

　　哈尼族开垦的梯田有着悠久的历史，但梯田所处的山区环境多变，使平原地区已经成熟的"稻渔综合种养"模式，很难直接"移植"到梯田里。2016 年，中国工程院院士唐启升在分析云南省红河县哈尼梯田的特点后，提出了筛选适合梯田养殖的鱼类品种的思路，并成功筛选出适应高原环境的台湾泥鳅和"福瑞鲤 2 号"鲤鱼，投放到梯田开展稻渔综合种养。

　　在保护哈尼梯田生态环境的前提下，"稻－鳅""稻－鲤"综合种养模式使哈尼梯田实现增产，农民也因此得以增收。在"稻－鳅"综合种养模式下，红米稻谷和泥鳅产生的收益，以及泥鳅粪便带来的减少肥料和农药施用的效益，使每亩梯田可以增收 5000 元左右。而海拔 700 米以下的梯田，每年可以放养两茬台湾泥鳅，使收益进一步增加。"稻－鲤"综合种养模式则在不减少水稻产量的情况下，使每亩梯田增加收入超过 1000元。这两种依托人工湿地的循环农业生产模式，成为当地少数民族群众致富的重要推手。

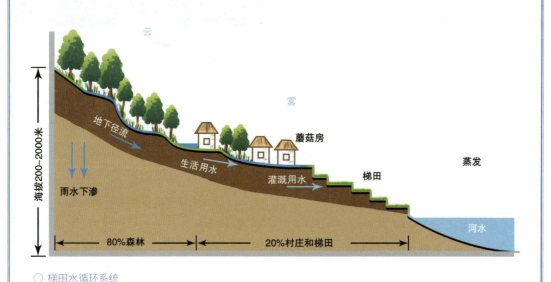

○ 梯田水循环系统

○ 绑着环志的候鸟

今天，地球正处于"第六次大灭绝"之中，而关键的影响因素不再是气候突变或者天灾，而是人类活动对动物栖息地的挤占与破坏。为了延缓这种趋势，世界各国在1992年签署了《生物多样性公约》。随着环境保护研究的深入，联合国在2015年制定了17项"可持续发展目标"，作为2000年制定的8项"千年发展目标"的延续。在这17项目标中，就包括了保护陆地生物和水中生物的生物多样性。

在努力达成"千年发展目标"的15年间，中国有7项表现出色，唯一的弱项便是"减少环境资源与生物多样性丧失"。为了实现可持续发展，人类需要改变生产和生活方式，开启一个新的文明时代，那就是生态文明。我们必须摒弃"竭泽而渔""人定胜天"的思想，压制向大自然无限制索取的贪婪。只有这样，人类才能与地球上的其他动植物长久地共存。我们每个人都需要从自身做起，减少对大自然的索取，保护人类赖以生存的地球。

思考：

本文对你有什么触动，在保护湿地方面，我们普通人能做哪些力所能及的事情？

王爱慧：

中国科学院大气物理研究所（二级）研究员、博士生导师，2019 年度国家杰出青年基金获得者

○ 地球

王爱慧：

蓝色星球的水循环

　　从太空中遥望地球，我们会发现它是一颗蓝色的行星，这是因为它的表面覆盖着大片海洋的缘故。一些科幻电影会将远方的宜居星球刻画成和地球大同小异的蔚蓝样貌，正是因为人们对水有着本能的亲切感。

　　而且，地球上的水时刻在循环着。水在固、液、气这三种状态之间的转换，引起了一些天气现象；海洋中的洋流活动，则使热量在海洋里完成了交换，也让营养物质汇集在特定的海域，形成了产量巨大的渔场。

　　但如果水循环受到干扰或阻碍，被扰乱的水循环则有可能给人们带来灾难。随着人类活动对地球环境的影响，不稳定的水循环已经引发了一些灾害。虽然现有的技术条件能够提供一些补救措施，却也为我们敲响了警钟。让我们跟随专家一起领略地球上生生不息的水循环。

被水塑造的"蓝色星球"

在西班牙巴塞罗那的"宇宙盒"（CosmoCaixa）科技馆里，有一件独特的展品：一大块温度被精确控制、可供人触摸的冰。展览说明牌告诉我们，在0.0076℃的时候，水会处于固态、液态和气态共存的"三相点"。而地球能够孕育生命，正是因为地球处于太阳的"宜居带"，其温度条件可以让三种状态的水都在地球上存在，并且让它们循环起来。液态的水和遍及全球的水循环，成为地球生命的基石。

我们常常将地球誉为"蓝色星球"。早在1961年，人类第一位航天员尤里·加加林飞上太空，代表全人类观察了这颗人类起源的星球。他说："尽管外太空非常暗，但地球是蓝色的，而且看起来十分清澈。"在他之后，各国航天员（宇航员）和天文学家在太空中乃至月球上，为地球拍摄了很多的照片，不断提醒着我们地球表面覆盖着大量水的事实。地球为什么会呈现蓝色？因为海水对太阳光的吸收具有选择性。太阳光是由红、橙、黄、绿、青、蓝、紫这七种颜色的光组成。水对光的吸收能力与光的波长有关，更容易吸收波长较长的光。所以，红光、橙光、黄光等这部分阳光被海水吸收；而紫光由于波长很短，大多数会被海面反射；只有蓝光和光谱在它附近的绿光、青光可以穿入海水，并经过水分子的充分扩散，使海洋在表面上看起来呈现蓝色。

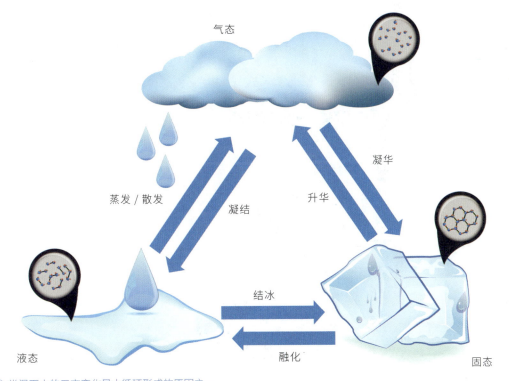

气态

凝华

蒸发／散发

凝结

升华

结冰

液态

融化

固态

○ 常温下水的三态变化是水循环形成的原因之一

○ 水循环

河流和湖泊水只占很少一部分，只有不到地球储量的 1%。当然，生物体内也有大量的水分，如人体就有大约 70% 是水。

人类和地球上大部分植物、动物的生存，所必需的是淡水。因此，淡水资源和我们人类生活息息相关。地球上的总水量基本可以保持不变。虽然很小一部分水蒸气会上升到大气层最上方的散逸层，从那里进入外太空，但绝大部分水都会留存在地球上，并通过全球性的水循环，在海洋－大气－陆地之间不断转换。我们熟悉的、典型的水循环，便是海水蒸发产生的蒸汽，被大气环流输送到陆地，再通过降水落入江河与湖泊，又通过江河流动回到海洋之中。

地球表面约 75% 覆盖着水，水的总储量约 13 亿 8600 万立方千米。其中，约 96.5% 分布在海洋，剩余大部分以冰川、内海及盐湖等存在，可供人类取用的

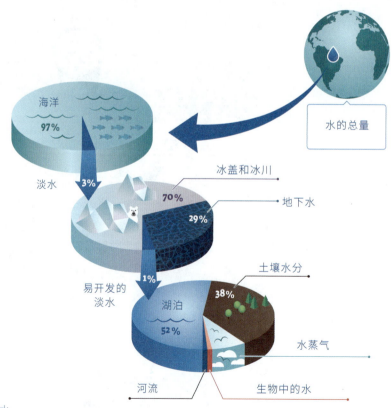

○ 地球上的水

很多唐诗都用水的流动作为抒发感情的意象。李白的《将进酒》开篇写道："君不见黄河之水天上来，奔流到海不复回。"王之涣的绝句《登鹳雀楼》，也提到了向大海奔流不息的黄河："白日依山尽，黄河入海流。欲穷千里目，更上一层楼。"这些中国人非常熟悉，甚至称得上"集体记忆"的场景，都是地球水循环的一部分。

惊人复杂的水循环系统

水循环是一个惊人复杂的系统。不同海域之间和陆上的不同区域之间，海洋与陆地之间，地球表面与大气层之间，不同形态的水在昼夜不息地循环着。在各种水循环情境中，水的流动通常是双向的，只不过，在每一种情境中，通常会有一个方向占据主导地位。比如，海洋和大气之间的水输送，海洋就占据了主导地位。或者说，海洋蒸发前往大气的水远多于通过降水从大气落回海洋的水。而在陆地和大气之间水循环，大气降落到陆地的水就占据了主导地位。

地球上的大部分水储存在海洋里，而后是陆地。相比较而言，大气中储存的水可以忽略不计。或者说，大气只是全球水循环中的运输工具，通过大气环流将水分从海洋输送到陆地，降落到陆地表面，供陆地的生物使用。同时，大气环流又决定着天气和气候的变化。

海洋中的水也在不断流动。如果海水沿着一定的方向，以相对稳定的速度有规律地流动，就形成了"洋流"。洋流本身与周围海水的温度有可能是不一样的，根据这项特性，可以将洋流分为暖流和寒流。暖流比流经海区的水温高，寒流则比流经海区的水温低。

地球的热量来自太阳的辐射。随着地球绕太阳的公转，太阳的直射点也在南北回归线之间不断变化。因此，在一年的时间里，赤道附近接收到的太阳辐射最多，而极圈以内的高纬度地区接收到的太阳辐射就很少。这就决定了海洋表层海水的温度，也是在低纬度海区比较高，而在中高纬度海区比较低。洋流方向及特性与各大洋的位置、地球海陆分布的形态及地球自转产生的偏向力（科里奥利力）有关，这就导致了洋流的水温会与它流经的海域不同，并因此对气候、渔业、航海等领域造成重要的影响。

水汽
输送

内陆小循环

降雨

大循环

植物蒸腾

蒸发

地表
径流

下渗

地下
径流

○ 水循环路径

在参照物转动的时候，参照物上的物体在运动时会受到一种惯性力，这便是科里奥利力。由于地球在自转，地球上的物体也会受到科里奥利力的影响。比如，在河边，更靠近赤道一侧的河岸会更陡峭，因为河水在科里奥利力的影响下，会对这一侧河岸进行更多的冲刷。

蒸发　海洋小循环　降水

海洋

遇见科学

02

院士专家讲科学

世界上重要的一些渔场，大多出现在寒流和暖流交汇的地方，这是因为这里的营养物质通常较为丰富，容易引来鱼群。航海者则可以利用洋流更快地旅行，发现了美洲的航海家克里斯托弗·哥伦布就发现，他从欧洲去美洲时明明航程更短，却用了 37 天；而返回时航程更长，却只用了 22 天。这是因为，他去的时候是逆着洋流航行，返回时则是顺着洋流，所以造成了航行时间的巨大差异。

洋流也会对气候带来一定的影响。1998 年，中国的长江流域发生了很大的洪水，造成了巨大的损失，这是因为 1998 年是一个典型的"厄尔尼诺年"。"厄尔尼诺"，是指从南美洲西海岸位于赤道附近的那一部分（秘鲁和厄瓜多尔一带）向西延伸，直至日期变更线附近的海面温度异常增暖的现象。当这种现象发生的时候，海水温度升高会造成大气环流异常，使太平洋周边国家和地区的降水和气温变得反常。对于 1998 年的中国来说，厄尔尼诺现象导致了更多的海水蒸发形成的水汽被输送到我国东部上空，使得我国长江流域的降水量明显增加。

海洋向陆地输送水的主要途径是通过降水到达陆地表面。地球上所有海洋的年蒸发总量大约是 41.3 万立方千米，而海洋上的年降水总量大约是 37.3 万立方千米。两者间的差额 4 万立方千米，便是海洋带给陆地的降水，最后又通过陆地河流汇入大海又回到海洋，因为大气中储存的水量非常小，几乎可以忽略不计。由此可见，如果海水蒸发量增大，那么陆地接收

到的降水量势必会相应增大，这便是很多洪涝灾害的根源。

海洋向大气输送水汽，最终影响陆地的另一个典型例子就是台风。这种典型的气象灾害，是发生在热带或副热带洋面上的强低压涡旋。中国通常把南海与西北太平洋热带气旋中心附近，最大平均风力达 12 级或以上的风统称为"台风"。台风会将海洋表面的水汽带入大气，随着台风的移动，就会给经过的地区带来强降雨乃至暴雨。强风与台风雨合在一处，往往会导致严重的气象灾害，特别是在台风登陆的情况下，常常会在经过的地区破坏基础设施和建筑物，并摧毁生态系统乃至杀伤人员。随着台风逐渐进入内陆，风力会逐渐减小；但在有些情况下，台风可能会返回海上，加强之后再次登陆，引起新一轮破坏。

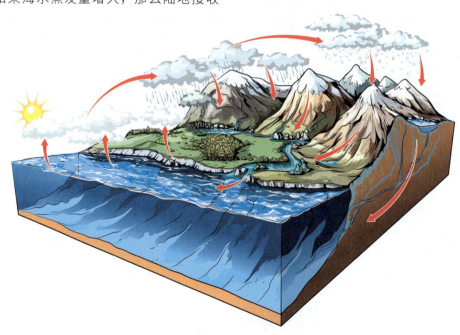

○ 水是沟通气候系统不同圈层之间的重要桥梁和纽带

目前，全世界每年发生的台风和规模相当的风灾（如飓风），大约有 80 个，其中 73% 出现在北半球。现在，通过卫星遥感、雷达观测、天气数值模式等手段，气象学家们已经能够比较准确地预测台风发生的位置和移动的路径，从而及时发布预报信息，提醒人们提前做好防范，减少台风带来的损失。当然，从生态学的角度来说，台风也并

名师讲堂：
地球大气分层

　　地球被厚实的大气层包裹着。根据大气层各处环境随高度不同表现出的不同特点，人们将大气层分为对流层、平流层、中间层、热层和散逸层。

　　对流层位于大气的最低层，从地球表面开始向高空伸展，直至对流层顶，平均厚度约为 12 千米。对流层是大气中最稠密的一层，集中了约 75% 的大气质量和 90% 以上的水汽质量，温度随高度的增加而降低，并且有活跃的空气对流。

　　平流层（同温层）是对流层之上的大气层，它的顶部距海平面约 50 千米。平流层里的对流现象比较少见，气温上热下冷。在 20 ～ 30 千米的高度，是保护地球免受太阳紫外线和宇宙高能粒子袭击的臭氧层。

　　在此之上，中间层是自平流层顶到 85 千米之间的大气层，这里臭氧含量很低，而且能被氮、氧等直接吸收的太阳短波辐射，大部分已经被上层大气所吸收，所以温度垂直递减率很大，对流运动强盛；热层是中间层顶到大约 500 千米之间的大气层，很多人造卫星在这一层工作，极光也发生在这一高度；在热层之上，则是连接地球大气与星际空间的散逸层，不过，这两者间并没有明确的界限。

　　科学界通常把距离海平面 100 千米视为地球大气层和外太空的分界线。匈牙利裔美国航天工程学家西奥多·冯·卡门经过计算证明，这里的空气已经非常稀薄，无法产生支持航空飞行的升力，飞行器必须高速飞行才不会坠落。为了纪念他的工作，这条界线便被命名为"卡门线"。它实际上处在热层的底部。

非一无是处。它为沿海地区带来了丰沛的淡水资源，可以减少赤道附近地区的干旱和地表的沙漠化。而且，台风将营养物质卷集到海洋表面，会吸引鱼群，有助于增加渔业的产量。

由于大气可以储存的水量非常小，因此从海洋输入大气的水汽，除了落回海中，都是通过大气环流输送到陆地上。大气环流主要是由太阳辐射、地球自转及海陆（热力性质）差异等因素共同作用的结果，它使地球上空的空气周而复始地连续循环。大气环流可以将水汽在各地间运输，而大气环流中的垂直环流的上升运动，是降水发生的必要条件。绝大部分降水都发生在大气层最下方的对流层里，它的顶部距离海平面的高度大约是 12 千米，在赤道地区可以达到 17 千米。而我们乘坐飞机的时候，通常飞行在更高的平流层的底部，那里没有什么天气变化，可以让旅行更加舒适。

陆地水循环的动态平衡

全球水循环是一种动态的平衡。在陆地上的冰川、湖泊、河流、生物（植被）等各种水体之间，也在发生着形形色色的水循环。比如，在很多关于植树造林的宣传材料和科普资料上，都会提到森林有"涵养水源""保持水土"的作用。这是因为，植物的叶片可以阻挡并且截流一部分降水，所以比较弱的降水，或者强降水刚刚开始的时候，水会停在树叶上，直到"兜

不住了"才会落下来，被林间土地吸收并进入地下。而那些被截留的水，有一部分会在降水结束后直接蒸发，重新进入大气；还有一部分会被植物吸收。植物会将吸收的水通过叶片上的气孔释放出一部分，这被称为"蒸腾作用"。它不仅受外界环境的影响，还受植物本身的调节和控制所影响。因此，植物使森林地区的降水对地面的影响不会过于急骤，还可以让一部分水重新进入大气，令水循环更加活跃。因此，植被作为水的载体，它们也是全球水循环的重要一环。

陆地上最大的水体是冰川，它储存了地球上的大部分淡水。地球上绝大部分冰川都分布在两极地区和高山上，总面积达 11622 万平方千米，大致占全球陆地总面积的 11%。储存的水量大约是 2406 万立方千米，占世界淡水总量的 68.7% 左右。

○ 植物的蒸腾作用也是水循环的一部分

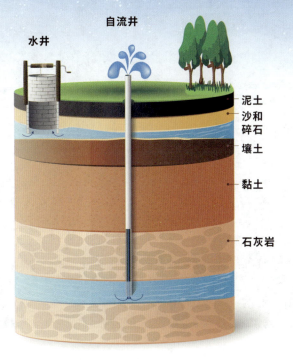

水井　　自流井

泥土
沙和碎石
壤土
黏土
石灰岩

○ 地底径流是重要水源之一

如果全球的冰川融化，海平面将升高 70 米左右，使世界上很多低海拔陆地被淹没在水下。目前，中国的冰川主要分布在西部的高山和高原地区，如新疆维吾尔自治区内及青藏高原上，总面积约为 58650 平方千米，冰的储量约为 5132 立方千米，可以称为"天然的固体水库"。近年来，由于全球变暖，很多冰川的范围有所萎缩，这是我们需要正视的危机。

而且，中国的水资源分布相当不均衡：中国地处东亚地区，东部沿海受季风影响降水较多；而西部的内陆降水较少，比较干旱。这种水资源空间分布严重不平衡，形成了水资源"北少南多""东多西少"

的局面。我们常常能在新闻中发现"南涝北旱"的说法，也就是南方更容易发生水灾，北方更容易发生旱灾。研究表明，随着未来全球变暖的加剧，会使得旱区更旱，涝区更涝。而且，相比于抗洪的艰难，旱区缺水现象会更加频发，是更难解决的问题，已经严重限制了相关地区经济和社会的可持续发展。

为了改善水资源分布的不均衡性，中国政府开展了"南水北调"工程。这是一个国家级的战略性工程，分为东线、中线、西线总共三条线路。其中，东线工程起点位于江苏扬州江都水利枢纽，供水区域为江苏、安徽、山东、河北，以及天津；中线工程起点位于汉江中上游丹江口水库，供水区域为河南、河北，以及北京、天津。目前，中线工程、东线工程（一期）已经完工，并向北方地区调水，而西线工程尚在规划阶段。"南水北调"工程的兴建，有效地缓解了中国北方用水资源的紧张局面。它使北方地区的城市化进程不受水资源的制约，保障了商品粮基地的生产效率。

事实上，在所有消耗淡水的行为中，农业灌溉是最大的一项。中国是一个农业大国，农业耗水与水资源不足的矛盾非常突出。2014 年，农业灌溉用水占到总用水量的 63%，而工业用水只占到 22% 左右。人们节水意识的提升，使人均年用水量从 2015 年的 445 立方米下降到 2019 年的 429 立方米。也就是说，虽然中国的人口在增加，但生活用水在总用水量中的占比没有什么变化。当然，农业和工业生

○ 南水北调工程

产对水的利用效率也在增加，比如，农村引入滴灌来取代大水漫灌，就可以在保证农作物生长的同时，大幅减少灌溉用水的使用量。

跨流域调水

植树造林

水库、大坝修建

工业排污

人类活动对水循环的影响

城市化、道路硬化

生活垃圾、污水排放

生态恢复……

随着科学的发展和技术的进步，人们拥有了更多的手段来预报降水，并估算河流在未来的水量。气象部门使用人造卫星来观测地球大气的变化，气象雷达则能够判断出即将发生的降水。另外，气候数值模式则可以用于预报天气，并预测未来的气候。这些数据可以让人们及时做好预防工作，如提前开闸放水，或者把一部分水储存起来以利抗旱。

名师讲堂：
外流河与内流河

　　河流是陆地水循环的重要组成部分。所有的河流可以划分为外流河与内流河，前者会流入海洋，后者则流入内陆湖泊，或者在内陆消失。在中国，外流河的流域占国土总面积的64%，年径流总量占全国的95%以上。

　　中国的主要大河大部分是外流河。长江、黄河、黑龙江、珠江、辽河、海河、淮河等河流向东流入太平洋。而西藏自治区的雅鲁藏布江则首先向东流出国境，再向南注入印度洋。中国唯一注入北冰洋水系的外流河，是新疆维吾尔自治区的额尔齐斯河，它是流经中国、哈萨克斯坦、俄罗斯的国际河流，在俄罗斯境内汇入鄂毕河。

水循环不畅导致灾难

　　中国汉朝的乐府诗中有一首《长歌行》，最后两句是："百川东到海，何时复西归？少壮不努力，老大徒伤悲。"很显然，作者是在用河流入海，水看上去不再归来的现象，比喻时间流逝无可挽回。其实，注入海洋的河水还会通过水循环回到陆地，再次成为河水的来源。不过，如果已经"东到海"的河水真的"复西归"，便会是沿海地区的灾难，这种现象被称为"海水倒灌"。在中国沿海地区，这已经是普遍存在而且日趋严重的问题，与地质结构、陆地居民取水量、海洋巨浪和潮汐等因素有关。因为海水倒灌，一些沿海的土地成为盐碱地，只能生长耐盐的盐碱湿地植物，对农业生产非常不利。

　　海水倒灌可以被视为一种水循环错乱

的现象。而同样由水循环不正常引起的旱灾和涝灾，则是规模更大、影响更深的自然灾害。它们是陆地水循环异常的结果。

在中国，干旱是常常发生的自然灾害。每逢旱灾来临，便会造成庄稼枯死，农业严重减产，而且使人畜饮水困难，导致巨大的经济损失。而且，随着人类社会的发展，水源地保护不力和超采等现象，导致水资源短缺日益严重，干旱地区也不断扩大，而且干旱程度逐渐加重，这已经成为全球关注的重大问题。

洪涝灾害则是另一个极端。因为暴雨或者持续的降雨，一些低洼地区会被淹没，也同样危害农作物的生长，造成减产甚至绝收，破坏农业生产及其他产业的正常发展。因此，从古至今，"治水"一直是政府工作的重点。失控的水会损坏交通、能源等基础设施，以及一些灾区的建筑物，给习惯现代生活的人们造成极大的不便。目前，中国大约有三分之二的国土面积，每年都会遭受不同程度和不同类型的洪涝灾害，是未来面临的一大挑战。

人类的生活离不开水，水循环与我们息息相关。得益于现代工程技术，人类已经能够在一定范围内改变地球水循环，使其造福人类。比如，中国建造的"南水北调"工程、三峡大坝，乃至"三北"防护林，都大幅改写了这片土地上水资源的分布情况和水循环的规律。由此可见，在科学理论的指导下，人类可以将区域尺度上的水

○ 暴雨导致城市内涝

循环调整到有利于自身的方向。

○ 水华污染

　　但是，人类活动也会对水循环造成破坏。较为常见的现象，恐怕是污水和垃圾对河流的污染。这不仅破坏了水质，也扰乱了河道的生态平衡，还使污染物经由水循环向各地扩散，因为一些污染物已经超出了河流的自净能力。地下水超采则是另一种对水循环的扰乱，这不仅带来地面沉降的威胁，也会严重影响地表水生态系统。

　　近年来，我国出台了不少关于水污染治理的策略，以减轻水资源不足带给人们的影响。因为，水是人类赖以生存的必需品，而文明的存续，还有地球上生物的可持续发展，都离不开水循环和它提供的物质交换。

思考：

本文对你有什么触动，在节约水资源方面，我们能做哪些力所能及的事情呢？

王宝会：

北京航空航天大学软件学院教授级高工，财政部中央政府采购网信息化专家库成员，科技部中小企业创新基金评审专家，国家能源集团信息化专家库成员

王宝会：

大数据离我们有多远

○ 数字化的未来

扫一扫，
看专家讲座视频

今天，人类社会正在产生前所未有的海量数据。随着以智能手机为代表的移动终端设备的不断增长，以及网络基础设施的不断完善，基于移动互联网的新兴自媒体迅速兴起，网络购物也变得更加频繁。然而，这些发生在虚拟空间里，并最终影响到现实世界人类活动的现象背后，会留下由巨量数据形成的互联网行为痕迹，而这些痕迹，几乎已在网络世界里默默勾勒出每一个人的画像。

对大数据的分析与开发利用，是今天计算机科学领域的一个重要方向。但这些研究工作，也有可能是一把"双刃剑"。通过对这些数据的分析，我们可能知晓陌生人的需求，为其提供精准的服务；而搭载在超级计算机里、拥有极强算力的人工智能，也有赖于人们用这些数据"喂招"，以便更快地成长。但如果滥用这项技术，人们的生活便会遭到扰乱，甚至有损失金钱的风险。

除此之外，大数据还有可能在我们意想不到的地方以我们意想不到的方式效力。让我们跟随专家一起，领略大数据的神奇，以及其有可能带给人类社会的改变。

如何理解"大数据"？

如今，在我们的日常生活中，常常会听到"大数据"这个词。与人类历史上的很多科学创新成果一样，这个概念并不是凭空突然出现的。回溯历史，我们可以发现，人类其实早就有了利用数据统计来预判事物发展趋势的观念，这便是"大数据"的萌芽。

在《三国演义》中，诸葛亮"草船借箭"的故事，体现了他出众的智慧和胆识。周瑜企图陷害诸葛亮，要求他在三天内制造10万支箭。在古代社会的技术条件下，这是一项不可能完成的任务。但诸葛亮算准第三天会有彻夜的大雾，便派出20艘装满稻草人的小船，逼近曹操的水寨，并且擂响战鼓。于是，诸葛亮利用曹操生性多疑、在大雾之夜必定不敢短兵相接的性格弱点，在一夜之间"借"得了10多万支箭。

以今天的眼光来看，诸葛亮奇谋的背后，就有大数据的影子。他很熟悉赤壁战场一带的天气变化，知道哪几天的什么时段出现大雾的可能性非常高；同时，他也知道曹操在类似的情境下会做出怎样的反应。根据这些在头脑中的信息，诸葛亮可以判断曹操必然不敢率军出击，放箭阻敌是唯一的选择。

○ "草船借箭"插画图

1948 年秋天，解放战争进入战略决胜阶段，解放军东北野战军发起了解放中国东北地区的辽沈战役。解放军攻克锦州之后，在辽西与从沈阳出发救援锦州的国民党军廖耀湘兵团相遇，双方随即形成混战。东北野战军司令林彪在听取麾下各个部队战情汇报时发现，相比于其他的遭遇战，发生在胡家窝棚的一场战斗中，部队缴获的枪支中有较多的手枪，击毁的车辆中也有很多小型汽车，而且击毙和俘虏的国民党军人中也有较多的军官。林彪由此断定，廖耀湘的指挥所就在胡家窝棚附近，因为一位高级将领身边会有另外一些高级军官，以及他们各自的参谋人员和汽车司机。这些人很少会直接参加战斗，所以通常只会配备手枪来防身。为了追求舒适，国民党的高级军官倾向于乘坐小型汽车行军。于是，林彪根据这些战果数据，策划了一场成功的"斩首行动"，并且生擒了廖耀湘本人。

新中国成立之后，美国为台湾当局提供了 U-2 "蛟龙夫人"高空侦察机。这种飞机的飞行高度，超过当时解放军装备的所有战斗机，只有防空导弹才能击中。但当时的防空导弹非常笨重，不便转移阵地，只能守在 U-2 的飞行路线上进行伏击。解放军空军司令刘亚楼上将研究了所有 11 次 U-2 入侵中国大陆的战报，发现它们有 8 次会经过江西省南昌市附近。考虑到当地有飞机制造企业，U-2 将南昌市设为一个重要的航点，并且在大多数航次顺路拍摄，也符合军事侦察的逻辑。基于这样的分析，刘亚楼将一部分地空导弹部队调往南昌市附近进行伏击作战，成功击落了一架 U-2 侦察机。

但相比于古代及近代用人脑就可以大致计算和统计的数据，现代计算机科学中的"大数据"的数据量，早已不可同日而语。如果要为"大数据"定义，那就是指无法在可承受的时间范围内，用常规的软件进行捕捉、管理和处理的数据集合。换句话说，获取和分析处理大数据，需要专门设计的软件系统，以及能够让它运行起来的算力强大的硬件。

从人类建立起文明社会到工业革命之前，人类社会的发展其实相当缓慢。大部分人一生的生活方式不会有太大变化；书写和信息传播的低效，以及存储方式的限制，使全人类能产生的数据总量非常有限。直到第二次工业革命基本结束的1928年，磁带的出现使人类得到了第一种能够大量存储数据，而且能反复使用的存储介质。

磁带的工作原理是磁记录。20世纪90年代或者更早出生的人，或许还记得家里录制音乐和影像的磁带；而在一些反映科学成就的纪录片里，你可能还会看到使用磁带作为存储介质的老式计算机。虽然磁带有查找数据相对不便的缺点，却可以比较容易地记录和擦除数据，因此在1951年成为早期电子计算机的数据存储介质。

1956年出现的另一种磁记录设备——我们更为熟悉的硬盘，在20世纪60年代成为计算机数据存储的主流介质。

此后，硬盘和磁带的存储容量不断增加；而互联网在20世纪90年代的完善，使人类拥有了能够快速传输数据的"信息高速公路"。到1999年，20世纪接近尾声的时候，现代意义上的"大数据"初现雏形。

进入21世纪之后，计算机科学依旧维持着迅猛发展的势头。更高的网络带宽，运算速度更快的芯片，以及容量不断增加的各种存储介质，特别是移动智能设备和移动互联网的普及与完善，使人类能够产生远超以往的巨量数据。

我们每天使用智能手机来处理各种生活和工作事务，如与人沟通交流、网络购物、转账付款和观看短视频。一般来说，这些日常应用每天会产生1GB左右的数据量。以今天的计算机技术来衡量，1GB

○ 用于数据恢复的计算机备份磁带　　　　　○ 互联网带来了崭新的生活方式

○ 一部智能手机一天就可以产生 1GB 的数据，大概是 13 套《二十四史》的总容量

访问世界也被世界访问

1991 年的海湾战争，被认为是人类历史上第一场高科技战争。这是因为，计算机系统、互联网和数据分析在战争中扮演了重要的角色，成为指挥系统和战场侦察不可或缺的一部分。

我们都很熟悉《三国演义》中描绘的古代战争场面。两军交战之前，会派出探马去侦察敌军的位置，再返回己方营寨或城池向主帅报告。直到 20 世纪中期，中国抗日战争或者解放战争时期侦察敌情的任务，从技术原理上来看与古代战场使用的方式没有本质区别，只是侦察人员需要进行更多的伪装，以及使用一些技术装备。但在海湾战争时期，每个士兵、每辆战车、每架飞机，都可以成为创造数据和传输数据的节点；以美国为首的多国部队的指挥官们，可以根据战场的实时数据，不断修

已经是很小的数据量，但它也相当于一套《二十四史》容量的 13 倍。大部分人在日常生活中会接触到的最大的数据单位是 TB，它相当于 GB 的 1024 倍（2^{10}）。但在大数据领域，TB 之上还有 PB、EB、ZB 这些单位，彼此间都是 1024 倍的换算关系。因此，1ZB 的数据量是非常惊人的，而中国在 2020 年产生的总数据量大约是 35ZB，相当于 2013 年的 10 倍。这种数据量快速膨胀的背后，是计算机科学和技术的惊人进步。

目前，新浪微博每分钟可以发出大约 2 万条，淘宝网平时每分钟会卖出大约 6 万件商品。互联网正在渗透乃至颠覆越来越多的传统行业，甚至一些基础设施，如铁路和电网。随着互联网规模的不断增长，越来越多的人和智能设备将连入网络，人类社会的数据总量将呈现出爆发式增长的势头。从统计学和计算机科学的角度来看，这些数据可以被视为一种资源，因为对它们的分析，可以为人们揭示一些之前注意不到的规律。

○ 我们每天的行为在不断创造大数据

正侦察卫星和侦察机早先获得的敌军部署和战场地形、天气等情报，并选择合适的战术，对伊拉克军队主力进行精确打击。

30 年过去了，计算机、互联网等技术，以及互联网的规模，与海湾战争时期都不可同日而语。处于互联网中的每一个人，都在因为各种行为不断产生数据，而且这些数据都有可能被收集和储存起来。我们通过互联网访问世界，而每位网民也在不断地被世界"访问"，这便是大数据的神奇之处。

名师讲堂：
被算法所困

最近几年，短视频成为网络的新热点。很多青少年沉迷于观看短视频，甚至能连续观看数小时不间断。这是因为，短视频平台的人工智能会通过大数据推断用户的喜好，并且不断推送用户喜爱的内容。这不仅造成时间的浪费和一些健康问题，还有可能形成"信息茧房"效应，导致人们对世界认知产生偏差。对于沉迷短视频平台的人来说，他们不仅被网络世界不断"访问"，也被这个虚拟的环境所妨碍。

中国拥有极为发达的快递物流系统，每年可以寄送大约 300 亿件快递包裹。正是这样惊人的服务效率与规模，支撑起了网络购物行业近年来的繁荣。一些电商平台可以实现下单次日送货，买家只需要等待一夜时间，非常方便快捷。这样的服务效率，是通过智能化的全自动分拣设备实现的，而它的背后也有大数据的支持。

○ 快件自动分拣系统

大型快递企业为特大城市修建的分拣中心，厂房的面积可能有上万平方米。这样规模的分拣中心，依靠人工分拣不仅需要数百名工人，而且人在巨大的厂房中行走需要不少的时间，连续处理枯燥的事务也会疲劳，导致快递分拣出错。但自动分拣系统可以通过扫描快递包裹上的条形码，通过传送带和智能机器人，将包裹迅速运送到特定的位置，以便装上货车开始下一步的转运或投递。作为自动分拣系统的"大脑"，高性能计算机可以根据以往的经验，为智能机器人规划出不同情况下的最佳行动路线。同时，计算机可以读取包裹的面单信息（特别是在一部分面单已经电子化的情况下），依托以往寄件产生的大数据，以及城市规划等信息，根据每一件快递包裹的收件地址，自行决定应该将它们发往哪个负责投递的网点。机器分拣的高效率，可以避免分拣中心在网络购物高峰期（促销时段）成为瓶颈。

多样化的数据终端

在大数据时代，获取数据的方式是多种多样的。计算机技术的发展，使可穿戴设备成为可能，这些设备都可以成为产生或者获取数据的终端。在体育界，这样的设备大有用武之地。

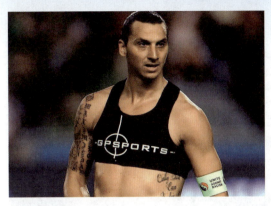
○ 智能球衣

　　足球被称为"世界第一运动"，获胜不仅需要运动员的个人技术和身体素质，也需要运动员之间的默契配合，以及教练组制定的有针对性的战术。但足球场的面积很大，教练不能随时关注到每位运动员的身体状况。为了解决这个"痛点"，体育器材制造商阿迪达斯公司研发了附有智能设备的球衣。在球场上，教练不必只靠肉眼观察，只需要通过球衣采集的数据，就能知道运动员的跑动距离、心跳速度等一些参数，并且找出体能耗尽或者状态不佳的运动员，安排换人以调整阵容和战术。

　　国家的供电网络，也同样可以成为数据的源头。目前，中国正在致力于打造"智能电网"，就是通过对用电负荷数据的采集和分析，了解人们的用电习惯，并且结合天气变化等意外情况导致的电能消耗改变，有针对性地调度电能。在现有的技术条件下，人类不能大规模储存电能，而大型燃煤发电厂想要启动和关机都不太容易，这意味着生产出来的电能如果无法用掉就很可能被浪费，白白耗费燃料并且磨损了机器。但通过大数据分析，供电部门可以预判电能的消耗量，预先减少产能或者进行调拨，在保证人们用电的同时减少电能浪费。

　　大数据还可以从方方面面改变城市治理的方式与格局。2012 年 7 月 21 日，北京遭遇了一场特大暴雨，导致大规模城市内涝。很多立交桥下方的道路和深槽路段出现严重的积水，一些汽车在水中不慎熄火后，被上涨的雨水淹没，导致车上的人员不幸离世。这是因为，在当时全城交通瘫痪的情况下，救援力量只能通过报警电话了解每一起积水事故的位置。由于报警电话不一定能在事故发生时立刻拨出，因此从事故发生，到救援力量抵达现场，有可能需要数个小时的时间，很容易耽误救援。

　　但如果同样的气象灾害发生在今天，局面会大不相同。每位驾驶员的手机都可以成为提供数据的终端，他们用手机导航的同时，就等于向其他车辆和城市的交通管理部门通报自己的实时位置。如果他们在路上发现积水、有车辆被淹没或者发生事故、交通拥堵，或者其他异常情况，便可以随时上报。当很多司机汇报同一个异常情况的时候，交通警察或者救援力量可以通过这些数据知晓警情，并且第一时间调派最近的力量前往处置。这样的系统可以节省大量时间，处于险境中的人也就有更多机会得到援救。

○ 智慧城市，万物互联

"机器学习"的素材基础

　　大数据和另一个近年来常常被提及的科研热点，人工智能研究中的"机器学习"，有着千丝万缕的联系。人工智能是计算机科学中的一个重要领域，其研究意图是揭示智能的本质，并且创造出能够以类似人类智能的方式做出反应的机器。为了实现这个目标，人们并不能仅仅对计算机输入大量数据，还需要赋予它"学习"或者自行分析这些数据的能力，才能使它在遇到近似情况时可以"举一反三"。通过各种渠道采集和产生的巨量数据，便可以成为计算机"学习"的素材基础。

　　我们在初学数学的时候，都做过类似这样的题目：如果一个数列按照"1，3，5，7，9…"这样排列，那么 9 后面的两个数是什么？稍有数学知识的人都可以很快说出答案，却不知道自己是如何思考的；而对于人工智能来说，它的处置方式是为这 5 个数建立起一个数学模型，分析出数列的增长是线性的，而且每个成员都符合"自然数的 2 倍减去 1"的规律。基于这些自行分析的结果，人工智能才可以知晓，9 后面是 11 和 13。但它只要知道这样的规律，就可以迅速计算出这个数列中任何位置的数。

机器学习就是从大数据中发现规律并预测未来

· 小学三年级数学题：1,3,5,7,9,{},{}

· 人很容易填出，计算机如何通过机器学习解题？

  · 建模型 y=ax+b

  · 参数初始化

  · 求成本和梯度

  · 梯度下降得出参数值 a=2,b=−1

  · 得到公式 y=2x−1

  · 最后得到之后两个数是 11,13

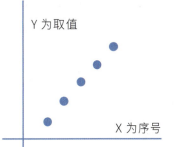

Y 为取值

X 为序号

研究人员设计了很多功能各异的人工智能，并且通过大量素材加以训练，使它们执行预期任务的能力不断完善。比如，有一些图片搜索引擎可以提供识别植物的服务，人们在郊游时拍下不认识的植物并上传照片，搜索引擎的人工智能便可以在识别图像之后，告诉用户照片上的植物可能是什么。这种很受人们欢迎的有趣功能，源于前期大量的图片识别训练；而人工智能的识别准确度，也会被人们不断上传的图片所磨炼。

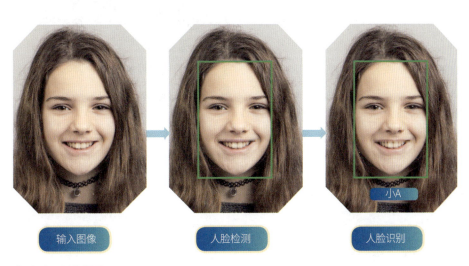

输入图像　　　人脸检测　　　人脸识别

○ 人脸识别流程图

人工智能作曲家和画师也已经出现，你或许已经在生活中接触过它们的作品，极少量人工智能创作的艺术品甚至能在市场上卖出高价。那么，如何为计算机赋予"艺术细胞"？其实，这一类人工智能的研发思路，有些像中国的一句俗语"熟读《唐诗三百首》，不会作诗也会吟"。当人们把很多同一类型的音乐输入给人工智能，这些音乐便成为机器学习的素材，使它自行分析出这些音乐产生美感的元素，并运用到自己的创作之中。能够自行作画的人工智能，也是用类似的方法训练出来的。

名师讲堂：
卖出高价的人工智能画作

2018 年 10 月，著名艺术品拍卖行佳士得在美国纽约的拍卖会上，卖出了一幅由人工智能创作的绘画。这幅名为《埃德蒙·贝拉米肖像》的半身肖像画，拍卖出了 43.25 万美元的惊人高价。

这幅由人工智能创作的画，是通过"生成对抗网络"技术得到的。人工智能的设计者让它分析了成千上万绘制于 18 世纪的经典肖像，通过判断图像

○ 由 AI 绘制的名为《埃德蒙·贝拉米肖像》的画作

的相关性、抛弃没有足够共同特征的图像，并从其他数据中学习，从而创建出与原始数据源相似但不相同的新图片。在机器学习的基础上，人工智能为一个虚构的贵族家族生成了一组肖像画，被拍卖行卖出的便是其中一张。

用人工智能推断一个人未来的相貌，同样是一个有吸引力的领域。想要寻回被拐卖的儿童是很难的，如果孩子在婴儿时期被拐卖就更是如此，因为人从婴儿时期到青少年时期再到成年，相貌通常会发生很大的变化，以至于多年之后已经很难再被亲人认出来。但如果用大量人像数据对人工智能进行针对性的训练，它便有可能分析出人在成长过程中相貌变化的一些规律，并且分析出婴儿在长大后可能的长相。这样一来，婴儿时期的照片也有可能成为破案的线索。当被拐卖的孩子出现在天网系统里时，人工智能便可以通过比对发现有可能被拐卖的孩子，并及时提醒附近的警察前往盘查和处置。

2016 年 3 月，美国谷歌公司开发的"AlphaGo"（阿尔法围棋）人工智能程序，以总比分 4∶1 击败了韩国职业棋手李世乭（shí）九段，成为轰动世界的新闻。这个人工智能可以拥有超越人类顶尖棋手的实力，很大程度上是因为机器学习。围棋的棋局富于变化，通过穷举的方法来找出最佳的棋步是行不通的。因此，谷歌公司的研发团队让"AlphaGo"以围棋的基本规则和人类历史上的经典棋局，以及人工智能自我对弈的棋局作为素材，使人工智能在不断的自我对弈中，了解在不同位置落子对棋局的影响和获胜的概率。这样的方法就发挥出了计算机擅长计算的优势，使"AlphaGo"可以在一天里自我对弈上百万盘棋，这是人类棋手终其一生也无法做到的。

○ "AlphaGo"对战世界围棋冠军李世乭

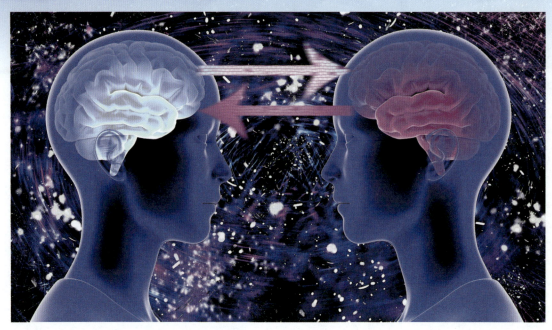

○ 未来，人与人之间的交流有可能通过脑对脑信息写入实现

经过先期的全盘探索和弈棋过程中对最佳落子的不断揣摩，"AlphaGo"的算法成为算力与直觉判断的结合体。如果说最初版本的"AlphaGo"还需要以人类棋谱作为基础，那么升级版本的"AlphaZero"已经能完全摆脱人类的弈棋经验，完全依靠深度学习的方式，替人类探索围棋这项智力游戏的极限。

通过"机器学习"与大数据的结合，人工智能也有可能解决一些现实问题，比如，利用类似"知识图谱"的思想，去发现与犯罪团伙有联系的洗钱客。"知识图谱"是将现实世界中的事物映射到网络当中，形成的一系列显示知识发展进程与结构关系的图形。换句话说，如果用可视化技术对知识图谱加以整理，人们便可以挖掘、分析、构建、绘制，最终显示出知识

之间的相互联系。

比如，当我们在网上搜索"女子网球运动员李娜"时，搜索引擎会自动显示出其他一些女子网球运动员的信息。这是因为，很多人在了解李娜之后，也倾向于了解她的对手，乃至希望对女子网球运动有粗浅的全局化的了解。搜索引擎的人工智能通过大数据发现了这种偏好，便会自动推送其他女子网球运动员的内容。

而服务于公安（经侦）部门的人工智能系统，也是通过类似的方法来学习和鉴别潜在的洗钱行为。按照法律，银行必须上报超过特定额度的转账交易，这就意味着，如果洗钱客想要转移资产又不引人注目，就需要进行多笔转账，而且每一笔的额度都不能超过法律规定的上报界限。但

如果某个账户向很多个彼此不相干的私人账户进行"刚好不过线"的转账，这些转账便会形成一个在人工智能看来不寻常的事件链，成为进一步人工核查的线索。随着人工智能研判的案例越来越多，它也会被这些数据训练得更为敏锐。

大数据与人工智能的结合，正在为人类带来看待世界的全新视角。我们正在洞悉一些之前无法领略到的社会运转的规律，并且以此来制订新的游戏规则，设计新的商业模式。由大数据生发出的全新思维，是人类从智人走向"智神"的重要一步。

名师讲堂：
反对"大数据杀熟"

最近几年，若干家大型互联网企业都被曝出了运用大数据"杀熟"的丑闻。比如，出售机票的网站会给常客更少的折扣，因为网站的人工智能判定常客对机票价格更不敏感，可以接受略高的价格。网约车软件会自动为使用高档手机的用户安排每公里租价更高的车型，优惠幅度也更少，因为网约车公司的人工智能认为高档手机用户不会在意这些"小钱"。

通过技术手段使顾客在不经意间为高价服务买单，这样的做法无疑是欺骗。考虑到这些服务平台的体量和拥有的客户数量，"杀熟"虽然带给每个人的损失并不大，但汇集起来却是惊人的利润。随着越来越多这方面的丑闻被曝光，"大数据杀熟"已经引起了公众的普遍反感。清查这些有意设置的陷阱并不困难，但重建人与人之间被摧毁的互信，还需要相当长的时间。

思考：

本文对你有什么触动？大数据的作用有哪些？你觉得大数据还可以用在哪些方面？

王晓茹：

北京邮电大学计算机学院副教授、硕士生导师，北邮跨媒体网络大数据分析与研究中心主任，中国人工智能学会智能服务专业委员会副秘书长

王晓茹：

计算思维与人工智能

○ 人工智能

扫一扫，
看专家讲座视频

近年来，人工智能飞速发展，其常常成为人们热议的话题。在现实生活中，经过专门设计的人工智能，可以在棋类、扑克比赛、计算机游戏及电视问答节目中，战胜人类高手；而很多科幻小说和电影，也描述了人工智能取代人类劳动岗位，甚至向人类发起进攻的场景。

得益于计算机技术的发展，特别是计算机运算速度和大数据分析、高速互联网、图像（人脸）识别等领域的突飞猛进，人工智能已经介入我们生活的方方面面。它们当中的一部分，会因为与人类的不断互动而逐渐"进化"。但与此同时，一些低端的、重复性的工作，也可以交给人工智能来完成。但当人工智能取代了相当一部分人类劳动力，这样的未来究竟会给人们带来更多的幸福，还是更多的苦涩，到目前为止还是未知数。

让我们跟随专家一起探索人工智能的发展历程。

从"人机大战"谈起

很多人都曾在计算机上玩过棋牌或是策略游戏。除了通过网络与其他游戏玩家对战，人们也可以同游戏程序中内置的虚拟对手比拼。这个不知疲倦的"陪玩"，其实是游戏设计者专为这种游戏开发出来的一套应对策略，让计算机知道在不同的局面下应该如何行动。

○ 1956 年达特茅斯会议参会人员合影，此次会议被认为是人工智能的起源

名师讲堂：
土耳其行棋傀儡

18 世纪后期，奥地利人沃尔夫冈·冯·肯佩伦建造了一个名为"土耳其行棋傀儡"的国际象棋对弈装置。它包括一个大箱子和放在上面的棋盘，以及一个被制成土耳其人模样的木偶。冯·肯佩伦宣称，这个装置拥有与人对弈国际象棋，以及表演一些花式走法的能力，而且这一切是由一套精密的齿轮传动系统来实现的。

但事实上，土耳其行棋傀儡上所有演示给观众看的机械装置，都只是为营造神秘感而刻意制作的。在它的内部隐藏着一名人类国际象棋高手，他通过箱子内部的特殊设备观察棋局，并控制木偶完成拿起棋子和下棋的动作。因此，土耳其行棋傀儡表现出极高的棋力，能够赢得大部分棋局，甚至战胜本杰明·富兰克林和拿破仑·波拿巴等名人。

早在电子计算机出现之前的几个世纪，人们便渴望为机器赋予进行智力游戏的能力，并使它成为人类在游戏中的对手，甚至成为这项游戏的顶尖高手。电子计算机的诞生及其运算能力的不断增长，使这种畅想成为现实。

很多关于计算机历史的科普书上，都会提到 20 世纪 90 年代中期的国际象棋"人机大战"。当时，美国 IBM 公司研制了专门进行国际象棋对弈的超级计算机"深蓝"。1996 年 2 月，它与来自俄罗斯的国际象棋世界冠军（等级分第一名）加里·卡斯帕罗夫，进行了第一次"人机大战"，经过 6 盘激战最终落败。而后，IBM 公司对"深蓝"进行一系列升级，并在 1997 年 5 月与卡斯帕罗夫再战。这一次，经过升级的"深蓝"，棋力有明显提升，最终以 2 胜 3 和 1 负的战绩，取得了第二次"人机大战"的胜利，成为第一台战胜了国际象棋世界冠军的计算机。

而在"深蓝"获胜之前，计算机凭借出色的运算能力，早已达到了人类顶级职业棋手的水平。这是因为，国际象棋可能的对局情况，尽管对人类来说非常复杂，

○ 1997 年，"深蓝"和卡斯帕罗夫对弈现场

但在计算机看来，却并非特别巨大的数目。或者说，计算机可以将人类历史上所有的国际象棋对局精华录入储存体，配合强大的运算能力，在对局中选出一系列最佳的应对方案，而且能搜索和估算接下来的 12 步棋；相比之下，人类中的顶尖棋手，比如卡斯帕罗夫，最多只能估算接下来的 10 步棋。因此，人脑无法和超级计算机比拼算力，而计算机可以凭借对棋步更深的计算，比人类棋手更多地预知对手接下来的行动。

将近 20 年过去，计算机技术取得了更大的进步，人类已经无法在国际象棋这个领域战胜超级计算机里的程序，但围棋仍被认为是计算机难以攻破的"堡垒"。这是因为，围棋虽然只有黑白两色棋子，棋局的变化却极为复杂。计算机如果像下国际象棋那样，通过穷举历史上的棋局来获得最优方案，会导致惊人的计算工作量。所以，长期以来，最优秀的围棋程序，也很难达到人类职业棋手的水平。

但在 2016 年 3 月，美国谷歌公司开发的"AlphaGo"（阿尔法围棋）人工智能程序，击败了韩国职业棋手李世乭九段。2017 年 5 月，经过升级的程序又击败了排名世界第一的中国职业棋手柯洁九段。相比于之前的围棋程序，"AlphaGo"能够创造奇迹，是因为它运用了处于计算机科学领域前沿的"深度学习"技术，让计算机能模拟人类大脑认识事物并加以处理的过程，使计算机拥有真正认识围棋的"智能"，并且能通过不断的自我训练，使水平越发精进。

○ "AlphaGo"对战世界围棋冠军李世乭

○ "AlphaGo"对战柯洁（图片来源 / YouTube.com）

"AlphaGo"通过两个不同神经网络"大脑"进行合作，来不断改进自己下棋的"套路"。第一个"大脑"是"监督学习的策略网络"，相当于"落子选择器"。它观察棋盘的布局，并通过预测每个符合规则的下一步出现的概率，找出"最佳的下一步"。第二个"大脑"是"价值网络"，如同"棋局评估器"。它并不会尝试研判具体的下一步，而是在给定棋子位置情况下，预测对弈双方赢棋的概率，并以此来辅助落子选择器，加快计算机对棋局的判读能力，分析和归类棋局未来局面潜在的"好"与"坏"。凭借超级计算机强大的运算能力，"AlphaGo"能够以惊人的速度不断进行自我对弈和训练，完善自己的人工智能，达到人类棋手难以企及的高峰。

让计算机拥有如同人一样的智能，或者说让计算机像人类一样聪明，这样的研究被称为"人工智能"。就像谷歌公司开发"AlphaGo"那样，赋予计算机人工智能，首先是要教会它思考的方法，这被称为"计算思维"；而后，还要教会计算机学习的方法，这被称为"机器学习"。

人工智能新的认知机制：折半查找与并行计算？

随着对人工智能研究的不断深入，我们已经能使计算机去做一些过去只有人才能做的、"含有智能元素"的工作，如驾驶汽车、实施精密的手术，甚至创作简单的艺术作品（如餐厅里的背景音乐和装饰画）。为了使计算机完成这些工作，我们就需要让它在每一个必要的时刻，都能分析局面并且做出正确的判断。对于"AlphaGo"这样为围棋研发的人工智能来说，就是在每一次落子时，找出最有利于取胜的落子位置。

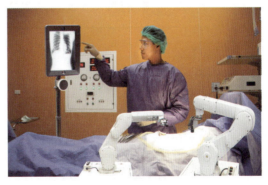

○ AI 可以在医疗方面发挥导航的作用

既然穷举的方式走不通，人工智能一定有某种新的认知机制，比穷举更快地找到解决问题的方案。

不妨想象一个这样的情境：在一张纸上画出 16 个格子，再写上 1～16 这 16 个数。如果一个个画格子，就需要画 16 次。不过，我们可以将纸对折 4 次，就可以迅速得到总共 16 个暗格。

这张写有 16 个数的格子纸，其实就是猜数游戏的道具。游戏的规则是，A 在心里想 1～16 中的某一个数，让 B 来猜。显然，如果 B 按照穷举的方法来猜，一个个问过去，在最不利的情况下，需要猜 16 次才能得到正确答案。但如果 B 换一种提问的方法，先问 A "这个数大于（不含）8 还是小于（含）8"，就可以迅速排除一半的答案。之后，再经过 3 次这样的"折半提问"（最后一次是简单的二选一），就能得到准确的答案。

以上第二种提问和解决问题的方法，便是人工智能在解决问题时常常会用到的"折半查找"。当需要猜很多数字的时候，折半查找的效率要比穷举高得多。假如穷举一个数耗时一毫秒，那么 100 个数就需要 100 毫秒，而折半查找只需要 7 毫秒。当猜数游戏的数达到 10 亿的时候，逐一穷举大约需要 11 天时间，而折半查找只需要 30 毫秒！

为特定领域研发的人工智能，可以比人类更快地做决定。正是凭借精心设计的算法，它可以让计算机更好地发挥运算速度快的优势，从而能够迅速找到问题的答案。不仅如此，搭载了人工智能的超级计算机，还拥有多个精心设计和制造的芯片，加上人工智能程序，就为一些非进行不可的穷举工作提供了同时进行的可能性。

我们来看一个科学童话：某国公主酷爱数学，面对前来求婚的邻国国

假设：查找一个元素的时间是 1 毫秒

查找数量	顺序查找	折半查找
100 个元素	100 毫秒	7 毫秒
10000 个元素	10 秒	14 毫秒
1000000000 个元素	11 天	30 毫秒

真因子

"真因子"又叫"真因数"，是指一个自然数除去自身以外的因数。比如，6的因数有1、2、3、6，真因数便是1、2、3。如果一个自然数的因数只有1和它本身，这个自然数便是"质数"；如果一个自然数除了1和它本身，还有其他的因数，这个自然数就叫作"合数"。

王，她要求对方在一天之内，计算出48770428433377171这个数的一个真因子，才答应求婚。国王回去之后立刻用所有的数进行穷举，尝试到30000也没能找到答案，不得不向公主认输并询问答案。公主告知其中一个真因子是23092827，国王验算后发现果真如此，并请求再给一次机会。公主同意之后，国王立刻向精通数学的宰相求教。宰相指出，公主给出的数是一个17位数，最小的一个真因子不会超过9位。因此，国王可以按照自然数的顺序，为全国百姓每人发放一个编号，大家一起用自己的编号去除公主给出的17位数，除尽之后立即上报。于是，国王很快得到了真因子的数据，并因此求婚成功。

计算机究竟如何"思考"？

"折半查找"和"并行计算"，并不是人工智能的全部。对于人来说，思考行动方案的基石是对事物性质的判断。而对于人工智能来说，它也需要运用一些特定的机制，将计算机熟悉的非此即彼的简单判断，转变为实际生活中更常遇到的对事物性质或者程度的相对模糊的判断。

我们都听说过《狼来了》的故事。放羊娃假装呼救来戏耍村民取乐，连续两次撒谎之后，即使狼真的来了，村民们也认为他在撒谎而拒绝施救。如果用计算机科学和人工智能的视角，来看待这个教育人诚实的故事，我们便可以发现村民们拒绝施救背后的思维机制。

这种思维机制叫作"贝叶斯推断"，也就是在得到更多证据及信息时，对特定假设的概率加以更新。我们可以将村民对放羊娃的信任程度记为"P"，并在故事开始的时候，假设$P=0.8$。反过来，村民对放羊娃的不信任程度便是0.2。同时，我们假定当P值小于0.2的时候，村民便会认定放羊娃撒谎成性，不再理会他的呼救。

在山的那边，海的那边，有一个放羊娃……

记事件 B 为"放羊娃可信"

设村民对这个放羊娃的印象为

$$P(B)=0.8, P(\bar{B})=0.2$$

当放羊娃第一次撒谎假装呼救的时候，村民们赶来发现并没有狼，便会质疑他的诚实。我们假定村民认为向来诚实的孩子撒谎的可能性是 0.1，而容易撒谎的孩子撒谎的可能性是 0.5。那么，当放羊娃第一次撒谎之后，村民们对他的信任程度，便会降到 0.444，也就是"0.8x0.1/[(0.8x0.1)+(0.2x0.5)]"。反过来，大家对他的不信任程度，已经提高到了 0.556。

设村民对这个放羊娃的印象为

$$P(B)=0.8, P(\bar{B})=0.2$$

记事件 A 为"放羊娃说谎"

$$P(A \mid B)=0.1, P(A \mid \bar{B})=0.5$$

如果放羊娃说了谎，村民对他的信任度变成了多少？
$$P(B \mid A)$$

第一次村民上山打狼，发现狼没有来，即放羊娃说了谎（A）。村民根据这个信息，对放羊娃的可信度改变为（用贝叶斯公式）：

$$P(B \mid A)= \frac{P(B)P(A \mid B)}{P(B)P(A \mid B)+P(\bar{B})P(A \mid \bar{B})}$$

$$= \frac{0.8×0.1}{0.8×0.1+0.2×0.5}=0.444$$

这表明村民上了一次当后，对这个放羊娃的可信程度由原来的 0.8 调整为 0.444，也就是

$$P(B)=0.44, P(\bar{B})=0.556$$

　　根据同样的算法，我们可以计算出，放羊娃第二次撒谎之后，村民们对他的信任程度，是"0.444x0.1/[(0.444x0.1)+(0.556x0.5)]"，这个算式的答案是 0.138，已经低于 0.2 的"信任界限"。所以，村民们对放羊娃失去了信任，并在狼真的到来时拒绝施救。

在此基础上，我们再用一次贝叶斯公式计算 $P(B \mid A)$
即这个放羊娃第二次说谎后，村民对他的可信度改变为：

$$P(B \mid A)= \frac{0.444×0.1}{0.444×0.1+0.556×0.5}=0.138$$

　　"AlphaGo"就是用类似的方式，根据棋局的每一次变化，不断找出最有可能取得胜利的落子方案。而在医学上，一些医用人工智能也是通过这样的机制来诊断疾病。

比如，通过大数据的手段，也就是基于对历史上患者的统计，我们可以知晓某种癌症在某个地区的发病率，比如是 0.008。同时，如果一个人患上这种癌症，那么某种化验指标为阳性的可能性是 0.98；而没有患上这种癌症的时候，化验指标为阴性的可能性是 0.97。

当一个病人怀疑自己患上这种癌症时，医院开出了化验单，而他的这项指标得到了阳性的结果。但如果用贝叶斯公式进行计算，我们会发现这个人真的患上这种癌症的可能性是 0.0078，而没有患上的可能性是 0.0298。所以，人工智能会根据这些运算结果，得出病人并没有患上这种癌症的结论。

与人类一样，人工智能也需要对遇到的问题进行分类，并根据对分类的判断，减少解决问题所需研判的事物，更快地找出答案。比如，我们要在一个饲养很多家禽的农场里，给一只洗澡用的橡皮玩具鸭找妈妈。对于人类来说，这当然是一个荒谬的任务；但对于人工智能研究来说，这却是一个了解计算机如何思考的窗口。

农场里可能生活着鸭、鹅、鸡等家禽，有成年家禽也有幼雏，有雄性也有雌性。人工智能的思维方式，便是根据羽毛、叫声、走路等特征指标，判断橡皮鸭与这些真正的家禽之间的相似性。最后，人工智能会发现，农场中与橡皮鸭最接近的动物是鸭，再排除掉公鸭，便可以确定橡皮鸭的妈妈是母鸭。这样的结果在人眼中虽然荒唐可笑，但在人工智能看来，它是找到了从各种指标来看都与橡皮鸭最接近的家禽。

存储在计算机中的已知样列

Atrl	……	AtrN	Class
			A
			B
			B
			C
			A
			C
			B

K- 近邻的方法
(KNN)

未知样列

Atrl	……	AtrN

○ 计算相似性

给人工智能"喂招"

研发人工智能的计算机科学家，不仅教会了人工智能思考的方法，也赋予了它们自行研判堆积如山的大数据，并从中找出有用知识的能力。这像人类学习书本知识，并通过总结知识得到知识体系和解决问题能力的过程，被称为"机器学习"。目前，在人工智能领域，"机器学习"大体分为三种类型，分别是"监督学习""无监督学习"和介于两者之间的"强化学习"。

○ "监督学习"有些像学校的课堂教学

○ "无监督学习"则类似于人类自学成才的过程

"监督学习"是指人工智能从监督者那里获得知识和信息的过程，有些像学校的课堂教学。作为"监督者"，人类如同学校中的教师，不仅为学生提供教材，也会划出重点知识，并将例题的标准答案教给学生。最后，正如学校会用期末考试来检验学生是否真的弄懂了学习内容，人工智能的研究者也需要判断它是否拥有了泛化能力，也就是对需要解决的问题举一反三的能力。

"无监督学习"则类似人类自学成才的过程。在这种状态下，人工智能不需要人类这个"监督者"提供训练内容，对知识进行标定，而是利用知识的内在联系，来完成学习的过程。在如今的大数据时代，很多机器学习都是无监督学习，因为数据量巨大，而且又在不断地更新，标注的工作已非人力所能应对。

机器学习需要用到很多的算法。无监督学习中的一个常见的算法，叫作"聚类算法"。这就像教师没有提供标准答案，需要学生自己根据事物之间的相似性，按照"物以类聚"的原则，对庞杂的事物进行分组，找出那些"不合群"的事物。银行信贷部门使用的人工智能，通常就是通

○ 人工智能通常通过聚类算法来发现有异常行为的客户

过聚类算法来发现有异常行为的客户。比如，信用卡套现会使银行的资金空转，给银行带来风险。但银行的客户众多，通过人工很难发现这样的行为；而人工智能可以通过聚类算法，分析所有人刷卡的行为，找到那些总是"不寻常"地使用信用卡的人，如总是大额刷卡，或者还款之后立刻将资金全额刷出。人工智能可以学会标记他们，甚至自动采取一些控制风险的措施。

在考古学领域，人工智能可以帮助考古学家完成文物的修复。1947年，人们在死海附近的山洞里，发现了轰动世界的"死海古卷"。这是一些2000多年前在羊皮纸和纸莎草纸上写成的文献，经过漫长的时光，大部分已经成为碎片。如果人工拼接这些碎片，需要极为高深的考古学知识，而且对古代犹太人的历史、宗教和文化有深入了解，因此进展极为缓慢。但人工智能可以通过聚类算法，找出碎片之间的相似性，将类似的碎片整合在一起，得到完整的页面。正是凭借人工智能的帮助，考古学家复原了相当一部分死海古卷，为研究中东地区宗教发展史提供了非常重要的文献。

监督学习中很常见的例子，是对艺术品的真伪进行鉴定。在艺术品收藏领域，彼得·勃鲁盖尔和文森特·凡·高这两位尼德兰（荷兰）画家的作品，时常出现赝品。鉴定美术作品也需要诸多专业知识，比如，需要对画家的艺术风格和运笔特点非常熟悉，而且要对不同颜料、画布等创作素材出现的时间有所了解。所以，即使是鉴定某一位画家作品的真伪，也需要顶级艺术家花费极大的精力才能完成。

但经过训练的人工智能可以完成这项任务，只要人们找来一些确定的真迹和赝品，作为人工智能的"训练集"。在训练集里，人们会标定出赝品与真品及相应的特征，那么人工智能就会发现和记住一系列判定规则，并据此迅速鉴定训练集之外的艺术品的真伪。随着训练数量的增加，人工智能的判断会越来越精准。早在2008年，鉴定艺术品的人工智能就已经达到极高的准确度。一家博物馆组织的测试表明，人工智能鉴定凡·高作品的准确度可以达到95%，勃鲁盖尔的作品甚至可以达到100%。

○ 凡·高的作品？人工智能能帮助进行画作鉴别

而对于普通人来说，通过"机器学习"不断完善的人工智能，也有可能让生活更加便捷。我们在每次网络购物之后，下次登录购物网站的时候，会发现页面上显示出与前一次购物存在关联的物品。比如，在买过羊肉片之后，网站可能会推荐火锅调料或是海鲜丸子。这种推荐背后，便是购物网站拥有的人工智能会分析每位顾客的购物需求与偏好，并且自动做出的决定。大部分人购买羊肉片通常是为了吃火锅，那么推荐与之相关的食材和调料，便有可能受到欢迎。

名师讲堂：
尿不湿和啤酒的故事

无论是线下的传统零售商和超市，还是网上店铺，顾客购买的商品，都存在一些可以通过大数据分析出来的关联性。比如，沃尔玛超市通过分析发现，购买过尿不湿的人往往也会购买啤酒。这是因为，美国有相当一部分家庭在孩子年幼的时候，只有丈夫上班，妻子则专心在家养育孩子。丈夫在下班路上会应妻子要求，进入超市购买尿不湿，而他们也倾向于购买一些啤酒来犒劳自己。发现这样的规律之后，沃尔玛超市便将尿不湿和啤酒的货架相邻，从而同时增加了两者的销量。而这样的思路也被购物网站借鉴，通过人工智能分析顾客并进行定制化的推送，帮助他们"一站购齐"所需的商品，也提升了网店的销量。

随着计算机理论和技术的发展，人工智能正在变得越来越完善。它们已经在诸多领域成为造福人类的助手，但在有些时候也会成为劫贫济富的帮凶。已经深刻介入社会生活的人工智能，正在勾勒出迅猛发展而又急剧变化的未来。

思考：

本文对你有什么触动，你能举例说明人工智能在生活中有哪些应用吗？

遇见科学
——院士专家讲科学（第二卷）

北京市科学技术协会 编

科学普及出版社
·北 京·

图书在版编目（CIP）数据

遇见科学 ：院士专家讲科学. 2 / 北京市科学技术
协会编. -- 北京 ：科学普及出版社，2021.10
　ISBN 978-7-110-10235-0

Ⅰ．①遇… Ⅱ．①北… Ⅲ．①科学知识－青少年读物
Ⅳ．①Z228

中国版本图书馆CIP数据核字(2020)第268704号

丛书编委会

主　　编　　马　林

副　主　编　　刘晓勘　　陈维成

成　　员　　（以下按姓氏笔画排序）

王小丹　　王　康　　石　峭　　刘　然

李金欢　　李美依　　吴　媛　　何素兴

张和平　　张晓虎　　庞　引　　屈玉侠

赵　峥　　洪　亮　　韩媛媛　　程　锐

关注气候变化, 走可持续发展道路。

丁一汇

2020年8月13日

△ **丁一汇**
中国工程院院士, 天气与气候学家

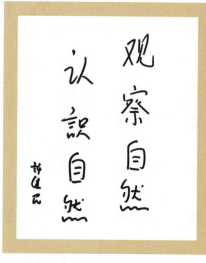

△ **许健民**
中国工程院院士, 卫星气象专家

△ **闫楚良**
中国科学院院士, 飞机寿命与
结构可靠性专家

△ **刘嘉麒**
中国科学院院士, 地质学家

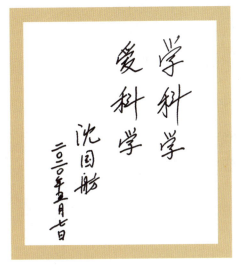

△ 沈国舫

　　中国工程院院士，林学及生态学专家

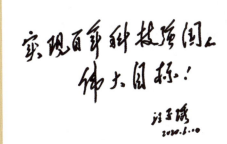

△ 汪景琇

　　中国科学院院士，太阳物理学家

自强不息.
厚德载物
金涌
2020.

△ 金涌

　　中国工程院院士，化学工程专家

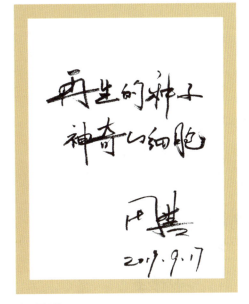

△ 周琪

　　中国科学院院士，发育生物学家

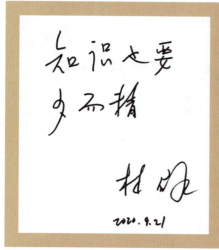

知识之要
少而精

林群
2020.9.21

△ **林群**
　中国科学院院士，数学家

基础坚实，
根深叶茂，
胸怀大志，
报效祖国！

欧阳自远
二〇一九年二月廿二日

△ **欧阳自远**
　中国科学院院士，天体化学与
　地球化学家

用科学记号描述我志
克服
用科技"研术主线
抑制范围

赵振业
2020年12月15日

△ **赵振业**
　中国工程院院士，金属材料科
　学家

学好数学
数学好玩
热爱科学
培养兴趣

袁亚湘
二〇一九，十，七

△ **袁亚湘**
　中国科学院院士，数学家

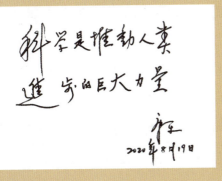

△ 康乐

中国科学院院士，生态基因组学研究
的领衔科学家

△ 翟明国

中国科学院院士，前寒武纪
与变质地质学家

△ 谭建荣

中国工程院院士，机械工程专家

△ 滕吉文

中国科学院院士，地球物理学家

说明：以上内容均来自"院士专家讲科学"活动，"院士寄语"以姓氏笔画排序

序

　　习近平总书记强调，"科技创新、科学普及是实现创新发展的两翼，要把科学普及放在与科技创新同等重要的位置"。为落实习总书记对科学普及工作的要求，北京市科学技术协会立足资源优势，主动搭建科普主平台，深化科普理念与实践双升级，大力弘扬科学精神和工匠精神，推动首都科学教育、科学传播与科学普及大发展，突出优质原创内容建设，积极将"科技创新"与"科学普及"协同发展、比翼齐飞。

　　本书是以北京市科学技术协会主办，北京科学中心（北京青少年科技中心）等单位承办的品牌活动——"院士专家讲科学"科普讲座为蓝本，以提高公众的科学素养，激发青少年科学兴趣，发挥科学家在科学普及中的作用为宗旨，积极探索科教融合的新模式，增强青少年思维能力为重点，形成的一套适合青少年学习的科普读物。

　　书中汇聚了众多院士、专家，他们身上所具备的爱国奉献精神、工匠精神、探索创新精神、勇于开拓精神等都值得青少年学习。鉴于此，我希望青少年在阅读学习该书的同时，应认真地思考以下两点：

　　首先，希望青少年能从科学家的讲述中发现科学的魅力，找到培养科学思维的方法，领略院士、专家的科学思想，了解他们勇攀科学高峰的执着追求，学习科学家身上的宝贵精神。

　　其次，本书具有很强的科学性、探究性、趣味性和互动性。希望青少年在了解前沿科技成果及动态的同时，善于开动脑筋，自主探索，努力创新。

我相信，通过本书，青少年一定能从中学到科学基础知识，了解科学基本概念，掌握科学规律，提高科学素养。

书山有路勤为径，学海无涯苦作舟。青少年阶段的学习，不仅要深入钻研，打下稳固的基础，还要有广博的知识、不断开拓的眼界。我衷心希望，通过本书能让更多的青少年认识科学之美、探索科学奥秘、追逐科学梦想。

刘嘉麒

中国科学院院士

中国科普作家协会原理事长

2021 年 7 月

目录 CONTENTS

03

用科学 · 见证科学的力量

欧阳自远院士:

中国的探月梦　　　　　　　　　4

刘嘉麒院士:

极地的奥秘与探索　　　　　　　4

沈国舫院士:

生物多样性和生态保护地的　　22
建设

丁一汇院士:

全球气候变化带来的启示　　　　6

王康:

植物多样性保护迫在眉睫　　　36

悟科学 · 培养科学的思考力

 顿继安:
如何学好数学 82

 乔文军:
如何学好生物学 116

 张玉峰:
如何学好物理 94

 牛建伟　李延祺　任涛:
如何学好计算机 128

 周玉芝:
如何学好化学 106

说明：目录中有二维码标记的都是有相关视频

03
用科学·见证科学的力量

◎ 欧阳自远院士：中国的探月梦

◎ 沈国舫院士：生物多样性和生态保护地的建设

◎ 王康：植物多样性保护迫在眉睫

◎ 刘嘉麒院士：极地的奥秘与探索

◎ 丁一汇院士：全球气候变化带来的启示

欧阳自远：

中国科学院院士，著名天体化学与地球化学家，中国月球探测工程首任首席科学家

○ 月亮和地球

欧阳自远 院士：

中国的探月梦

扫一扫，
看专家讲座视频

童年时的你，一定听过"嫦娥奔月"的神话故事。嫦娥在危急无助的情景下吞下长生不老药之后，立即飞到了月亮上，住在广寒宫里遥望人间。现代科学撩开了月球的神秘面纱，人们遗憾地发现，那里并没有广寒宫和嫦娥，而是一片"死寂"的世界。随着人类进入航天时代，探索月球及载人登月，带给了人类美好的憧憬和向太阳系挺进的勇气！

正如美国科幻作家伊萨克·阿西莫夫所言，地球拥有月球这颗卫星是一种幸运，因为它使人类不必付出太多努力，就可以享有登陆异星的荣耀。尽管如此，将无人探测器和人类送上月球表面，再安全地返回，仍然是一项艰辛的任务。

1969 年，美国赢得了登月竞赛的胜利。而当时间进入 21 世纪，航天技术已经跻身世界先进水平的中国，开始了自己的探月计划。2020 年，中国的"嫦娥五号"探测器终于携带着月壤的样品返回地球，成为中国无人探月阶段圆满成功的收官之作。让我们跟随欧阳自远院士，回望人类了解月球和探月、登月的历程，以及中国成果丰硕的探月工程。当前，月球虽然无法定居，却是人类向宇宙进一步探索的前哨站与转运站，月球极其丰富的太阳能与核聚变发电的储备燃料氦 -3、月球特殊环境的开发利用，将为人类社会的可持续发展作出特殊的重大贡献。

认识月球，从神话到科学

人类熟悉的天体，除了地球本身，便是太阳和月亮。光芒万丈的太阳，带给地球光明和温暖，使地球生机勃勃。因此，在很多民族的观念里，太阳都是神圣而伟大的。月亮的阴晴圆缺，使古代中国人创造出指导农作的阴历。月光也激起了古人无限的遐想，萌生出各种各样的神话传说、宗教信仰、哲学思想、文学艺术和风俗传统。

○ 月球

在古代中国人的观念里，满月往往是温馨和谐、思亲团圆和家庭美满的象征。一代代文人墨客吟咏月光之美，留下了6000多首诗词，著名的或许就是唐代诗人李白的《静夜思》和北宋文学家苏轼的《水调歌头·明月几时有》。而在民间，"嫦娥奔月"的故事，人们早已耳熟能详。

○ 嫦娥奔月

名师讲堂：
千里共婵娟

苏轼在《水调歌头·明月几时有》的结尾写道："但愿人长久，千里共婵娟。"直到今天，这句话仍然是中国人祈愿平安和家庭美满时常用的名言。苏轼使用的"婵娟"一词，其实就是古人对月亮的别称之一。在古汉语中，月亮大约有60个别称，如玉兔、夜光、素娥、冰轮、玉轮、玉盘、广寒、嫦娥等。这些优美的词汇常常出现在文学作品特别是诗词当中，蕴含着人们对月亮的美好想象。

但嫦娥并不是人类心目中唯一的月神形象。世界上的很多文明，都有关于月神的传说。在古希腊神话中，月神阿尔忒弥斯也同时是主司狩猎的女神，是太阳神阿波罗的妹妹。日本古老的物语（故事或杂谈性质的记叙性文本）文学作品《竹取物语》，则讲述了来自月亮的天女"辉夜姬"被人类收养的故事。日本在2007年发射的月球探测器，也是以她的名字命名的。除此之外，古印度和古埃及等文明，也都有各自的月神故事。有趣的是，世界各地所有的月神形象都是女性，这或许说明，在古人的观念里，月亮就具有阴柔的、女性化的属性。

现代科学揭开了月球的神秘面纱。凭借望远镜，天文学家们看清了月球的表面。古代中国人想象中的"玉兔"和"玉蟾"等图案，实际上是月球表面的火山熔岩流填平的撞击盆地形成的平原（也称"月海"）和撞击坑等地形，被人们"脑补"的结果。

名师讲堂：
"阿尔忒弥斯计划"与"奥利安"飞船

在古希腊神话中，月神阿尔忒弥斯同时也是狩猎女神。她倾慕海神波塞冬的儿子、猎技高超的猎人奥利安。这使她的哥哥、太阳神阿波罗大为不满，决定设计除掉奥利安。阿波罗拥有众神中最佳的视力；阿尔忒弥斯则拥有最佳的箭术，即使看不清楚目标也可以射中；奥利安作为海神之子，可以将身体没入水中行走，只将头部露出水面。于是，阿波罗在奥利安某一次涉水赶路时，突然向妹妹提议比试箭术，并以正在水中疾行的奥利安作为目标。阿尔忒弥斯不知是计，凭感觉射出一箭，不想正射中爱人头顶。悲痛欲绝的她自此与阿波罗绝交，奥利安则被提升到天界，成为"猎户座"。

2017年，美国决定重启中断数十年的载人登月计划。这项"重返月球"的新计划被命名为"阿尔忒弥斯计划"，与20世纪60—70年代的"阿波罗计划"呼应。登月飞船则被命名为"奥利安"，以纪念古希腊神话中这段凄美的爱情。

自从科学革命以来，天文学家们也希望知道月球形成的过程，并且给出了若干种理论。目前，他们已经大体认定，在距今45亿年前，地球刚刚形成不久，有一个火星大小的天体撞到了地球，这次撞击产生了很多碎块。这个天体与地球融为一体，撞击产生的碎块则在地球旁边慢慢汇集起来，最后形成了月球。这次撞击也改变了地球自转轴的角度，使它成为现在倾斜的样子。也许小时候的你曾经好奇过，为什么地球仪会是"歪"的。但事实上，正是凭借"歪着转"，但倾斜角度又不太大的特点，地球上的大部分地区才有了分明的四季变化。

随着科学技术的进步，以及人类进入航天时代，人们对月球有了更多的了解。今天我们已经知道，月球的质量只有地球的1/81，重力加速度也只有地球的1/6，所以登月宇航员在月球上走路的动作，实际上是一连串的跳跃，看上去像袋鼠一样。月亮的表面积是3800万平方千米，大约相当于中国国土面积的4倍。因为体积和质量有限，月球没有足够的引力去吸附大气层，所以月球表面没有空气，是近似于真空的环境，人必须穿着专用的宇航服才能在那里生存。

因为没有大气层，月球表面有着非常大的温差。在太阳直射的位置，温度可以达到130℃，晚上没有阳光，又可以降到−190℃，环境可以说极其恶劣。这样的环境不可能有生命繁衍，所有的月球探测计划也没有在那里发现生命的迹象。甚至，月球本身也已经是一个"死亡"的天体，在距今大约30亿年前内部能量接近耗尽，内部几乎没有活力，月球的偶极子磁场消失，岩浆与火山活动已停止，此后只有小天体的撞击会塑造它的地表。

探测与登陆月球，人类得偿宏愿

为什么关于月球的研究和探测，会成为月球与行星科学和航天事业的重点之一？这是因为，月球是地球唯一的卫星，

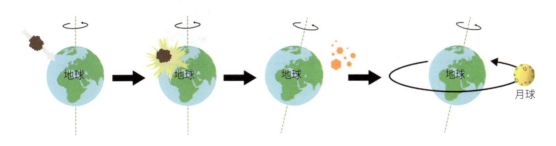

○ 月球形成的简要示意图

地球　地球　地球　地球　月球

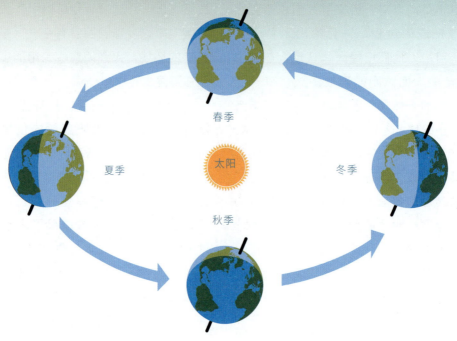

○ 地球围绕太阳公转一周，一年的四季变化

与地球的距离也不算太遥远。早在人类进入航天时代之前，一些航天先驱已经指出，登陆月球会是人类"走出地球"之后的第一个里程碑。航天先驱康斯坦丁·齐奥尔科夫斯基就曾说过："地球是人类的摇篮，但是，人类不可能永远生活在摇篮里。开始，他们将小心翼翼地冲出大气层；然后，便去征服太阳系。"他希望人类终有一天能飞离地球，去探索浩瀚的太阳系。

1957 年 10 月，苏联发射了第一颗人造地球卫星，宣告人类进入了空间时代。仅仅一年之后，苏联与美国这两个"超级大国"就开始了探测月球，不幸全部失败，1959 年的月球探测开始取得成功。

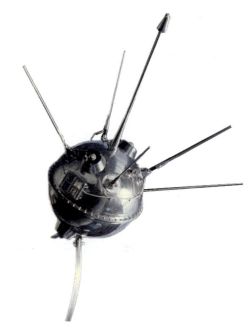

○ 1959 年 1 月，苏联"月球 1 号"探测器实现人类首次成功飞掠月球

1960 年开始探测火星，1961 年，苏联航天员尤里·加加林成为世界上第一个进入太空的航天员，这使得美国决意实施"阿波罗计划"，在 20 世纪 60 年代结束前，将宇航员送上月球。最终，在 1969 年，美国宇航员尼尔·阿姆斯特朗和巴兹·奥尔德林成功登上月球，相继美国一共成功实现 6 次载人登月，12 名美国宇航员登陆月球，使美国赢得了这场太空竞赛的胜利。

名师讲堂：
"阿波罗13号"事故

　　"阿波罗 13 号"是"阿波罗计划"中的第三次载人登月任务。经历过"阿波罗 11 号"与"阿波罗 12 号"的成功之后，登月似乎已经平淡无奇。但"阿波罗 13 号"在发射两天后，服务舱的氧气罐爆炸（每一艘"阿波罗"系列飞船，都包括了运载宇航员往来地月之间的指令舱、载人登月的登月舱和提供维持生命系统的资源服务舱）。这起事故使宇宙飞船严重毁损，失去了大量氧气和电力。三位宇航员决定临时关闭指令舱，以登月舱作为"救生艇"，借助月球引力返航，最后利用指令舱成功返回地球。"阿波罗 13 号"事故和随后发生的救援行动，成为人类航天史上的奇迹。

　　在"阿波罗 13 号"之后，又有 4 艘"阿波罗"系列飞船抵达月球。但人们对登月的热情已经逐渐降温，原计划进行 10 次登月的"阿波罗计划"，只完成 6 次登月便草草收场。在最后一艘登月飞船"阿波罗 17 号"发射前，曾是地质学家的哈里森·施密特被任命为登月舱驾驶员。他在这次登月任务中利用专业知识，与指令长尤金·塞尔南一起采集了 110.5 千克月岩与月壤标本，成为"阿波罗计划"中采集标本数量最多的一次。

○ 1972 年，"阿波罗 17 号"载人飞船在月球着陆后，宇航员驾驶月球车在月面行走

"阿波罗计划"是在特殊的历史条件下，为太空竞赛开启的计划，因此投入了巨大的经济成本。为了实现载人登月的目标，美国投资 254 亿美元，动员了 2 万家企业、200 多所大学、80 多个科研机构，总共 40 万名科研和技术人员参与其中。不过，这些巨大的投入也是值得的，为登月进行的科学研究和取得的成果，带动了航天、航空、通信、材料、医疗卫生、计算机等领域的跨越式发展。美国对"阿波罗计划"的投资，取得了大约 14 倍的经济收益。

因为运载火箭技术问题，苏联最终未能实现载人登月，只进行了 3 次无人探测器着陆月面采样，取得了大约 300 克月壤标本。这与美国 6 次成功载人登月采集的 381.7 千克月壤和月岩标本相比，可以说差距极大。但随着太空竞赛分出胜负，美国对载人登月的热情也迅速降温，因为长时间的超高投入不是国家经济能够承受的。所以，前往月球的航天活动进入了一段停滞期，直到 20 世纪 90 年代，人们的目光才又重新回到月球。

这是因为，月球具有重大的军事战略意义。在现代战争中，月球可以说是最高的"制高点"。如果说美国和苏联在 20 世纪 60—70 年代的登月竞赛，更多的是因为月球的军事价值；那么 20 世纪末开始的新一轮探月热潮，则是在兼顾军事需要的同时，为将来开发利用月球资源、能源和环境做准备。

事实上，月球上蕴含着非常丰富的能

源。因为没有大气层，照到月球表面的阳光不会被削弱，使得月球具有利用太阳能的天然优势。一些科学家甚至设想，通过某种特殊的机器人，以 3D 打印的方式，在环绕月球赤道建造一条长 11000 千米、宽 400 千米的太阳能电池板条带。这些电池板总有一半会被太阳照射，产生巨量的电能则通过激光或微波输送回地球，可以支撑人类社会永续发展所需要的能源。科学家认为"人造小太阳－核聚变发电"可能是人类终极的能源，当前主要是利用"氘－氚"通过核聚变反应发电，由于地球缺乏氚资源，利用"氘－氚"核聚变反应发电是一条可行的途径。"氘－氦3"核聚变反应发电有可能成为备用的途径，但是地球的氦-3 资源极其匮乏。嫦娥一号探测到月球的土壤中含有极其丰富的氦-3 资源，大约有 110 万吨，可供全人类利用"氘－氦3"核聚变发电一万多年。月球将成为人类飞向深空的转运站。月球的特殊环境将为人类研制新型特殊材料、开展天文观测和科学实验等提供前所未有

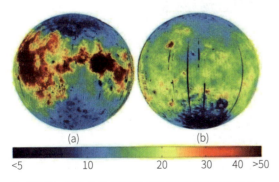

<5　　10　　20　　30　40　>50

○ "嫦娥一号"首次探测到月球表面月壤层的分布与厚度变化，估算月面土壤层含有的氦-3 资源量为 103 万～ 129 万吨，如果实现"氘－氦3"核聚变发电，可以确保人类社会持续发展 1 万年的能源需求

的新场地。

当美国和苏联为载人登陆月球竞争的时候，中国的航天事业才刚刚起步。首先要解决进入空间的能力和技术，我国组织了一大批新型的、与航天配套的国有企业，研制火箭、卫星、飞船和探测设备，同时在科学研究领域开展陨石、月球与行星科学研究，建立相关的实验室，培养科学研究队伍。1970 年，中国成功发射了第一颗人造卫星，成为世界上第五个掌握了卫星发射能力的国家。相继经历了数十年的发展，中国在 1993 年开始进行探月计划的论证，以期参与第二轮探月热潮的国际竞争，在未来的月球科研与开发中占有一席之地。

"嫦娥奔月"，中国成功探月

1993 年至 2003 年，我国进行了"中国开展月球探测的必要性与可行性研究""中国月球探测的发展战略与长远规划研究""中国首次月球探测的科学与工程目标研究"的论证。按照当时的规划，中国的月球探测分为三个阶段：无人月球探测阶段，载人登月阶段和建设月球科学研究与利用基地、开发利用月球资源。无人月球探测阶段划分为绕月探测、落月探测和取样返回三期，简称为"绕""落""回"。"嫦娥一号"和"嫦娥二号"进行绕月探测，以期全面和综合性了解月球；"嫦娥三号"和"嫦娥四号"降落到月球表面，对月球进行精细的探测；"嫦娥五号"和"嫦娥六号"不仅会着陆，还会着陆月面，采集月壤样品，并送回地球。

经过三年的准备，"嫦娥一号"于2007年10月24日发射升空。它的任务是对月球进行全球性、整体性、综合性的探测，也就是作为一个卫星环绕月球飞行，全面测绘月球表面。不过，让航天器环绕月球，意味着它首先需要飞出地球的引力场，这需要更快的速度才能实现。因此，科研人员为"嫦娥一号"设计了利用地球重力场的轨道。它并不是升空之后直接前往月球，而是先环绕地球飞行一段时间，在地球重力场的帮助下逐渐加速，最终飞向月球，到达以月球为主要引力场的空间运行。这个过程是先围绕地球运行3圈，不断加速，冲出地球引力场的牢笼，进入"地－月"转移轨道，到达以月球为主要引力场的空间，有些类似于链球运动员的投掷动作。他们在比赛时都要先带着链球用力转上几圈，而后突然松手，被甩起来的链球就会突然飞出去，落到很远的地方。

"嫦娥一号"行程为206万千米，历经13天14小时19分被月球捕获成为绕月飞行的卫星。

得益于中国完善的航天测控站体系，跟踪持续变轨的"嫦娥一号"并不困难。11月5日，它在飞行206万千米后，顺利进入月球轨道。它飞过的里程，远远超过地月平均距离的5倍。此后，"嫦娥一号"顺利完成了预期的任务，它帮助中国成功获取了月球表面的3D立体影像，使人们得以了解月球表面基本构造和地貌单元的种种细节。同时，它也分析了月球表面14种元素含量和矿物与岩石类型的分布特点，使人们得以了解月球矿产资源的

名师讲堂：
引力弹弓效应

在航天飞行中，人们有可能利用行星或者其他天体的重力场给航天器加速，将它们"甩"向下一个目标。这种通过设计航天器轨道，来利用自然天体重力场的做法，被称为"引力弹弓"。

善用引力弹弓效应，可以节省燃料，或者使航天器达到很高的速度，更快到达任务地点，或者追上一些运行速度比较快的天体（如某些彗星）。有时，人们也会利用重力场减慢航天器的速度，使它们能平安抵达某个天体。

○ "嫦娥一号"奔月轨道示意图

位置,并评估开发利用的前景。"嫦娥一号"还成功探测出了月壤的厚度,以及地球到月亮之间的"地－月"空间环境。2019年3月1日,完成所有任务的"嫦娥一号",在航天技术人员的控制下撞击月球,以"最后的献身"结束了自己的使命。

名师讲堂:
宇宙速度

　　航天器达到环绕地球运行、脱离地球进入太阳系行星际空间运行和飞出太阳系所需要的最小发射速度,分别称为"第一宇宙速度"(环绕速度)、"第二宇宙速度"(脱离速度)和"第三宇宙速度"(太阳逃逸速度)。"第一宇宙速度"大约为每秒7.9千米,人造地球卫星发射时至少需要达到这一速度,才能环绕地球运行而不坠落。如果想要飞往月球,意味着航天器需要脱离以地球为主要的引力场,这就需要达到每秒11.2千米的速度。如果需要发射飞往太阳系的航天器,所需速度就要大于每秒16.7千米,才能使航天器脱离太阳为主的引力场,进入星际空间。

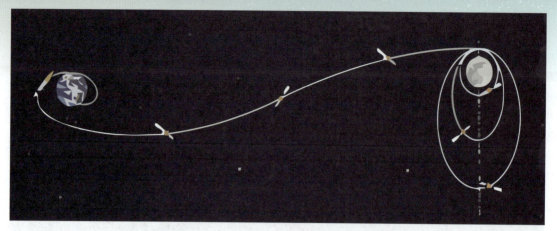

○ "嫦娥二号"直接奔向月球示意图

2010 年，我国发射了"嫦娥二号"。作为"嫦娥一号"的备份，它的探测任务并非"嫦娥一号"的简单重复，而是有所"升级"。"嫦娥二号"选择直飞月球，而且以距离月球表面 100 千米的高度以直立的极轨环绕月球运行获取了更为精确的数据和更为详尽的细节信息。"嫦娥二号"绘制了全世界精度最高、分辨率 7 米的地形图与三维立体地形图。顺便也为"嫦娥三号"预计的降落地区，制作了分辨率达到 1 米的地形图。

"嫦娥二号"上的发动机监视相机在近月制动时对月面成像（距月球 100 千米）。

此后，"嫦娥二号"又飞到与地球距离 150 万千米的"日－地"引力动态平衡 L2 点对太阳活动与太阳爆发进行监测 235 天，获取到了大量的科学数据。而后它继续远行，成功地抵达距离地球大约 700 万千米远的深空，在距离 4179 号小行星"图塔蒂斯"860米的地方与它擦身而过，对这颗小行星进行了详细的探测。现在，"嫦娥二号"已经成了一颗环绕太阳运行的"人造小行星"，2020 年距离地球超过 7 亿千米，大约在 2029年会飞回地球附近。

完成"绕"的步骤之后，2013年，中国发射了"嫦娥三号"。它的任务是降落到月球表面，着陆器释放出无人月球车"玉兔一号"。着陆器开展就位探测，月球车开展巡视探测，共同完成"巡天、观地和测月"的科学探测任务。按照计划，"嫦娥三号"会降落在中国古代传说中"广寒宫"的"后花园"区域，向嫦娥奔月的神话致敬。从科学的角度来说，这个区域的月球表面比较平坦，可以让探测器安全着陆。不过，因为月球上没有空气，不能像在地球上一样使用降落伞，探测器的减速就成为难题。

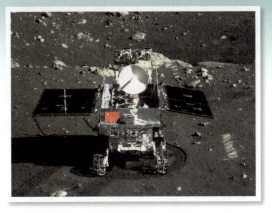

○ "嫦娥三号"月球车（"玉兔一号"）

为了让探测器平稳着陆，中国的航天技术人员在探测器下方安装了反冲发动机，用来在着陆月球的过程中减速。但前往月球的最后大约100米距离，需要探测器"自己走完"。因为，无线电波从地球传到月球最快需要1.3秒，加上地球上控制人员做出判断的时间，当探测器收到地面遥控指令的时候，时间已经过去了数秒钟，探测器会下落一定的距离，成为很大的不可控因素。为了保证探测器顺利着陆，它搭载了一种专用的人工智能系统。在距离月球表面大约100米的时候，探测器上的相机会自动开始拍照，并将照片发给人工智能进行判定，衡量下方的月球表面是否适合降落。如果不适合，探测器就会自动调整，重新寻找降落场。通过这样的方式，"嫦娥三号"通过3700多张照片，自己避开月球表面的凹坑，找到了安全、合适的登月位置。

到探测器距离月面大约4米的时候，为了避免反冲发动机吹起月壤，导致人工智能判断失准，发动机会自动关机。此时，速度已经大为减慢的探测器，会自由落体走完最后的航程，安全地着陆在月球表面。而后，它就会展开斜坡轨道，并解锁"玉兔一号"月球车的6个车轮，使这辆无人月球车驶上月球表面。这一天，通过探测器和月球车上的摄像头，我们见证了"玉兔一号"在月球上留下的第一道属于中国的车辙印的时刻。

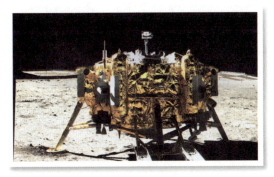

○ "嫦娥三号"着陆器

"嫦娥三号"完成任务之后，作为备份的"嫦娥四号"被赋予了新的任务，着陆月球背面进行探测。因为月球被地球潮汐锁定，人们长期以来无法观测到月球的背面，也由此衍生出种种伪科学的都市传说，如认为月球背面有地外文明或者纳粹党的秘密基地。直到1959年，苏联的"月球3号"探测器才在飞掠月球的过程中，拍摄到了第一批月球背面的照片。但受制于当时的技术条件，这些照片很不清晰。中国的"嫦娥四号"承担的使命，便是要详细了解月球背面的状态，而且要探测位于月球背面的太阳系内已知最大的艾肯撞击盆地。

　　"嫦娥四号"的着陆区为什么要选择艾肯盆地？月球形成45亿年以来，人类只发现了月球距今40亿年至30亿年期间月球地质活动的科学证据。40亿年以前和30亿年以来没有发现可靠的科学证据，成为当今月球演化历程研究的难题。科学家发现月球背面巨大的撞击盆地——艾肯盆地是40亿年前由于小天体撞击形成的直径2480千米、深度达到12.8千米的撞击盆地，也是太阳系中最大的撞击盆地。艾肯盆地形成时，必然将底部40亿年前的岩石挖掘、溅射和裸露出来，甚至有可能找到月球深部的月幔物质。"嫦娥四号"的探测成果实现了计划的期望。此外，对于射电天文学来说，月球背面也是绝佳的观测场，因为这里完全不会受到地球电离层的干扰，可以让天文学家进行低频射电天文观测。着陆区上的低频电磁波频谱仪首次获取到太空低频与甚低频的电磁波信息。

名师讲堂：
潮汐锁定

　　在天文学上，"潮汐锁定"也被称为"同步自转"，指的是A天体环绕B天体旋转时，A天体的公转与自转周期在时间上相同的现象。也就是说，A天体在自转一周的同时，也刚好绕着B天体旋转了一周，因此在A天体上，"年"（公转一周的时间）和"日"（自转一周的时间）是相等的。这意味着B天体上的观察者总是只能看到A天体的同一面。月球便是一个典型的被地球潮汐锁定的天体，因此在地球上，我们看不到月球的背面。

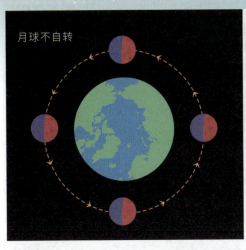
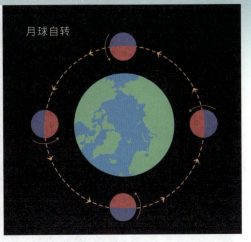

○ 由于潮汐锁定现象，月球永远只有一面朝向地球（左图为无月球自转的情况，右图为有月球自转的情况）

名师讲堂：
科幻电影《钢铁苍穹》

　　《钢铁苍穹》是芬兰、德国、澳大利亚联合拍摄的科幻电影，灵感来自德国在第二次世界大战失败前夕，纳粹党残余势力从南极洲的秘密基地逃往月球的都市传说。根据影片中的设定，盘踞在月球背面的纳粹党残余势力一直在秘密发展航天和军事科技，在"元首"科施弗莱茨的领导下，意图有朝一日反攻地球。在地球上的各个大国合力挫败纳粹党的阴谋后，各国又为争功爆发了核大战，使人类文明几乎瓦解。

　　"嫦娥四号"在 2018 年年底出发，2019 年 1 月 3 日成为人类第一个着陆月球背面的探测器，实现了人类首次月球背面软着陆和巡视勘察。为了确保"嫦娥四号"与地球之间的通信，中国还发射了一颗名为"鹊桥号"的中继卫星。直到 2020 年，"嫦娥四号"的着陆器与"玉兔二号"月球车仍然在月球背面辛勤地工作，做出新的科学发现。

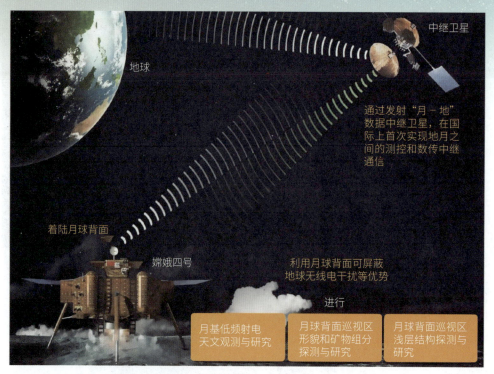

中继卫星

地球

通过发射"月－地"数据中继卫星，在国际上首次实现地月之间的测控和数传中继通信

着陆月球背面

嫦娥四号

利用月球背面可屏蔽地球无线电干扰等优势

进行

| 月基低频射电天文观测与研究 | 月球背面巡视区形貌和矿物组分探测与研究 | 月球背面巡视区浅层结构探测与研究 |

○ "嫦娥四号"探测器着陆月球背面（示意图）

2020 年 12 月，中国探月工程终于完成了第三步"回"。运用全新的"长征五号"运载火箭，"嫦娥五号"探测器成功飞抵月球，采集了 1731 克月壤标本，而后用返回器将这些标本送回地球。在时隔 44 年之后，人类终于重新采集得到了月壤标本。不仅如此，"嫦娥五号"的着陆地点，与当年"阿波罗计划"的登月地点距离都很远，采集的也是相对"年轻"的月壤，可以更好地揭示月球的起源和演化等重要的天文学信息。

延伸阅读：

火星探测，着眼人类未来

成功采集月壤标本并送回地球，并不是中国探月工程的终点。未来，中国可能还会发射更多的探测器。按照计划，"嫦娥六号"探测器将会在月球南极地区降落，采集月壤标本并返回地球。"嫦娥七号"和"嫦娥八号"可能会承担更多的科学实验任务，乃至在月球上逐步建立基地。

当代人类对太阳系的探测特点是：月球探测是起点、火星探测是重点、小行星探测是亮点、太阳系行星际穿越探测是难点。月球只是人类向太阳系的星辰大海挺进的前哨站。2020 年，中国的火星探测计划也迈出了关键一步。2020 年 7 月 23 日在文昌基地用长征 5 号火箭将"天问一号"火星探测器成功发射升空。按照计划，它将在 2021 年 2 月到达火星，5 月火星轨道器与火星车分离，火星轨道器对火星进行全球性与综合性探测，火星车对着陆区实施详细探测，以及轨道器与火星车的联合探测。

这是因为，尽管中国在可以预见的未来会实施载人登月计划，但即便如此，月球仍然不具备让人们长期居住的条件。而火星是一颗与地球有相似之处的行星，如果能够进行"地球化改造"，或者至少找到合适的火星城市建筑技术，便能够成为星际移民的首选。

地球存在两种潜在的威胁，一种来自自然界，如大型小天体撞击地球，全球性大面积火山爆发、海啸与地震等；一种是人类错误的行为，致使全球生态环境恶化与崩溃，全球大规模的核战争等。我们当然要保护地球的环境，因为这里是人类的起源和生存与发展的根基。但正如"鸡蛋不能放在一个篮子里"的道理一样，为了确保人类文明的存续，人类不应该只满足于在一颗行星上定居。相反，早已进入航天时代的人类，需要为某种将来可能出现的毁灭地球的事件做好准备。

人类势必会在 21 世纪里，迈出登陆火星继而在火星定居的第一步。面对这种显而易见的趋势，中国需要参与其中，因为它关系着全人类的福祉，也将是人类在太阳系中"开枝散叶"的起点。

思考：

本文对你有什么触动？你对探索月球有什么科学畅想？

○ 火星追梦

沈国舫：

中国工程院院士，林学及生态学专家。北京林业大学教授，曾任北京林业大学校长、中国林学会理事长，原任中国工程院副院长，第八、九、十届全国政协委员

○ 我们只有一个地球

扫一扫，
看专家讲座视频

沈国舫 院士：

生物多样性和生态保护地的建设

　　你还记得在动画电影《疯狂动物城》里，主题曲《尝试一切》第一次出现的桥段吗？当主角兔子朱迪听着这首歌，搭乘火车前往动物城闯荡的时候，她经过了若干个不同风格的区域，方才来到繁华的"市中心"，也因此见到了不同的动物"居民"：单峰驼正在荒漠区进行田径训练；极地动物在雪原区乘坐河流上漂浮的冰块上班；许许多多动物在雨中奔忙，让朱迪目不暇接……这一段令人兴奋不已的情节，其实正是地球生物多样性的写照。"生物多样性"，这个词对于人类到底有怎样的意义？为什么我们需要了解生物多样性？

　　地球并非由人类所独享，相反，作为迄今为止在地球上唯一建立起文明的智慧生命，人类，只是这颗星球的"新居民"。从我们生活的城市和乡村，到那些人类未曾涉足依旧保持着原始风貌的区域，许许多多的生物组成了看不见的网络。它们不断进行着能量的传递，也在塑造着地表的环境。

　　动植物为人类提供了生产与生活需要的诸多材料，以及发明创新的灵感；我们也已然知晓，物种的灭绝往往会如同触动多米诺骨牌，让千万年来通过演化形成的网络，发生或大或小的崩塌。既然如此，我们便需要确保那些同享地球的生命能够存续，使它们独特的遗传密码不至于失传，因为这不仅是在守护大自然的精彩，也是在守护人类文明的未来。让我们跟随沈国舫院士，领略人类认识"生物多样性"的历程，以及为保护生物多样性所做的努力。

什么叫"生物多样性"？

你可能曾在图书或者视频节目里，看到过"我们同享一个地球"或者类似的话。这句话的意思是说，地球并非只属于人类，也是诸多植物、动物，以及微生物的家园。

大约在 20 世纪 80 年代之后，生态学界逐渐形成了"生物多样性"（biodiversity）的概念，来表示生命形态的多样性。这个单词可以看作是词组"biological diversity"的缩略语，由英语中代表"生物的"这一形容词的前缀"bio"，与表示"多样性"的"diversity"组合而成。汉语采用"生物多样性"的译法，可以说与原文精准对应。

生物多样性包括了三个层次，分别是遗传多样性、物种多样性和生态系统多样性。在它们当中，物种多样性或许是较容易理解的一层，因为正是一个个不同的物种，占据了地球上不同的生存环境，并且组合成为生态系统。

物种也是生物分类的基本单位。我们该如何理解"物种"呢？举例而言，在北京市，很多地方会栽植油松作为绿化树，油松就是生物学上所说的一个"种"，这说明它与另外 些松树，如白皮松、华山

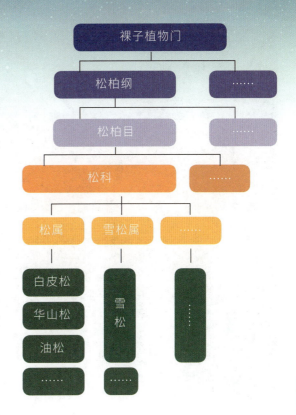

松是不同的。这些树都属于"松属"，而另一种常见的绿化树木雪松，则属于"雪松属"。松属和雪松属又都被归在"松科"之下，是 10 个属中的两个。在"科"之上，还有"目""纲""门"三个分类级别。松科属于"裸子植物门"，在这个大家族里，还有我们熟悉的银杏树。按照目前的分类方法，整个裸子植物门有 12 个科、71 个属、8000 多个种，油松便是其中之一。

裸子植物是种子植物中比较原始的类群；更为进步的被子植物，则大约有 25 万种。在被子植物中，有很多与我们日常生活密切相关的成员，如禾本科中的稻和普通小麦。除了裸子植物与被子植物，还有更为原始的蕨类植物、苔藓、地衣等，组成了比"门"这个级别更大的"植物界"。

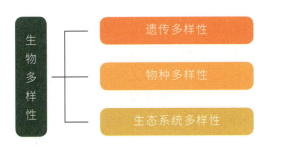

○ 油松

目前，生物学家已经描述了大约 40 万种植物和 150 万种动物，但这并不是地球上拥有的全部物种。每一年，世界各地都会发现大量此前不为生物学界所知的新物种，其中大部分是昆虫。计算机模拟测算表明，地球上可能总共有 870 万个不同的物种，而且大部分都还没有被生物学家发现和描述。这是因为，在人们很难到达的原始森林深处及海洋，特别是深海，一定隐藏着有待揭晓的秘密。

但 870 万也只是一个粗略的估算数据，其误差幅度高达 130 万。也有一些生物学家认为，地球的生物多样性远比这个数据丰富得多。

物种是生物分类的基本单位，同一个物种之内，也有丰富的遗传多样性，比如，在油松这个物种之下，就有红皮油松和黑皮油松等"变种"。根据生长点的不同，油松也会有一些遗传性质的差异，比如，山西省太岳山，就是油松的地理种源，或者说这个物种的原产地。在那里生长的油松，与栽植到国内各地的油松，就可能会有不同的遗传性质。经过长期人工栽培的农作物还会形成"品种"，我们熟悉的苹果，就被长年累月的人工选育，塑造出了样貌和口感各异的品种。

至于"生态系统"，则是比物种更为广泛和复杂的概念。比如，油松与其他一些乔木、灌木、草本植物及苔藓，组成了一片林地。林地中生活着多种动物，土壤里和动植物身上还生活着微生物；植食动物食用植物，又被肉食动物捕食；死亡的动物和植物被微生物分解，回归自然并滋养植物。这个物质与能量不断流动循环，便构成了生态系统。在地球上，不同的纬度、气候和地形塑造了不同的生态系统，这便是生态系统的多样性。

名师讲堂：
寒武纪生命大爆发

在距今 5.4 亿年前的寒武纪，地球上突然出现了各种各样的动物。今天动物界中所有的"门"，在这一时期都已经登场。这一切剧变，都发生在大约 2000 万年时间里；而在此前的地层里，几乎找不到这些动物的祖先。这次地球生物多样性突然跃升的事件，被称为"寒武纪生命大爆发"。迄今为止，它的发生机制仍然不明晰。

保护生物多样性为什么这么重要？

保护生物多样性，对于人类文明有着巨大的意义。因为生物多样性有三重价值：直接价值、间接价值和潜在价值。"直接价值"就是生物和生态系统为人类提供食材、药材和工业原料等生产和生活资料。"潜在价值"指的是自然界中实际存在，但人类还没有发现的使用价值。比如，某种树木的油脂可以制药，但一直不为人知，便属于潜在价值的范畴。

○ 爱护我们的家园

"间接价值"的内涵则比较复杂，可以理解为生物和它们参与组成的生态系统，对生态环境产生的影响和作用。比如，油松是某地森林生态系统的核心，而森林生态系统发挥了涵养水源、保持水土和防范风沙的功能。这些功能并没有直接服务于生产和生活，却又是人类文明不可或缺的，因此被视为森林生态系统的间接价值。

生态系统具有供给、调节、文化和支持这四大功能。它们可以为人类提供巨大的生态、经济和社会文化方面的效益。比如，森林生态系统不仅可以提供林业产品，还有固碳释氧、涵养水源、土壤保持、净化环境、养分循环、休闲旅游、维持生物多样性等方面的巨大价值。草原生态系统则是地球的"碳库"，也是天然的蓄水库和能量库。中国的草原生态系统储存了440.9亿吨碳，而黄河水量的80%、长江水量的30%和东北河流50%以上的水量，都直接来源于草原地区。湿地生态系统为全球20%的已知物种提供了生存环境，同时也是巨大的"储碳库"，占陆地生态系统碳储量的35%。中国的湿地生态系统贮存着大约2.7亿吨淡水，占全国可利用淡水资源总量的96%。

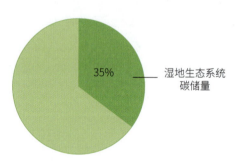

35%　　湿地生态系统碳储量

○ 陆地生态系统碳储量

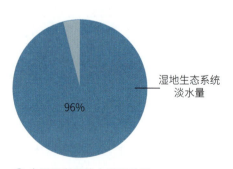

96%　　湿地生态系统淡水量

○ 全国可利用淡水资源总量

○ 生物多样性的直接价值之一：食物

○ 森林生态系统

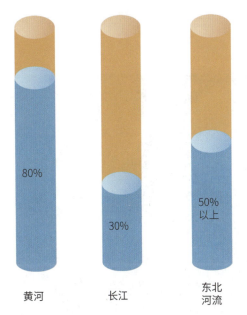

黄河   长江   东北河流

○ 黄河水量的 80%、长江水量的 30% 和东北河流 50% 以上的水量，都直接来源于草原地区

显然，保护生物多样性，就是保护人类文明存续的基石；相反，对生态环境的掠夺与破坏，其恶果最终也会由全人类共同承担。地球生物圈经过几亿年的不断演化，才形成现在绚丽多彩的生态系统，以及丰富多样的物种资源。人类为了维持自己的生存和发展，不得不干扰自然生态系统，改变它运行的状态，甚至破坏一些自然生态系统。这个过程，早在大部分人类结束纯粹的狩猎和采集生活，开始依靠农业或者牧业、渔业维持生存的时候，便已经开始了。随着人口数量不断增长，带给自然界的扰动也会越来越大。不过，人类对自然环境的开发必须有一定的限度，这个限度就是要保持全球生态系统的稳定平衡和丰富多样。

"稳定平衡"的含义，是指人类与生态系统之间的关系能够保持平衡，只有这样才有利于人类文明的发展。"丰富多样"的含义，则是要求人类尊重大自然与生命演化的规律。在地球的漫长历史上，自然环境的变化会让一些物种灭绝，也会诞生一些新的物种。人类并不应该因为自己的活动，加快物种灭绝的速度。

比如，大熊猫是中国特有的动物，大熊猫的生存面临挑战，是因为它缓慢的繁殖速度和独特的食谱。竹子能够提供的热量有限；而繁殖速度缓慢，意味着种群规模不易恢复。但导致大熊猫走向濒危的更重要的因素，是人类活动对它们栖息地的破坏。栖息地的萎缩，意味着大熊猫不容易得到充足的食物，甚至被置于猎杀的威胁之下。为了保护这种独有的动物，中国设置了一些自然保护区，以延缓并最终逆转它们消失的过程。这些保护工作，也连带着保护了其他一些生物。

保护的反面则是破坏。人类对自然资源不合理的利用方式，如过度放牧、滥砍滥伐、在不适宜农作的地区开垦农地等，都会造成生态系统退化。一些生态系统被破坏或者消失，可能会造成严重的问题，如物种灭绝，或是影响民生的自然灾害。幸运的是，人类已经逐渐意识到无止境的索取带来的消极后果，并开始行动起来，修复破损的生态系统。

在生态系统恢复的过程中，生物多样性的规律依然在发挥着作用。比如，人工造林时不能只选择一个树种，否则，某

○ 大熊猫自然保护区

中国为保护大熊猫投入了巨量的资源，但这种投入是完全值得的。因为，保护大熊猫的事业，并非仅仅保护大熊猫本身；或者从生态学的视角来看，大熊猫既是"旗舰种"，又是"伞护种"。

"旗舰种"是能够吸引公众关注的物种。它可以作为"明星物种"，引导人们关注生物多样性保护事业。

"伞护种"则是指物种对生存环境的需求，能涵盖诸多其他物种。通过保护某个物种，同时可以为其他物种提供"保护伞"。

在我国，对大熊猫的保护，已经使总共96种与其共享生存环境的哺乳动物、鸟类、两栖爬行动物受益，而且其中不乏重点保护动物。看似"专属"于大熊猫的资源，其实大多被用在了保护生物多样性方面。

一种病虫害就可以让一大片林地"全军覆没"。自然形成的森林往往包含了多种树木，它们共同支撑起了其他很多生命得以繁衍、生生不息的舞台。

○ 创造美好生态家园

如何撑起无形的"保护伞"

生物多样性使这颗星球拥有了丰富多彩的面貌。作为"万物之灵长"的人类，尽管创立了辉煌的文明，却也是地球生物圈的一分子。当物种大规模灭绝时，人类同样难以独善其身。因此，保护生物多样性，已经成为现代文明社会的共识。

保护生物多样性，可以通过三个主要途径：就地保护、异地保护，以及在生态系统培育经营过程中保护和促进生物多样性。这三种保护途径，与生物多样性三个层次的含义交织在一起。

○ 保护生物多样性的三个主要途径

"就地保护"是指，在生物形成一定的生物群落，进而形成一定的生态系统的原产地，对生物及其生存环境进行保护。专门用来就地保护自然生态系统，以及生活在其中的重要物种的地方，就被称为"自然保护地"。

就地保护当然是保护生物多样性的主要途径。但是，有时候，由于受保护的物种过于稀缺，或者在自然条件下面临生存困境，就地保护的办法难以尽快取得成效，甚至有可能无法保护目标。在这种情况下，就需要人为干预，用专门措施加以帮助，保障珍稀物种的生存和繁殖。这样的做法，被称为"异地保护"。我们熟悉的动物园和植物园，就是典型的、常见的异地保护生物多样性的专门场所。除此之外，还有一些更具科学内涵的生物多样性异地保护设施，如储存植物种子的种质资源库和专用苗圃。

中国对水杉的保护，就是异地保护的一个典型例子。水杉是中国特有的植物，植物学和古生物学界曾经认为它早已灭绝

了。这是因为，最早一批水杉出现在中生代的白垩纪，当时恐龙尚是地球的主宰。这些植物曾有过相当漫长的繁盛时期，踪迹几乎遍布北半球，但在最近的一次冰期中，绝大部分水杉树林都被摧毁。直到1941年，中国植物学家在今天的湖北省利川市谋道镇境内，发现了一小片从未见过的大树组成的树林。经过与化石的对比，方才证明它们是幸运地熬过冰期，孑遗至今的水杉。

水杉在自然界中，只在湖北省利川市、重庆市石柱县、湖南省龙山县才有零星的分布。如此狭窄的分布范围，意味着水杉随时可能因为下一次环境剧变而真正灭绝。因此，全国各地乃至世界上的很多植物园，都从中国引种了水杉，使这个物种得以扩散开来。即使自然界的生存环境消失，水杉这个物种仍然可以幸存下来。

至于第三个途径，"在生态系统培育经营过程中保护和促进生物多样性"，是对前两者的补充。无论是就地保护还是易地保护，其根本都是着眼于"保护"。但是，人类为了生存，总要培育经营一些自然生

○ 水杉

态系统，乃至创造一些完全是人工的生态系统，如农田、人工林、人工草场等。在这些人工打造的生态系统里，也同样不能忘记保持生物多样性。在农场里，人们设计了间作套种的农法，以及轮耕制度，来保持土壤的肥力。这实际上是通过不同的农作物，引入与之共生的微生物，依靠生物多样性的原理，为所有农作物营造出更好的生长环境。而在农作物育种时，农学家通常也会先培养出至少 20 个品系，再以无性繁殖的方式进行大规模的复制，以保证农作物品种不至于退化。这样的做法，也同样植根于生物多样性（遗传多样性）的原理。

不过，在这三个途径中，就地保护是最根本的一项。因此，为了保护生物多样性，很多国家都致力于建设以国家公园为主体的自然保护地体系，中国也是如此。

1956 年，中国在广东省肇庆市建立了第一个自然保护区——鼎湖山自然保护区，以保护当地的热带地带性原始森林。此后，全国各地陆续建立了各种自然保护地，包括自然保护区、风景名胜区、森林公园、湿地公园、草原公园、沙漠公园、海洋公园、地质公园、水利风景区、冰川公园、水产种质资源保护区、自然保护小区、自然或文化遗产、野生植物原生境保

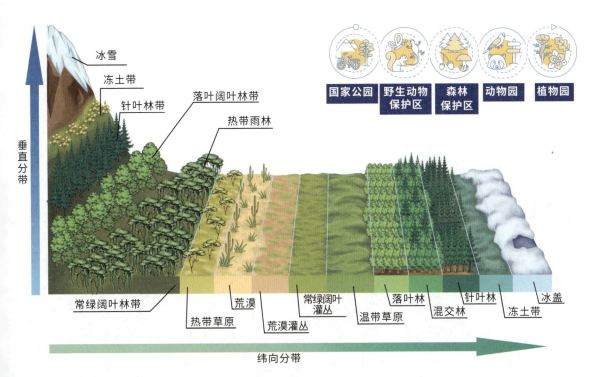

○ 保护生物多样性

护区或保护点等。到 2020 年，全国自然保护地的总数已经超过 11800 处，其中国家级的自然保护区有 3766 处。这些保护地的总面积，占中国领土面积的 18% 以上，领海面积的 4.6% 以上，超过了世界平均水平。

但由于生态保护中的理念局限，（行政层面）多头管理、缺乏顶层统一规划等原因，使得中国的自然保护地事业也存在许多缺陷。比如，自然保护地在布局上有重复或遗漏，保护地的产权和事权不够清晰，管理存在漏洞，对物种保护的宽严程度与客观实际不匹配等，都会影响自然保护地的工作成效。

我国早已觉察到自然保护地存在的诸多问题。因此，在大力倡导生态文明建设的政策中，把生态保护作为优先事项，并且特别提出要建立新的、更高层次的自然保护地——国家公园，引领中国自然保护

地体系的建设和发展。为此，中共中央办公厅、国务院办公厅于 2019 年 6 月发布了《关于建立以国家公园为主体的自然保护地体系指导意见》。这份文件将自然保护地按生态价值和保护强度高低，依次分为三个大类，第一类是"国家公园"，第二类是"自然保护区"，除此之外则归入第三类，统称为"自然公园"。这份文件也确定了以国家公园为主体、自然保护区为基础、各类自然公园为补充的自然保护地体系建设思路。中国的自然保护地建设从此翻开了新的一页。

国家公园是以保护具有国家代表性的自然生态系统为主要目的，实现自然资源的科学保护和合理利用。作为自然保护地体系的主体，国家公园会实施严格的自然保护，但同时又兼有观赏、体验、科学教育等方面的功能。

如今，中国已经公布了第一批试点建

○ 武夷山国家森林公园

○ 神农架国家森林公园

设的 10 个国家公园，分别是三江源国家公园、祁连山国家公园、大熊猫国家公园、普达措国家公园、南山国家公园、东北虎豹国家公园、神农架国家森林公园、钱江源国家森林公园、武夷山国家森林公园和热带雨林国家公园。它们分布在全国各地，发挥着保护当地独有物种或生态环境的职能。

　　但我们也仍然不能忽视，在有些地方，自然保护措施和当地或者附近居民的生产生活之间，还存在有待协调的矛盾。如何平衡生物多样性保护与人类生存和发展的需要，是我们要完成的课题。

思考：

本文对你有什么触动？
在力所能及的范围内，你可以为保护植物多样性做些什么？

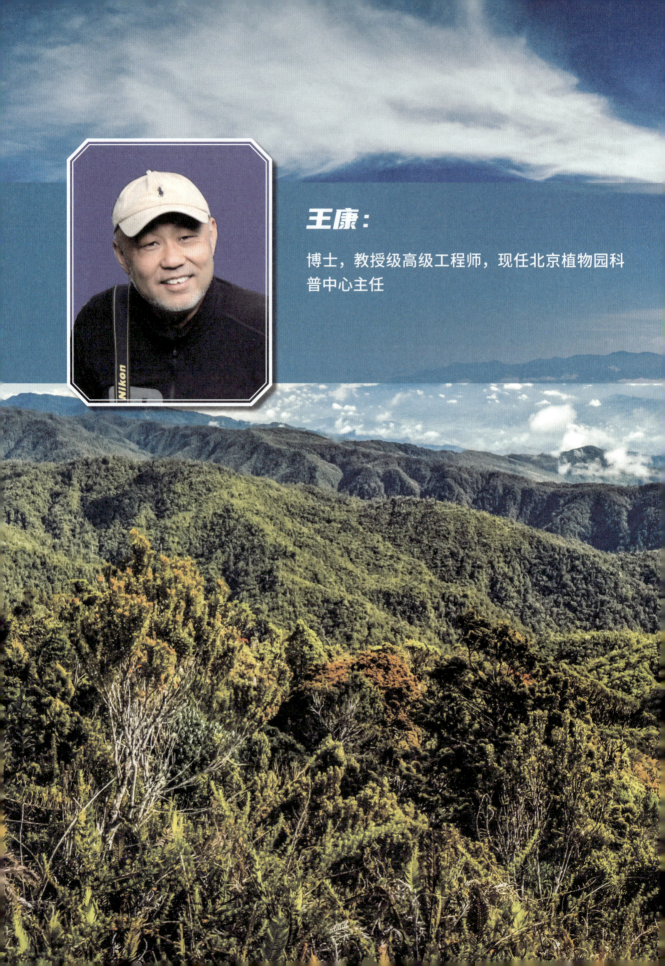

王康：

博士，教授级高级工程师，现任北京植物园科普中心主任

○ 各种蔬菜和水果

王康：
植物多样性保护迫在眉睫

扫一扫，
看专家讲座视频

　　我们经常听说，某种动物现在处于濒危状态，但是很少听说植物濒危。因为植物往往生命力强，只要有一颗种子、一根枝条甚至一个细胞就能繁殖，我们身边的植物也几乎无处不在，那为什么还会濒危呢？

　　就让我们随北京植物园的王康教授，一起走进色彩纷呈的植物世界，了解保护植物多样性有多重要！

植物多样性——人类赖以生存的基础之一

　　生物多样性是描述自然界中生命形式多样性程度的一个广泛的概念，是指一个区域中基因、物种和生态系统的总和。遗传多样性是指一个物种中基因的多样性，同一物种的种群和个体中基因存在变异，如同一种生物中个体有高矮大小的差别；物种多样性指的是物种间的多样性，也就是我们常说的生物种类的多少；生态多样性则是指更高的组织层次，包括森林生态系统、草原生态系统、荒漠生态系统、农田生态系统、湿地生态系统、海岸与海洋

○ 番茄的种类

生态系统，不同的生态系统为不同生物提供了相应的生存环境。

从植物学角度来说，正是由于丰富的植物多样性，让人类拥有丰富的粮食、水果、蔬菜、木材、饮料、衣物、药物等，构成了人类赖以生存的基础。

值得骄傲的是，我国是地球上生物多样性极为丰富的国家之一，有高等植物3万余种，仅次于巴西和哥伦比亚。我国高等植物中特有种最多，约17300种，占全国高等植物的57%以上。

不同的植物还构成了大部分生物赖以生存的环境，如热带雨林、热带稀树草原、亚寒带针叶林、寒带苔原、荒漠、亚热带地中海硬叶常绿林、温带阔叶落叶林、高山垂直植被带等。

保护植物多样性为什么这么重要？

保护植物多样性为什么这么重要呢？就拿我们的粮食来说，水稻的种子——大米，是我们常见的食物。很多人会说："现在我国常见的大米似乎已经可以满足大家的需要，保存几种高产的大米就可以了呀？"可是如果大米的基因都高度相似，那么遇到某一场灾难，或许就会全军覆没，这对人类来说无疑是巨大的隐患。

我们现在吃的水稻，祖先是野生水稻，起源于亚洲，已有近万年的栽培历史。但由于产量不高，野生水稻如今濒临灭绝。可是最近我们在它的基因中发现了隐藏的宝藏——耐气候变化基因，如果能把这些基因通过杂交挪到咱们的水稻上，那对于未来的人类无疑是巨大的福祉。可惜的是，近几十年来，野生水稻的数量逐年减少：

名师讲堂：
什么是生物多样性？

生物多样性指地球上所有生物（动物、植物、微生物等）它们所包含的基因，以及由这些生物与环境相互作用所构成的自然综合体（生态系统）。通常包括遗传多样性、物种多样性和生态系统多样性三个组成部分。

○ 看似常见的水稻，其实有很多种类

云南省景洪县 1964—1965 年有 21 处生长有野生水稻，而到 1978—1979 年只剩 7 处了；1978—1982 年进行的野生水稻全国普查发现，我国 300 多个县、1000 多个点分布着野生水

名师讲堂：
植物多样性的重要程度，可能远超你想象

很多植物都为现代医药提供了有效的成分，如阿司匹林来源于柳树中提取的水杨酸——乙酰水杨酸，还有紫杉醇也是从红豆杉中提取的。我们常见的甘草更是可以直接拿来入药。

某些植物还有改变历史的功劳。如金鸡纳树原产厄瓜多尔，欧洲殖民者到南美洲后，发现印第安人有秘密——当地的蚊子比欧洲多，按理说得疟疾的比例应该更高，可是他们却很少得疟疾。原来当地人有从金鸡纳树中提取金鸡纳霜，其含有可以治疗疟疾的奎宁。后来殖民者把金鸡纳树移植到环境相似的印度尼西亚，让这里变成了它的主要产区。清朝皇帝康熙就是靠金鸡纳霜，从疟疾中躲过一劫。

稻，然而，这 1000 多个点到现在已经消失了 70% 以上，现在残存的野生水稻面积也大大缩小。2011 年，海南普通野生水稻分布面积近八成四已消失，濒临灭绝。

和水稻类似的还有野生大豆。曾经中国人种植的大豆比全世界其他地区种植的总量还要多，并且拥有世界上野生大豆品种的 90% 以上。美国科学家利用中国的野生大豆与美国当时的品种杂交，培育出一批抗大豆萎黄病的优良品种，可以说我国的野生大豆曾挽救了美国的大豆产业。可是由于未加保护，现在我国野生大豆竟然变成国家二级保护植物。由于野生大豆在我国极为普遍，而且适应能力强，又有较强的抗逆性和繁殖能力，本来我们并没有特别关注对它们的保护，但在长期大量采挖及药用之后，野生大豆的植株急剧减少，现在已经有趋于灭绝的危险。我们怎么也没想到，当植被遭到严重破坏时，顽强的野生大豆也难以生存。

植物多样性是人类社会赖以生存和发展的基础，在生活方面，植物多样性为我们提供了食物、纤维、木材、药材和多种

○ 各种各样的马铃薯

原料。在生产建设方面，植物多样性还在保持土壤肥力、保证水质及调节气候等方面发挥了重要作用。

从地球的大环境来看，植物多样性在大气层成分、地球表面温度、地表沉积层氧化还原电位及 pH 值等调控方面发挥着重要作用。因为绿色植物是空气净化器，它们通过光合作用产生氧气，还能涵养水源、净化水质，给很多其他生物提供生存环境。

因此，植物多样性的维持，将有益于一些珍稀濒危物种的保存。

名师讲堂：
如果我们破坏了植物多样性，会发生什么？

我们会食之无味，衣食住行都会变得单调，物资匮乏；甚至，生态系统变得脆弱，物种减少，大量动物饿死，最终导致人类消亡。

○ 红豆杉

物种衰退和物种提早灭绝的真正原因不外乎有以下几种：原生环境的破坏和恶化、外来侵略物种、环境污染、人口增长、过度开发利用。如今，全世界物种消失的速度明显加快，就连看似生命力非常顽强的植物也不例外。国际自然和自然资源保护同盟所属保护监测中心估计，全世界有5万～6万种植物受到不同程度威胁，即约每5种植物中就有1种植物的生存遭受威胁。在我国，有15%～20%的高等植物处于受威胁或濒临灭绝的境地。

例如，百山祖冷杉，是我国特有的古老孑遗植物，素有"植物界大熊猫"之称，分布于浙江省丽水市庆元县海拔1700多米的山林中。因为百山祖冷杉结果周期很长，加上对环境要求极其严苛，往年就算采集到种子，也不一定能够成活。目前在自然分布区仅存林木五株，其中一株衰弱，一株生长不良。2020年，浙江大学专家成功

将三株人工繁育的百山祖冷杉幼苗回归原生地——位于浙江省丽水市庆元县的百山祖国家级自然保护区。此举为百山祖冷杉摆脱极度濒危状态创造了条件，标志着百山祖冷杉人工繁育的研究工作将进入新的阶段。

巧家五针松也是我国的濒危植物，它又名"五针白皮松"，于1992年被发表冠名，因为仅分布于云南省昭通市巧家县药山，因此被命名为"巧家五针松"。目前仅存39株，随时都有灭绝的危险，因此在1999年被列为国家一级重点保护植物，被录入《国家重点保护野生植物名录》，为此还专门建立了药山国家级自然保护区进行监测保护，2012年巧家五针松被列为全球极濒危100种物种之一。造成巧家五针松濒临灭绝的原因，一是在进化过程中

○ 福建柏

遭受了灾难性的环境地质事件，从而使得大部分地域的个体灭绝，加之巧家五针松材质坚硬致密，过去经常遭到砍伐，造成数量锐减。巧家五针松自身结果率也很低，造成繁衍困难。

我国极度稀有的珍贵植物是普陀鹅耳枥，野生成年树木仅存一株，生长在普陀山慧济寺西侧的山坡上，其开花结果受大风侵袭，致使结实率很低，经常是种子即将成熟时，受台风影响多而被吹落，更新能力极弱，树下及周围不见幼苗，已处于濒临灭绝境地。不过幸运的是，普陀鹅耳枥根系非常发达，具有耐旱、抗风等特性，雌雄同株，1978 年杭州植物园通过采籽播种，培育出 15 株小苗，1983 年普陀山林场、舟山林科所育出近百株小苗，让这种植物暂时脱离了灭绝的危险。

看似常见的植物，也正在遭受危险

白蜡属植物在我们身边非常常见，可是它们也正在遭受严重危害。有一种甲虫名为"花曲柳窄吉丁"，是白蜡属树木毁灭性的蛀干害虫，害虫严重时树皮爆裂，故名"爆皮虫"，甚至造成整株枯死，2003 年被列入我国林业危险性有害生物名单中。除了在北京市和山东省滨州市，以及辽宁省的一个地区未发现"花曲柳窄吉丁"，在其他省市的 13 个地区都发现有该害虫，而且在部分地区其危害已较为严重，有虫株率高达 90% 以上，虫口密度高达 230 头 / 株，并已出现部分白蜡树死亡。

槭树在城市里非常常见，可是有一种叫"五小叶槭"的槭树科槭属植物却濒临灭绝。它生长于海拔 2300 ～ 2900 米的疏林中，在 20 世纪 80 年代以前，国内外学者普遍认为该植物已经在原产地

○ 普陀鹅耳枥

○ 五小叶槭

灭绝。直到 1982 年，中国科学院成都生物研究所在进行横断山植物考察时，在位于四川省贡嘎山西坡九龙县的雅砻江支流九龙河边，意外地采集到一份五小叶槭标本。这一消失了近半个世纪的珍稀物种的重新出现，立刻引起了国内外植物学界和园艺学界的关注。目前，五小叶槭还剩下500 多棵，仅仅分布在川西 4 个县：雅江、木里、九龙、康定。可是，现在正在进行雅砻江水电项目，要修建 22 级水电站，如果项目按原计划进行，这些植物的大部分栖息地将被淹没。

另一种很常见的槭树——血皮槭也受到了威胁，中国是全世界槭树种类最多的国家，槭属植物超过了 140 种，约占全球的 75%，从地理分布上来看，槭属的植物主要分布在亚洲、欧洲、非洲北部、美洲等地区，但血皮槭只起源于中国，是中国独有的树种。本来这种植物非常常见，可是在 2004 年出版的《中国物种红色目录》中，它首次被列为我国濒危树种，有专家推测，如果在过去三个世代内野生血皮槭的减少原因还没有停止，那么其种群数量很有可能会减少 50%！

血皮槭的树干是十分显眼的肉红色或者桃红色，褪下的皮是一卷一卷的，像卷起的宣纸一般，不过这种年龄的血皮槭在中国十分少见，与部分人的乱砍滥伐有关。虽然血皮槭最突出的价值在于园林观赏方面，但由于其树皮具备良好的纤维，所以也可以用来造纸和制绳，再加之其木材坚硬，且树种具备代表性，用来制作名贵家具也是用途之一。据调查，野生血皮槭单株结实率极低，有些甚至不结实，就算结实种子空种的概率

植物园，植物的诺亚方舟

在《圣经》中有一个妇孺皆知的故事，上帝发下滔天洪水淹没了大地，大部分人和动物都被淹死，只有诺亚一家带着许多动物，为生命的延续保存了种子。在植物濒危时，也有这样的诺亚方舟来帮它们对抗灾难，这就是"植物园"。植物园是调查、采集、鉴定、引种、驯化、保存和推广利用植物的科研单位，同时兼任普及植物科学知识的任务，并为群众提供游憩的园地。世界上的植物园保存了8万～10万活着的物种。如今中国非常注重植物园的建设，在中国科学院、国家林业和草原局、住房和城乡建设部与生态环境部的支持下，由中科院植物园工作委员会联合中国植物学会植物园分会、中国公园协会植物园工作委员会、中国野生植物保护协会迁地保护委员会、中国环境科学学会植物环境与多样性专业委员会、中国生物多样性保护与绿色发展基金会植物园工作委员会及东亚植物园网络共同倡议，成立了"中国植物园联盟"，全面实行本土植物全覆盖保护（试点）计划。以各地区植物园为牵头单位，利用生物保护"工具箱"中的各种工具，探索我国植物物种保护的方法和有效途径，提高植物园保存本土植物的能力，最终实现本土植物的全覆盖保护。

○ 血皮槭

也极高。除此之外，血皮槭的生活环境也不好，除在山地顶灌丛群落中可能成为上层树种之外，在其他群落中几乎都处于群落结构的第二层，这也就意味着它争夺阳光的能力不足，本身的生长会受到一定的限制，尤其是植物成花的过程，会受到明显阻碍。

如今，人类活动使得很多植物的栖息地缩小并碎片化，加之人工选择的偏好，植物多样性在基因水平上受到威胁。在城市绿化中，个体数量很多，但大片的植物都是同一种，造成多样性贫瘠，对植物的资源利用方面造成了风险。

项目第 I 期（2013—2016）以西双版纳热带植物园、昆明植物园、桂林植物园、武汉植物园、南京中山植物园、沈阳树木园、植物研究所北京植物园和吐鲁番沙漠植物园这 8 个植物园为牵头单位，在对应地区开展本土植物全覆盖保护计划，通过进行本土植物受威胁等级评估、野外调查、针对性迁地保护、就地保护、科普教育等手段，确保本土植物不再有生态灭绝的危险。

项目第 II 期（2017—2019）将牵头单位扩展到 14 个，新增加华南植物园、庐山植物园、秦岭国家植物园、福州植物园、湖南省森林植物园和重庆南山植物园负责对应地区本土植物清查与保护。

○ 铁皮石斛

普通人如何保护生物多样性？

保护植物多样性其实并不难，只要你热爱生命，热爱自然；喜爱动物的同时，更要珍惜山林草原、湖泊海滨的野生植物；不要消费野生动植物产品，更不要购买非法采挖的野生植物，就可以对它们进行保护。消费珍稀植物不会让你更美，也不会让你更健康，相反，很多野生植物的内含物或者代谢产物会深深地伤害你，更为重要的是，这种行为会让你变得低俗无知；只有不打扰、不消费、不侵犯，最大限度地保持现状就是公众对生物多样性保护工作的支持。

○ 槭叶铁线莲

思考：

本文对你有什么触动？

在力所能及的范围内，你能为保护植物多样性做些什么？

刘嘉麒：

中国科学院院士，世界遗产中国专家委员会主任，中国科普作家协会荣誉理事长，地质学家

刘嘉麒 院士：

极地的奥秘与探索

○ 极地风光

扫一扫，
看专家讲座视频

　　在地球的两端，是气候寒冷、冰雪覆盖的极地世界。北冰洋是一片冻结的大洋，南极洲则是被厚厚的冰川覆盖的大陆。对于绝大多数居住在城市里的人来说，极地是完全陌生的世界。但那里发生的种种变化，却与人类的命运密切相关。

　　两极的冰川储存了地球上的大部分淡水，也让地球的海平面与海陆比例形成了今天的样貌。许许多多的关于环境保护的科普读物不断告诉我们，如果全球变暖导致两极冰川融化，海平面便会大幅上升，淹没世界各国繁华的沿海地带，毁灭很多对人类经济活动至关重要的城市，以及富庶的良田。我们需要采取措施防止这种足以导致人类文明倒退的危机，也要珍惜极地蕴含的科研和生物资源，因为它们是人类了解自然规律的窗口。

　　今天，我们在书籍和网络上随时可以查到各种关于极地的知识，从山岭的海拔高度，到北极熊和企鹅的生活方式，这背后都有一代代探险家和科研人员的不断努力。凭借发达的技术，人类似乎已经填补上地球表面所有的"空白"，但极地仍然有诸多秘密待探寻。让我们跟随刘嘉麒院士，一起揭开极地的神秘面纱。

地球两极，冰雪覆盖的世界

今天，普通人前往极地旅游，已经不再是遥不可及的梦想。但对于绝大多数人来说，北极和南极仍然充满了神秘感，是遥远的世界尽头。

○ 挪威——通往北极的路

早在公元前331年，古希腊人毕则亚斯就扬帆出海，开始了人类历史上第一次前往北极的探险。他从相当于今天法国马赛港的位置出发，穿过直布罗陀海峡后向北航行，抵达今天的冰岛附近（也有说法是挪威中部地区），目睹了极地风光后踏上归途，在公元前325年回到出发地。更早一些时候，古希腊哲学家亚里士多德在证明了人类生活在一个球体上之后猜想，南半球一定存在着一块巨大的陆地，方能与北半球的欧、亚、非大陆实现平衡。这块他猜想的大陆，便是直到1820年才被人类发现的南极洲。

名师讲堂：
大陆漂移假说

大陆漂移假说是尝试解释地球地壳运动和海陆分布、演变的学说。这一假说认为，地球上所有大陆，在中生代（始于距今2.52亿年前）以前曾经是一块统一的巨大陆块，称为"联合古陆"。在中生代，这块超级大陆开始分裂并漂移，逐渐到达现在的位置。这一学说被后世的研究者基于新的科学证据不断发展，演变为今天被广泛接受的地球板块构造理论和海底扩张学说。

极地的气候寒冷干燥，但在地球漫长的历史上，这里的样貌并非总是如此。1912 年，德国地球物理学家阿尔弗雷德·魏格纳提出了"大陆漂移假说"，认为地球上的各个大陆在远古时期并不在目前的位置；在距今 2.7 亿～ 2.2 亿年前的石炭纪时期，全世界曾经只有一块陆地，称为"联合古陆"，一片海洋，称为"泛大洋"。后世的研究者根据各种地理学、地质学和古生物学的证据，补完了魏格纳的理论，认为联合古陆首先分裂为北半球的劳亚古陆和南半球的冈瓦纳古陆，它们隔着特提斯洋（古地中海）对峙；

而后，这两块超级大陆继续分裂，并移至今天的位置。所有这些变化的背后，是地球的板块运动。

今天的南极洲曾是冈瓦纳古陆的一部分。它从冈瓦纳古陆分离出来之后，向南漂移到了今天的位置。而在北半球，北极附近形成了没有大片陆地的北冰洋。目前的研究表明，大约从距今 3600 万年前开始，南极洲便被冰雪覆盖；而直到距今大约 800 万年前，北冰洋才逐渐封冻。在这段时间里，地球经历了一系列冰期，全球气候的变化，决定了两极被冰雪覆盖的格局。

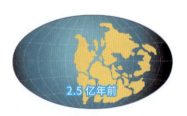

2.5 亿年前

○ 地球上只有一块大陆——联合古陆，以及一片大洋——泛大洋

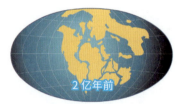

2 亿年前

○ 不断扩大的特提斯洋把盘古大陆分成了劳亚古陆和冈瓦纳古陆

1 亿年前

○ 冈瓦纳古陆分裂成非洲和南美洲，同时，南大西洋开始出现。印度朝亚洲方向移动

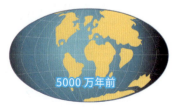

5000 万年前

○ 南极洲和大洋洲分裂。劳亚古陆分裂，北大西洋开始出现，北美洲远离欧洲，世界地图已经很接近现在的样貌

现在

○ 在地球 46 亿年的历史中，它无时无刻不在变化着。从盘古大陆到现在的七大洲、四大洋，板块运动彻底改变了地球的面貌，并且，这种变化现在仍然进行着

地球上 70% 的淡水都冰冻在南极洲，地球上 91% 的冰都储存在南极洲，南极大陆上覆盖着平均厚度达 2160 米的冰层。因此，如果全球变暖导致南极洲的冰川全部融化，就意味着全球海平面会大幅上升，淹没很多今天的沿海地带。由于人类排放二氧化碳等温室气体，导致地球温室效应加剧，这种情景令人忧心忡忡。

而对于地质学家来说，南极洲的冰层会给研究带来一些阻碍。当然我们不能融化所有的冰以便进行科研，地质学界通过遥感技术和地球物理探测技术等间接手段，了解冰层之下地貌的情况。冰层本身也可以成为气象学的研究对象，因为它们经历了极为漫长的岁月，蕴含着地球气候变化的诸多信息。在俄罗斯的南极考察站东方站，人们已经在冰层上打了深度超过 3600 米的钻井来获取冰芯，并通过它了解地球大气中各种气体成分的变化，反推出地球气候的演化规律。

听起来有些不可思议的是，南极洲还有活火山存在。在南极洲东北方的南设得兰群岛，大体呈"C"字形的欺骗岛（Deception Island）就是火山爆发形成的。在 20 世纪，欺骗岛的火山曾经在 1967 年、1969 年和 1970 年喷发。而今，这里的火山仍然在活动，地热会加热海水，使欺骗岛的海滩成为南极洲唯一的海滨浴场。

○ 欺骗岛

南极洲有不少活火山，较为著名的火山之一便是位于罗斯岛的埃里伯斯火山（Erebus Volcano）。它位于南纬 77° 35'、东经 167° 10'，处于南极圈之内，海拔 3794 米。科学考察记录表明，它在 20 世纪曾经多次喷发。至今，这座火山仍在活动，还有喷发的可能，也因此成为地质学研究的热门。

埃里伯斯火山因为新西兰航空 TE901 航班空难而闻名。TE901 航班是新西兰航空为南极洲旅游业开发的观景航班，采用道格拉斯 DC-10 宽体客机执飞。按照计划，飞机从新西兰克赖斯特彻奇（Christchurch，又译"基督城"）起飞后，按照特定航线飞往南极洲，在麦克默多湾（McMurdo Sound）等地低飞，使游客能饱览极地冰川景色，而后在当天返回出发地。飞机上配有专业的探险家作为导游，通过广播系统向游客介绍南极洲的风光特点和地标。

1979 年 11 月 28 日，第十四班 TE901 航班起飞前往南极洲。但在出发之前，航班的航线被临时改动过，将"绕过"埃里伯斯火山改为"飞越"，而两位飞行员未能发现这一细节。接近南极洲时，飞行员按照旅游线路规划降低飞行高度。但此时，他们并不知道埃里伯斯火山位于航线正前方，而且恰好遭遇了极地特有的"白蒙天"（White-Out）现象，即覆盖冰雪的火山、冰川与天空中的云层连为一体，使飞行员无法看到地平线。于是，偏航的飞机高速撞向火山，全体乘员无一生还。事后的调查表明，当时的航空理论对白蒙天现象缺乏了解，没有为飞行员进行有针对性的培训，飞行员也没有注意到航线调整的细节，这些因素共同导致了惨烈的空难。

北极虽然也是冰雪覆盖的世界，以至于称为北"冰"洋，但与南极洲相比，这里的冰其实并不算多，只有相当于南极洲的大约10%。现代遥感技术探测表明，北冰洋冰层的平均厚度大约是 34 米。而且，随着全球变暖，冰川融化，这个数据在近年来还有下降的趋势。不过，北极圈里有世界第一大岛格陵兰岛，这里也终年被冰雪覆盖，一些地方的冰层厚度超过 3000 米。因此，一些科研人员也会在格陵兰岛上打出钻井获取冰芯，进行地球气候演化方面的研究。

○ 空中俯瞰格陵兰朝霞

　　除了冰天雪地，极地重要的环境特征便是"极昼"和"极夜"。地理学上的两极地区，指的是北纬和南纬 66°34′这两条纬线，直到北纬和南纬 90°之间的区域。北纬和南纬 90°分别称为"北极点""南极点"，北纬和南纬 66°34′则分别称为"北极圈""南极圈"。人类选择这两条纬线作为极地的界线，因为它们是地球上能出现极昼与极夜现象的最低纬度。这两种现象，都是由太阳在地球上的直射点决定的。在地球环绕太阳公转一周的时间里，太阳直射点会在北纬和南纬 23°26′这两条纬线之间往返一次。每年的春分日和秋分日，太阳会直射地球的赤道；夏至日和冬至日，则会分别直射北纬和南纬 23°26′这两条纬线。

　　太阳直射点在哪个半球，哪一极就会出现极昼现象。每年春分日过后，北极点附近就会出现极昼。此后，极昼的范围会越来越大，到夏至日时达到最大，直至北极圈。夏至日过后，北极的极昼范围就会逐渐缩小，到秋分日完全消失。秋分日过后，南极附近开始出现极昼，此后南极的极昼范围会越来越大，到冬至日时达到最大，直至南极圈。冬至日过后，南极的极昼范围会逐渐缩小，到春分日时完全消失。简言之，因为地球南北半球的季节是相反的，所以当南极处于极昼的时候，北极就处于极夜的笼罩之下，反之也是如此。

　　亲历极昼和极夜是一种有趣的体验。在极昼的时候，太阳可以一整天处在地平线以上。也就是说，即使时间已经到了午夜，当地却仍然是白天。人们判断古希腊探险家毕则亚斯当年真的进入了北极圈，便是根据他的航海日志中"太阳落下去不久很快又会升起"的描述。而在极夜的时候，即使时间已经是正午，外面却仍然是漆黑一片，夜空中满天星斗。

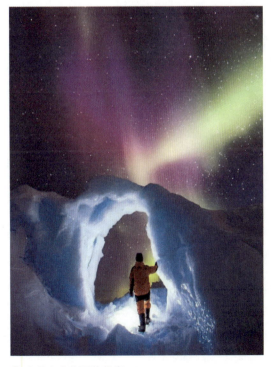

○ 南极上空绚丽的极光

自然乐土，冰原处处有生机

虽然被冰雪覆盖，北极和南极还是充满生机。天上的飞鸟，陆上的走兽，还有形形色色的海洋动物，都在极寒之地繁衍生息。此外，极地也生活着一些适应了寒冷的植物和微生物，它们与动物一起形成了自成一格的生态系统。

极地的动物大部分生活在海里，鸟类也都适应了海洋环境。北极的代表性动物无疑就是北极熊，南极则是企鹅。此外，南极洲周边的海域（南大洋）和北冰洋里，都生活着多种海豹。它们以鱼类和头足类软体动物（乌贼等）为食，也会被更强大的食肉动物，如北极熊和虎鲸捕食。

名师讲堂：
北极灰熊

2006年4月，美国猎人吉姆·马特尔在北极圈内的加拿大领土班克斯岛狩猎，打死了一头长相奇怪的熊。它通体白色，看起来像是北极熊，却有着怪异的棕色眼圈，背部也有不同于北极熊的褐色斑点，而且长着像灰熊（分布于北美洲的一个棕熊亚种）一样的长爪子，背部也像灰熊一样拱起，呈现出明显的肩峰。DNA测试表明，这头熊是北极熊与灰熊的杂交后代。因此，加拿大的野生动物保护机构将因纽特语中的北极熊（Nanuk）与灰熊（Aklak）两个词各取一半，以"北极灰熊"（Nanulak）来称呼这种熊。

DNA测试帮助马特尔逃脱了牢狱之灾，因为他只有猎杀北极熊的执照，而按照加拿大法律，无照猎杀灰熊会被判处一年有期徒刑并罚款1000加拿大元；但北极灰熊有一半的北极熊血统，所以他的狩猎执照仍然有效。动物学家则从这一事件出发，开始回溯历史上"看起来奇怪的北极熊"标本，发现北极灰熊曾经不止一次出现。这说明北极熊与灰熊的生殖隔离并不完整，一些动物学家甚至据此认为，北极熊应该被视为棕熊的一个亚种，而不是一个独立的物种。生态学家则为北极灰熊的出现感到不安，因为这说明北极冰川融化速度过快，造成北极熊捕猎困难，使它们被迫向低纬度迁徙来获得更多的食物，活动范围方才与灰熊产生了交集。

○ 准备开餐的北极熊

如果只看动物，两极的生态系统似乎差别不大；但南极和北极的植物分布，却有着巨大的差别。南极洲几乎没有裸露的土地，因此绝大多数植物都是苔藓、地衣等低等植物，能够开花的高等植物只有三种。而且，这些高等植物都分布在南极圈之外的"亚南极地区"；地理学意义上的"南极"地区，是没有开花植物分布的。但北极的情况大为不同，因为北极圈内有些地区不会终年结冰，所以在短暂的夏季，植物会从裸露的土壤中萌发出来。北极最典型的高等植物就是仙女木，这种开白花的灌木看似不起眼，却蕴含着地球气候变化的秘密。地质学和气象学界将地球处于全面寒冷的时期称为"仙女木期"，这是因为全球性的寒冷气候，会使仙女木的分布范围向低纬度蔓延，直到两条回归线之间的"热带"区域。

极地动物的生活和适应自然的方式，

○ 北极植物——仙女木

是动物学研究的重要领域。在北极，肉食动物除了北极熊，还有北极狐和北极狼。前往北极的科学考察队，常常能在营地附近发现北极狐，因为它们早已习惯了人类的存在，甚至懂得利用人类提供的资源。有经验的自然摄影师如果看到北极狐出现在营地附近，就会从帐篷里向外面扔出面饼或者香肠，把它们引诱过来，以便拍下清晰的照片。

○ 北极狐

○ 帝企鹅

南极生活着多种企鹅，体形较大的便是帝企鹅。它们如同企鹅中的"贵族"，在南极大陆的冰原上成群结队地生活。当帝企鹅要繁殖后代的时候，每一对企鹅便会进行分工合作。雌企鹅产蛋之后，会迅速将蛋交给雄企鹅。雄企鹅则用腹部和双脚包裹住这颗蛋，将它与寒冷的冰原隔离开来，并以腹部的温度进行孵化。与此同时，雌企鹅会潜入海中捕食，以弥补准备产蛋期间几乎停止进食损耗的能量，并在腹中储存足够多的食物，喂给在冰原上为孵蛋一动不动的雄企鹅。这种为适应极地环境演化出来的独特生活方式，可以最大限度地保证雏鸟的生存。

对于人类来说，环绕南极洲的海洋可以提供丰富的生物资源。南极磷虾的总数可能有数亿吨之多，是远洋渔业的捕捞对象，被誉为"人类未来的食品仓库"。在不影响生态平衡的情况下，人类理论上每年最多可以捕捉大约 600 万吨磷虾，而实际的捕捞量要远低于此。磷虾也是体形巨

○ 往南极水域迁徙的鲸

大的须鲸的食料，这些海洋中的"巨人"食道狭小，难以吞咽大块的肉食。因此，它们选择了鲸须滤食的生活方式，将大群磷虾和海水一起吞下，而后闭嘴排出海水，再将被鲸须挡住的磷虾吃进肚子。

除了各种须鲸和齿鲸，环绕南极洲的海洋里还生活着其他多种海洋哺乳动物。在历史上，人类曾经对这些极地哺乳动物进行了掠夺性的猎杀，以获取油脂、皮毛、骨骼及肉食。同样的情况也发生在北冰洋，

流传到今天的很多反映极地生活的画作和照片，都展示了当年的捕鲸者和猎人远涉重洋来到极地，只为猎杀这些曾经与世无争的海兽的情景。随着动物保护和生态平衡理念的传播，商业捕鲸已经被世界上大多数国家所禁止；捕猎海豹等其他海兽的行为，也因为残忍、血腥而且破坏它们的种群而广受诟病。尽管猎杀行为已经得到遏制，但考虑到海兽缓慢的生命节律，它们的种群恢复还需要漫长的时间。

名师讲堂：
游戏中的灰暗未来

2000 年出版的模拟经营计算机游戏《铁路大亨2：21 世纪》，最后 4 个关卡就畅想了海平面上升带给人类的灰暗未来，也展现了南极洲存在丰富的矿产资源，有可能在未来拯救人类的事实。在该游戏中，人类在西班牙马德里建造了前所未有的巨型地热电站，运用地热能发电抽干地中海的海水，将地中海变为适合居住的盆地。但一伙恐怖分子炸毁了地热电站，大量失控的地热能迅速散逸，使两极冰川在半个月时间里几乎全部融化。虽然抢险团队将赶制的水泥抢运到马德里覆盖地热电站残骸，阻止了地热能的散逸，但欧洲的大部分地区都已经被淹没，"地中海盆地"也重新变为海洋。大批沿海城市毁灭和全球性的饥荒，使人类文明倒退回蒸汽时代。旧大陆的幸存者涌入非洲的高原地区争夺为数不多的食物，美国也陷入无政府状态。在全球一片混乱之时，冰雪融化的南极洲成为最后的希望，人类"再工业化"的起点。但没有人知道，走出这一步究竟是人类文明的重生，还是在滑向更黑暗的深渊。

人类希望，冰雪之下有资源

尽管凭借现有的技术很难进行开采，但两极的冰雪之下，确实蕴藏着地球上最后一批矿产资源。极地犹如巨大的聚宝盆，将一份巨大的资源暂时封闭起来。如果两极冰川融化这种极端的情况在未来发生，南极冰层之下的资源便会成为人类幸存者重建文明和"再工业化"的希望。

按照目前的地质学理论，地球上人类尚未发现的石油和天然气还有四分之一左右，大多分布在北极圈里。仅仅是在北美洲位于北极圈里的部分，可能就有500多亿桶可以开采的原油和8万亿立方米的天然气（一标准桶石油为42加仑，大约是159升，质量约为137千克）。俄罗斯不久前在北极圈里发现了储量高达8000亿立方米的天然气田。此外，北极还有很多的煤炭资源，北冰洋底也沉睡着大量的可燃冰（天然气水合物）。

北极地区著名的煤矿之一，位于挪威的斯瓦尔巴德群岛（又译"斯匹次卑尔根群岛"），北纬78°13′，东经15°33′的朗伊尔城附近。朗伊尔城是世界上最北端的城市，距离北极点仅有大约1300千米。人们最初建立这座城市的目的，就是为了开采当地的煤炭。而对于地质学界来说，朗伊尔城的煤炭可以作为"大陆漂移假说"的一个证据，因为煤炭是史前时期的树木死亡之后，被埋在地下经过漫长的时间转化而成；但今天的朗伊尔城周围极为寒冷，

○ 北极的种子化石

是没有树木生长的。所以，这里能够拥有煤矿就只剩下一种解释：在几千万年前，甚至上亿年前，斯瓦尔巴德群岛并不在目前的位置，而是在纬度低得多的区域。只有这样，足以转化为煤田的茂密森林才有可能存在。在斯瓦尔巴德群岛漂移到目前位置的过程中，死亡的树木逐渐煤化，最终成为今天可供开采的优质煤矿。

朗伊尔城的常住人口大约有800人；在适合科学考察的夏季，来到这里的科研人员和游客，可能会让城市中的人口翻倍。但考虑到朗伊尔城所处的位置，它能容纳这么多人定居，已经是很了不起的成就。而如果以北极圈为界，北极圈里人口过万甚至超过10万的"大城市"也不罕见，这与没有常住人口（仅有各国科研人员）的南极洲是完全不同的。目前，世界上有大约200万人常年生活在北极圈里，除了因纽特人等极地原住民，这些人当中还有矿工、渔民、军人、科研人员和现代城市中从事种种服务业的人士。

○ 俯瞰斯瓦尔巴群岛（摄影 / 徐可意）

即使是在朗伊尔城这么偏远的地方，各种现代社会的服务设施也一应俱全。这里有杂货店、邮局、教堂、轮渡码头和机场，甚至拥有大学。这里的大学有 200 多名师生，教师从 20 多个国家选拔而来，学生也是从世界各地选拔入学。由于生活资源极为有限，这里的大学对人才只能优中选优，并因此汇集起了有志于极地科学研究的精英。

近年来，随着全球变暖的加剧，以及世界上容易开采的化石燃料（煤炭、石油、天然气等）逐渐枯竭，北极周边国家开始了对极地航线和矿产资源的争夺。北冰洋本质上是一片封冻的海洋，如果全球变暖使冰层融化或者减薄，有一定破冰能力的轮船就可以在夏季进行穿越北冰洋的航行。很显然，这样的前景对一些国家非常有利，如俄罗斯，因为俄罗斯的领土东西跨度极大，在欧洲和亚洲部分领土之间转运大宗物资却只能依靠陆路，或者让轮船绕过整个欧亚大陆，走出一个巨大的半圆。

与此同时，美国、加拿大、丹麦、挪威等北冰洋周边国家，也都对北极的部分地区提出了主权要求。随着冰层融化，极地勘探增加，各国未来对北极地区资源的争夺将会更为激烈。

南极洲也拥有丰富的矿产资源。目前，人类已经在南极洲发现了220多种矿产资源，包括铜、铅、锌、铝、石墨、金刚石，以及石油等。但根据《南极条约》，所有国家对南极洲的主权要求都已经被冻结。

现代意义上的极地探险开始于18世纪后期，但此时正值中国衰落的开场，因此中国曾经长期缺席人类了解极地的历史进程。第一个转机发生在1925年，北洋政府代表中国签署了《斯瓦尔巴德条约》。这项条约在承认挪威对斯瓦尔巴德群岛拥有主权的情况下，允许所有缔约国的公民自由出入这一群岛，在不违反挪威法律的情况下进行生产、经商和科研等活动。时至今日，中国公民仍然享有这一条约规定的权利。

名师讲堂：
康有为的北极之旅

科学史研究者一般认为，第一个到达北极圈内的中国人，是中国清末"戊戌变法"的干将康有为。1898年变法失败后，康有为在世界各地流亡了15年之久，其间就曾在北极圈内游历，到过斯瓦尔巴德群岛等地。1908年6月22日（夏至日），康有为与女儿康同璧来到斯瓦尔巴德群岛中的那岌岛，并写诗记述这次旅行。他在诗前的序言中写道："夜半十一时泊舟登山，十二时至顶，如日正午……视日稍低如暮，旋即上升，实不夜也，光景奇绝。"这段关于极昼的传神描述，是康有为曾经游历北极的有力证据。

新中国成立特别是改革开放之后，很多中国的科研人员和探险家都曾前往两极，进行考察和研究活动。1983年，中国正式加入了《南极条约》，参与到国际社会对南极洲的科学考察之中，又在1985年成为《南极条约》的协商国。今天，中国已经在南极洲建立了长城站、中山站、昆仑站和泰山站四座科学考察站，并且正在恩克斯堡岛建设罗斯海新站。这些考察站的存在，会对中国提升南极科学考察水平、推动国际合作、保护生态环境方面产生积极的影响。

○ 长城站全景

思考：

本文对你有什么触动？

如果你前往南北极进行科学考察，会做哪些准备？

你对南北极资源的保护和开发有哪些看法？

丁一汇：

中国工程院院士，天气与气候学家

○ 冰川融化加剧

丁一汇 院士:
全球气候变化带来的启示

扫一扫,
看专家讲座视频

地球有着 46 亿年的漫长历史。自从地球诞生以来,它的气候发生过多次令人难以想象的巨大变化。极端的气候塑造了地球地表的形态,也让地球生物圈"重新洗牌"。但人类活动同样也会让地球气候产生变化。从工业革命开始,化石燃料被大规模使用,人类已经向大气中排放了过多的二氧化碳和其他一些温室气体。技术的不断进步在改变人类生活的同时,也在改变着人类的家园。面对全球气候变化的挑战,世界各国都需要寻求让文明可持续发展的解决方案。让我们跟随丁一汇院士,领略全球气候变化的图景。

地球的气候在不断变化

地球是人类和其他许许多多生命共同的家园。如果回溯过往,我们可以发现,在遥远的史前时代,地球的气候曾经与现在大相径庭。

大约在距今 6 亿年前,地球上曾经发生过被称为"雪球地球"的事件。这是因为,地质学家们注意到,在对应距今 6 亿年前这个时间段的地层里,总能找到冰川沉积物,好像它们在地球上无处不在。而另一些研究显示,发现这些沉积物的地方,

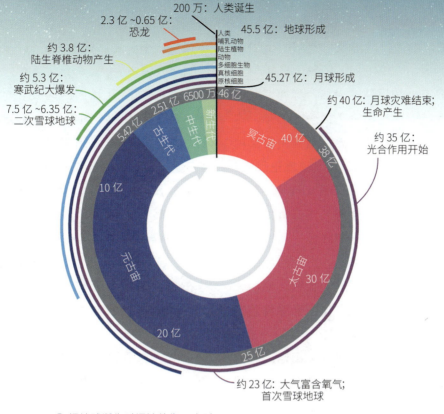

200 万：人类诞生

2.3 亿 ~0.65 亿：
恐龙

约 3.8 亿：
陆生脊椎动物产生

约 5.3 亿：
寒武纪大爆发

7.5 亿 ~6.35 亿：
二次雪球地球

45.5 亿：地球形成

45.27 亿：月球形成

约 40 亿：月球灾难结束；
生命产生

约 35 亿：
光合作用开始

人类
哺乳动物
陆生植物
动物
多细胞生物
真核细胞
原核细胞

251 亿　6500 万　46 亿

542 亿

古生代　中生代　新生代　冥古宙　40 亿　38 亿

10 亿

元古宙

太古宙　30 亿

20 亿

25 亿

约 23 亿：大气富含氧气；
首次雪球地球

○ 把地球诞生时间浓缩为 1 小时

当时正处在热带甚至是赤道附近。在今天的热带地区，只有海拔数千米高的山岭，如"非洲屋脊"乞力马扎罗山，才有可能出现冰川。换句话说，如果地球的热带地区甚至赤道上冰川随处可见，那么当时全球气温一定是很低的。一些模拟计算表明，当时的地球平均气温达到−50℃，即使在赤道地区，平均气温也才−20℃，与今天的极地相当。所以，此时的地球完全被冰雪覆盖，从太空中看去如同一个巨大的雪球。

名师讲堂：

乞力马扎罗山

　　乞力马扎罗山位于坦桑尼亚东北部，是坦桑尼亚和肯尼亚的分水岭，它是非洲最高的山脉，也同时是火山和雪山。由于海拔较高，虽然山脉位于赤道与南纬 3°之间的热带地区，但山峰顶部仍然存在积雪。整个乞力马扎罗山由基博、马温西和希拉这三座死火山组成。位于中央的火山乌呼鲁峰，海拔 5895 米，是非洲的最高点。

"雪球地球"的形成，要归因于地球的板块运动。在距今 11 亿～7 亿年前，地球上只有一块巨型的大陆，称为"罗迪尼亚超大陆"。在距今 7 亿～6 亿年，这块超级大陆逐渐解体，分裂过程中露出地面的岩石，与空气中的二氧化碳发生反应，形成了碳酸钙（灰岩）和二氧化硅（石英）。这样，地球上重要的温室气体二氧化碳急剧减少，使全球气温逐渐降低，冰川开始从极地向低纬度地区蔓延。白色的冰川会将阳光的大部分能量反射回太空，使地球得到的能量更少，进一步加剧全球降温的局面。最终，冰川覆盖了整个地球。

不过，此时的地球尚有火山活动。火山喷发将大量二氧化碳排放到空气中，使空气中的二氧化碳浓度达到了今天的 350 倍。而温室效应能够抗衡冰川反射导致的能量损失，最终使冰川开始融化。随着地球"解冻"，生命随即走上了演化的"快车道"，不久之后便发生了著名的"寒武纪生命大爆发"。

而在更接近我们的时代，地球的气候也与今天相当不同。从距今 6500 万年前，也就是白垩纪结束开始，地球气温曾在大约 1000 万年的时间里不断攀升。到距今 5500 万年前，第三纪从古新世向始新世转变的时期，全球变暖的状况达到了顶峰。当时，全球气温可能升高了 7～9℃，在今天极圈之内的陆地上，也分布着温带甚至亚热带气候的森林。全球性的气候异常造成了生物圈的又一次大规模"洗牌"，一些从恐龙时代残存下来的古哺乳动物最终被淘汰。研究表明，这一次"地球极热事件"的原因，是火山大规模爆发导致的二氧化碳浓度激增。虽然地球生物圈历尽波折又恢复了平衡，但生物圈的成员和样貌已经发生了巨大的变化。

名师讲堂：寒武纪生命大爆发

距今大约 5.42 亿～5.3 亿年前，全世界在不到 2000 万年的时间里，突然出现了门类众多的动物化石；而在早期更为古老的地层中，却无法找到属于它们祖先的化石，这一现象被称为"寒武纪生命大爆发"，是古生物研究的一大"悬案"。今天动物分类体系中所有的"门"一级的单位，都已经在寒武纪生命大爆发中诞生。

古气候时期划分分类英文名称与时段（仅供参考）

分类	时段
PETM：地球极热期	5500 万年左右
EOCENE：始新世	5500 万～5000 万年前
Oligocene：渐新世	3300 万～2300 万年
Miocene：中新世	2200 万～800 万年
Pliocene：上新世	550 万～250 万年
Pleistocene：更新世	250 万～1.2 万年，含末次冷期至末次间冰期
Younger Dryas(YD)	1.1 万年前后
Holocene：全新世	1 万年至今

名师讲堂：
盖亚假说

　　丰富多彩的生命占据了地球的各个角落，也成为地球气候的影响因子。英国环境科学家詹姆斯·洛夫洛克曾经提出了"盖亚假说"，将地球视为一个超级生命体，如同古希腊神话中的大地母亲"盖亚"。按照这种理论，生命与环境之间的相互作用，创造出了一个稳定的、能够自我调节的系统。地球上的生物多样性程度越高，抵御外界干扰的能力就越强。

　　随着计算机技术的进步，洛夫洛克用一个名为"雏菊世界"的模型来演示自己的理论。在这个如同地球镜像的世界里，生长着耐低温但不喜高温的黑色雏菊与耐高温但不喜低温的白色雏菊。两者对恒星能量的吸收和反射，使这颗星球的气温维持在大体稳定的范围之内。此后，尽管食物链、食物网逐渐复杂，星球上也发生了自然灾害，但生物圈在经过扰动之后仍然能恢复元气。只有某种不断破坏生物圈，超出其自我恢复能力的力量，才会最终使这颗星球的变暖趋势无法扭转，而这正是地球面临的潜在危机。

我们今天生活的这个时代，如果按照地质学的说法，叫作"新生代第四纪"。它开始于距今大约 258 万年前，此时原始的人类早已经出现在地球上。第四纪可以划分为更新世和全新世，前者占据了绝大部分时间。更新世是地球史上冰川活动非常活跃的时期，也是距离现代最近一次大冰川期。在更新世，冰川活动在冰川期和间冰期之间不断演替，前者指的是冰川向低纬度蔓延，后者则是指冰川消融，曾被冰雪覆盖的地区回暖。

塞尔维亚气候学家米留廷·米兰科维奇（Milutin Milankovi）曾经提出过一种理论，试图解释天文因素对地球冰川活动周期的影响。地球绕太阳运行的椭圆轨道，其偏心率有着大约 10 万年的变化周期，也就是让椭圆"扁一点"或者"圆一点"，

并因此影响冰川的消长。在 10 万年的大部分时间里，北半球高纬度地区在夏季难以得到足够多的阳光，冬季的冰雪便可以逐渐累积成冰盖；但在某些特定的时刻，两种周期的叠加会使北半球高纬度地区在夏季得到格外多的阳光，从而使冰川在数千年时间里融化。

但仅仅是地球公转轨道偏心率变化等一些天文学因素，并不能让地球气候发生如此巨大的变化。前往南极洲考察的科学家，发现了可以研判最近 40 万年甚至 80 万年间大气成分的方法，那就是"钻探冰芯"。在俄罗斯的东方考察站，科学家们向冰下钻探了大约 300 米，通过取得的冰芯，他们发现地球冰川的消长，与二氧化碳浓度的变化，存在很大的关联性。如果进行更深的钻探，获取距今 80 万年前的

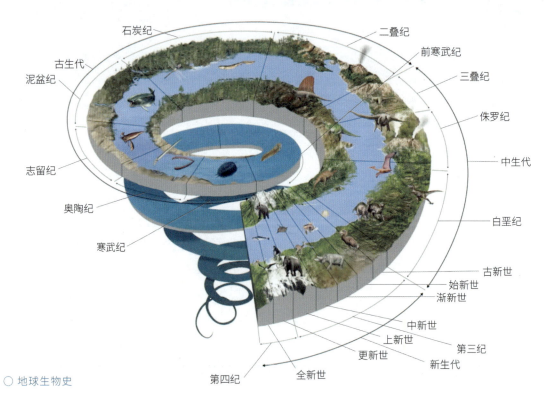

○ 地球生物史

数据，结果也大体是一样的。每当二氧化碳浓度增加的时候，地球气温上升便会使冰川消退。

地球气候的演变，会受到许多因素的影响。而多个学科的研究结果都表明，二氧化碳等温室气体是主要因子之一。大气中二氧化碳的浓度，与全球气候变化有着密切关系。如今，地球上海洋环流的格局，使得现代地球气候对二氧化碳的浓度更加敏感。

全新世时期重大事件	
	气候最佳期（Climate optimum）距今 7500 ～ 3000 年前
	中世纪温暖期（Medieval climate optimum）公元 1000 年左右（950 ～ 1300 年）
	小冰期（Medieval warm period）公元 1300 ～ 1900 年（以 14 世纪、16 世纪与 18 世纪 3 个冷期为代表）
	现代暖期 公元 1750 年开始至今

工业革命导致物种灭绝？

距今 1 万年之前，人类在全新世开始之际建立起文明。此时，人类活动还难以让地球大气中二氧化碳的浓度发生很大改变。大气与天文因素的综合作用，带来了与史前时代相比幅度并不大的气候变化，却足以决定人类的祸福。

通过史书上关于生活方式和自然灾害的记载，我们可以看到这 1 万年间仍然发生了一些小规模的气候波动。距今 7500 ～ 3000 年前，是一段被称为"气候最佳期"的舒适岁月，大部分人类在此时转向了农耕和畜牧，用这些新的生产方式养活更多的人口。公元 1000 年左右，被称为"中世纪温暖期"，农耕文明得益于缓和的气候而繁荣。但在 14 ～ 18 世纪间，地球上曾经发生过三次小冰期，由此导致的食物短缺引起了一些社会动荡。不过，在 18 世纪之后，小冰期渐行渐远，人类在"现代暖期"中开始发展工业文明。

此后，对繁荣的渴望，使人类将自己置于危险境地。工业革命以来，各行各业对化石燃料的巨大需求，使大量二氧化碳被排放到空气中，成为足以影响气候的因子。对古气候的研究表明，在更新世的大冰川期开始之前，地球的平均气温要比工业革命之前高约 1.5℃，这也是第四纪的平均气温峰值。但是现在，地球的平均气温已经比工业革命之前高大约 1.2℃，而这种剧变是在相对于地球历史可以忽略不计的时间里发生的！

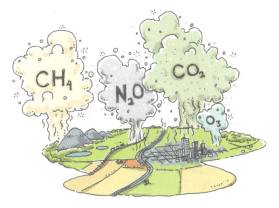

○ 大气中的温室气体

　　随着技术的发展，人类活动对地球造成了越来越大的影响，以至于成为塑造地质环境的力量。因此，一些科学家主张，第四纪的全新世其实已经结束，地质学界应该划分出新的"人类世"，以说明人类活动带给地球的变化。

　　"人类世"的起点存在多种不同的观点。一些科学家认为起点应该从人类掌握原子能算起，因为人工制造的核反应与核废料，会在地层中留下痕迹。另一些科学家则认为，起点应该从蒸汽机的发明（或实用化）算起，因为人类从这时起开始大量使用化石燃料，产生了惊人的温室气体排放，改变了地球的气候并使一些物种因此灭绝，同样会在地层中留下痕迹。

　　历史课本上将蒸汽机的发明作为（第一次）工业革命的标志。蒸汽机是燃煤并产生动力的机器，它让人类的工业生产和陆地、海洋交通都步入了机械化时代；但与此同时，蒸汽机的效率是很低的，因为它需要先将水加热为蒸汽，再以蒸汽驱动机器，能量的二次转换会导致相当的损失。

　　蒸汽机的普及，意味着大量煤炭被消耗，却只有很小一部分真正转化为动力，大量的二氧化碳则被排放出来。而煤是史前时期的植物在地下经过漫长的地质作用转化而来。因此，燃烧煤炭意味着将史前植物"封存"的二氧化碳在今天释放，令大气中的二氧化碳浓度急剧增加。不仅如此，燃煤也排放出其他一些污染物，导致空气质量的恶化。今天，煤炭仍然是重要的燃料。很多火力发电厂需要燃烧煤炭驱动蒸汽轮机，再带动发电机产生电能，一些船舶、采暖锅炉和家用的烹饪炉具也使用煤炭。

　　在蒸汽机之后，效率更高的内燃机得以诞生。内燃机的用途更加广泛，它们以天然气和各种石油制品作为燃料。而石油和天然气同样也是史前生物经过地质作用转化得到的，像这样的燃料，被统称为"化石燃料"。点燃它们获取能量，就需要承担释放史前积存的二氧化碳的代价。

目前，如果需要运输对时间相对不敏感的大宗货物，远洋货轮是极为廉价的方式。常见的远洋货轮大体可以分为散货船、集装箱船和油轮，但用来运输服装、玩具、罐头食品等货物的集装箱船，会产生惊人的碳排放。

对于全球货运体系来说，远洋货轮特别是集装箱船有着无法替代的地位。但在降低碳排放方面，它们也最难找到可以替代化石燃料的能源。大部分现代远洋货轮都使用从石油中提炼出来的重油，而且一次加油就需要航行数千甚至上万海里（1 海里 =1.852 千米）。相比之下，目前最先进的纯电动重型卡车可以在空载情况下行驶大约 1000 千米，而且在陆地上并不难找到充电站，海上却没有这样的条件。

显然，像火车和汽车那样采用电能驱动来降低碳排放，对于远洋轮船来说并不现实。目前比较有希望的解决方案是研制以酒精或沼气为燃料的船用轮机。这是因为，酒精可以用植物转化，沼气则通过发酵有机垃圾和粪便等废弃物获得，都属于可再生能源。而且，由植物转化而来的燃料，在燃烧时只会释放出植物活着的时候固着的那一部分二氧化碳，不会产生"额外的"碳排放。研制用高科技武装的现代帆船，则是一种遥远但颇具吸引力的解决方案。这些帆船拥有不输给轮船的航速，航行过程中却不会产生碳排放。而在这些技术实用化之前，一些远洋货轮上已经部署了大型蓄电池，它们以储存船用发电机产生的电能，使发电机不必一直运行，从而减少轮船轮机的碳排放。

简而言之，从工业革命开始直到现在，对化石燃料的大规模运用，撑起了人类的工业文明。随着人口数量的急剧增长，以及完成工业化的国家追求更有品质的生活，人类对化石燃料的需求也在不断增加，这给地球环境带来极大的压力。2013 年 5 月 9 日，大气中的二氧化碳浓度首次突破 400mg/L 大关；2019 年 5 月 11 日，大气中的二氧化碳浓度已经超过 415mg/L，达到了第四纪开始以来的峰值。而在南极冰盖采集的冰芯表明，从 40 万年前直到工业革命开始前，大气中的二氧化碳浓度始终稳定在 180 ～ 280mg/L。可以说，放大到地质学尺度来看，工业革命以来地球大气中二氧化碳含量的增加，是一条陡峭得几乎垂直的线。自从人猿揖别以来，人类从未见识过像今天这样的地球。

二氧化碳增加导致的温室效应已经显现出来，使全球气候迅速变暖。模拟实验表明，如果完全不控制温室气体的排放，在未来的 300 年内，温室效应会使地球平均气温上升 6 ～ 10℃。对于地球上的其他生命来说，这段时间过于短暂，远远来不及让它们通过自然演化适应环境的剧变。

○ 大气中的二氧化碳

如果我们任由全球变暖，最终会收获一个万物凋零的星球。生态学研究表明，大约从地理大发现和工业革命开始，地球已经处于第六次生物大灭绝之中。

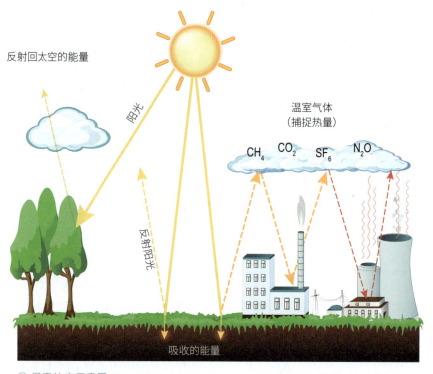

○ 温室效应示意图

"生物大灭绝"是指生物发生大规模集群灭绝的事件。当大灭绝发生时，整个分类单元中的所有物种，也就是整科、整目甚至整纲的生物，会在很短的时间内彻底消失，或者仅有极少数留存下来。而且，这些生物无论在生态系统中的地位如何，都无法逃过大灭绝。一些食物链和食物网被"连根拔起"，构成它们的所有物种都会消失。

自从地球诞生以来，总共发生过五次生物大灭绝。我们熟悉的是第五次，也就是距今 6500 万年的白垩纪晚期生物大灭绝。这一次生物大灭绝可能由火山活动和小天体撞击地球引发，导致除鸟类外的其他恐龙，以及恐龙的"亲戚"翼龙、鱼龙、蛇颈龙等爬行动物完全消失，海洋中的菊石类也一同消失。这些消失的生物在自然界中空出的位置，为哺乳动物大展宏图及人类演化登场提供了空间。

现在，碳排放导致的全球变暖，以及人类活动对野外环境的破坏，正在使很多物种加速消失。也许，我们已经处于新一次的生物大灭绝之中。

人类最终也会因为这样的局面深受其害。全球变暖导致南极和格陵兰冰川融化，使海平面上升，今天很多繁华的沿海地带将被淹没，很多扮演着经济和物流中心角色的城市将被淹没。举例而言，上海市是中国乃至亚洲的金融中心，假如全球平均气温上升 4℃，海平面的上涨就会让其最繁华的陆家嘴金融贸易区（东方明珠电视塔和诸多高端写字楼所在地）的几乎所有道路被淹没在水下。虽然高层建筑的大部分仍然会在水面之上，但其显然已经不适合居住和办公。

○ 海平面上升带来的危害

每年的 4 月 22 日是"世界地球日"（The World Earth Day）。这是一个专为环境保护设立的节日，旨在提高民众对于现有环境问题的认识，并动员民众参与到环保运动中，通过绿色低碳生活改善地球的整体环境。

"世界地球日"活动由美国议员盖洛德·尼尔森和哈佛大学法学院学生丹尼斯·海斯在 1969 年发起。1970 年的 4 月 22 日，是第一个"世界地球日"。现在，"世界地球日"已经成为全球最大的民间环保节日，与它有关的环保和科普活动遍布世界各地，每年有超过 10 亿人参与其中。

放任全球变暖导致未来危机

很多极端天气的出现，也与全球变暖密切相关。近年来，我们时常可以在新闻中看到关于极端高温、干旱和野火（森林火灾／草原火灾等）的报道。在新中国成立初期，北京市在夏季气温超过 30℃的日子并不多；但现在，气象台不时需要为接近甚至超过 40℃的极端高温发布预警信息。在欧洲，巴黎等城市近年来在盛夏时节不时出现超过 40℃的高温天气。由于当地的很多民居是在全球变暖之前建造的，基于当时的气候条件没有安装空调，也没有为将来安装空调预留空间，因此酷热很容易演变为灾难，新闻里甚至时常出现有人中暑身亡的报道。

○ 干旱导致地面开裂

全球变暖不仅会导致极端高温，频繁的旱灾和野火同样也是气候变化的副产品。干旱和高温不仅会让农作物歉收，也会使森林和草原格外易燃，增加火灾扑救的难度。我们已经从国际新闻里看到了澳大利亚、巴西和美国加州的大规模森林火灾，以排山倒海之势蔓延的烈火难以扑救，使灾区的场景如同世界末日。大量森林被烧毁不仅意味着人类失去了吸收二氧化碳的"地球之肺"，还使大量（原本被植物固着）的二氧化碳被排放到空气中，势必对全球气候产生深远的影响。

甚至，极端的低温天气，也可以归因于全球变暖导致的地球大气环流紊乱。2015年12月30日上午11时，北极点的温度突破0℃，与当天北京市的温度大体相当，震惊了全世界的气象学家。当时，北半球刚刚经过冬至日，北极点还处于漫长的极夜之中，阳光一整天都不会出现。

按照以往的气象记录，北极点冬季的平均气温在−30℃左右，突破0℃的情况在2015年之前仅有一次。被"驱离"北极点的冷空气，在纬度更低，特别是欧洲到亚洲东部地区引起了严重的寒潮。这种反常的局面，说明人类排放温室气体引发的全球变暖，已经深刻地影响了大气环流运行的机制。在大气层里，已经出现了一些"离谱的错误"。

人体对冷和热都有着耐受的极限。如果一年之中温差过大，往往意味着混乱和工作效率降低。一些医学研究表明，当气温超过40℃的时候，人的劳动效率会减少大约一半，也就是在每天8小时工作的情况下，只有4小时是有效的劳动时间，

○ 全球变暖导致的珊瑚白化

其余时间需要用来避暑、补充水分和休息恢复体力。同时，高温也会加重心脏的负担，增加心脏病的发病率。而严寒天气同样会降低劳动效率，因为人们需要更多的食物和保暖措施来御寒，并且有可能还要忍受交通不便。对于处在室内环境的人来说，高温和严寒都意味着需要消耗更多能源，才能将温度调节到让身体可以忍受的程度。如果这些能源的源头大部分是化石燃料，就意味着人类被迫排放出更多的温室气体，让局面雪上加霜。

这些现象不断提醒着人类，如果任由温室气体排放失去控制，使全球变暖的趋势无法逆转，那么我们终将收获生态系统瓦解的未来。即使仅仅考虑人类自身，现有的生态系统瓦解并不会让地球毁灭，却有可能使耕地"重新洗牌"，现有的大部分粮食产区将会作废。渔业和畜牧业同样会受到影响，物种灭绝的深远后果，甚至

有可能摧毁这些产业。所有这些事件的共同后果，就是大多数人都将面临粮食带来的饥馑问题。

鉴于碳排放带给人类文明的危机，控制碳排放成为人们的共识。2015年12月12日，《巴黎协定》在巴黎气候变化大会上通过，并于2016年4月22日（世界地球日）由世界各国签署。这项国际条约是针对2020年后全球应对气候变化行动的安排，旨在通过控制碳排放，减低地球平均气温的上升幅度。《巴黎协定》希望到21世纪结束时，将全球变暖的幅度控制在2℃以内，并力争使升温幅度仅比工业革命前增加1.5℃，从而确保人类文明的永续发展。

因此，人们需要制定切实的减排目标，以推动低碳能源如太阳能、水能、风能与核能的普及。它们和由它们转化而成的电能，可以在若干个领域逐渐替换掉化石燃

○ 创造美好生态家园

料目前扮演的角色。同时，在必须使用化石燃料的领域，也需要通过技术改进，增强化石燃料的利用效率，从而减少化石燃料的使用量。模拟计算结果表明，为了实现《巴黎协定》的碳排放控制目标，人类的碳排放总量必须从 2030 年开始逐渐下降。

中国作为负责任的大国，第一时间签署了《巴黎协定》，并且在 2016 年 9 月 3 日与美国一起，率先批准本国加入这一协定。此后，中国始终坚定地、积极地应对气候变化，落实《巴黎协定》的条款。早在 2017 年年底，中国就完成了降低碳强度的目标，比原计划提前了 3 年，使中国的国际形象得到极大的提升。

名师讲堂：
碳强度

"碳强度"是指产生一定数量的国内生产总值（GDP）对应的二氧化碳排放量。换句话说，降低"碳强度"，意味着产生同样的 GDP，只需要排放更少的二氧化碳。这样的成果，通常需要通过减少化石燃料使用量和提高机械效率来实现，其背后是能源和机械等一系列技术"硬实力"的增长。

如今，中国仍然致力于运用科技创新与能源革命的理念和力量，在保持经济增长的同时遏制碳排放，彰显出大国担当。过去数十年来，中国的大部分电能由燃煤发电厂提供；但按照计划，中国对煤炭能源的依赖会在 2025 年达到峰值，此后占比便会逐渐下降，而不产生碳排放的核能、太阳能与风能，以及只排放二氧化碳但不产生其他污染物的天然气，会逐渐在能源生产中占据更大的比重。对于中国来说，鼓励低碳、绿色的能源，是一条不可逆的发展之路。

思考：

本文对你有什么触动？关于全球变暖对人类社会意味着什么？

04
悟科学·培养科学的思考力

○ 顿继安：如何学好数学

○ 张玉峰：如何学好物理

○ 周玉芝：如何学好化学

○ 乔文军：如何学好生物学

○ 牛建伟　李延祺　任涛：如何学好计算机

顿继安：

北京教育学院数学与科学教育学院院长，数学系教授，曾任教育部国培计划示范性培训项目"初中数学教研员培训"项目负责人、首席专家，北京市市级骨干教师与学科带头人培训项目中学数学工作室负责人

○ 玩转数学

顿继安：

如何学好数学

　　著名数学家华罗庚先生曾说过："宇宙之大，粒子之微，火箭之速，化工之巧，地球之变，日用之繁，无处不用数学。"现代社会的每项成果的取得几乎都有数学的贡献，我们每个人也都是数学发展成就的受益者，数学也一定会在未来当我们成为祖国的建设者和美好生活的创造者中起到或直接或间接的作用。

　　数学是如此重要。那我们究竟要从数学学习中获得什么？如何学好数学呢？

数学思维与数学思想：数学活动取得有效进展的基本保障

　　数学是思维的体操，数学活动的核心就是思维活动，一个数学问题的解决要想取得有意义的进展，必然是运用了有效的思维方式，包括比较、分类、归纳、分析、综合、抽象、推理、直观想象等，对一些重要的数学问题的研究，往往会引起对研究过程中所运用的有效思维的成果提炼，这些提炼出的成果被称为"数学思想"。相反，一个人的数学活动陷入困境或得到了错误的结论，往往缘于其尚未找到科学合理的思维方式。

比如，在 1637 年左右，法国数学家费马在阅读数学家丢番图的《算术》时，在其中 "将一个平方数分为两个平方数" 的问题旁边的空白处写道："相反，要将一个立方数分为两个立方数，分一个四次幂为两个四次幂，一般将一个高于二次的幂分为两个同次的幂，都是不可能的。对此，我确信已经发现了一种美妙的证法，可惜这里空白的地方太小写不下"[1]，用现代的数学语言描述费马的话，就是 "当整数 $n>2$ 时，不存在正整数 a，b，c 满足 $a^n+b^n=c^n$"。数学家们当然没有轻信费马的说法，所以长期以来人们称之为 "费马猜想"。这一猜想的提出就是类比、归纳、演绎推理等思维形式的成果，后来，数学家们努力运用演绎推理的方法证明这一猜想，经过三百多年接力赛式的研究，这个猜想终于在 1995 年由英国数学家安德鲁·怀尔斯证明，"费马猜想" 成为 "费马大定理"。从中可以看出，一众数学家探寻的不是费马所说的那个 "由于空白地方太小而写不下的美妙的证法"，而是费马的思维瑕疵让他误以为自己找到的可以证明 $n=3$ 和 $n=4$ 的方法也适用于 $n \geqslant 5$ 的情况。实际上，数学家们在证明费马大定理的过程中，创造和使用了费马时代并不存在的数学新思想、新方法、新知识，显然这是一个在费马时代进行简单思考并不能解决的问题。

数学思维的运用是解决新颖而具有挑战性的问题，甚至发现和提出一些有价值的新问题，成为知识的创造者、方法的建构者和优化者。在数学学习和研究中，有时候换一种思维方式就能使自己的工作产生重要的突破。

彭加勒曾经描述让自己在数学界崭露头角的富克斯函数的寻找过程，富克斯函数在数学史上被称为是函数论在 19 世纪大放异彩的重要标志[1]。彭加勒的突破就在于改变思维：

我曾用了 15 天的时间力图证明，不可能存在任何类似于我后来称之为富克斯函数的函数。我当时一无所知，我每天独

○ 费马（1601—1665），法国人，17 世纪最伟大的数学家，费马是一位专职律师，数学只是他的业余爱好，但在许多领域做出了开创性重要贡献：独立发明了解析几何，与笛卡尔共享创立解析几何的殊荣；微积分的先驱，其工作对牛顿发明微积分有重要提示；开创了概率论的早期研究，近代数论的开拓者。费马猜想挑战了人类 3 个世纪，其研究丰富了数论的内容，推动了数论的发展

自一人坐在我的办公桌前，尝试了大量组合，什么结果也没得到。一天夜晚，我违反了习惯，饮用了黑咖啡，久久不能入睡，各种想法纷至沓来。我感到它们相互冲突，直到成对地连接起来，也就是说，造成了稳定的组合。到第二天早晨，我已经确立了一类富克斯函数的存在，它们源于超几何函数。我只是写出结果，仅花费了几个小时[2]。

从试图证明富克斯函数不可能存在，到重新对各种想法进行整理、组合、构造，彭加勒改变了最初的思维方向，使得其发明了富克斯函数。

数学思维与数学思想：数学学习的重要内容

数学家的原创性研究成果是思维的产物，数学学习者也不应仅仅接受数学家的思维成果，更要向数学家学习他们的思考方式。实际上，每一个重要的数学概念的理解、富有挑战性的问题的解决根本上都是对解题者数学思维的考验，一些重要数学理论的产生也会引发数学思想的革命，从而为其他领域的数学发展带来巨大推动。所以通过数学学习不能仅以知识的活用为目的，还要自觉将学会思考和领会数

○ 在数学家眼里，数学是一种分析与综合的艺术

○ 向数学家学习他们的思考方式

学思想为目标。

数学在科学、技术、社会中发挥的作用越来越大，随着现代科学技术特别是计算机科学、人工智能、大数据技术的迅猛发展，数学已经开始直接为社会创造价值，推动社会生产力的发展。每个人都是数学发展成就的受益者，掌握数学知识对于人生的影响无疑是巨大的。而对于大多数不需要借助数学知识谋生，甚至连日常购物的计算也不需自己动脑计算的人来说，数

学思维的形成则有利于更加理性、逻辑地面对生活中的现象、工作中的问题。

比如，媒体上关于"房价拐点是否到来"有不同的观点、很多争论，一些人无所适从。然而，分析争论双方所言概念的内涵，会发现争论双方所言的"拐点"的含义是不同的：认为"房价拐点到来"的一方所说的"拐点"与数学中的拐点的定义相同，是指房价的增长率由快到慢的转折点，用数学知识解释，就是二阶导数为0的点，此时，房价仍然处于上升状态；而争论的另一方所言"拐点"指的却是"房价由增到减的转折点"，用数学的概念解释，就是极值点也就是导数为0的点——用同一个词表达不同的含义，这样的争论就是"鸡同鸭讲"、毫无意义[3]。要知道，"现代数学中思考问题的基本方式之一，就是在讨论问题之前先想想有关的关键用语的明确含义"[4]，有着这一数学思想的人会将这种争论视为笑谈。正如日本学者米

○ 数学无处不在，生活中有些瓷砖无论铺的面积有多大，都找不到其重复出现的规律，这有什么数学原理呢

山国藏所说："在学校学的数学知识，毕业后若没什么机会去用，一两年后，很快就忘掉了，然而，不管将来从事什么工作，唯有深深铭刻在心中的数学精神、数学思维方法、研究方法、推理方法和看问题的着眼点等，这些却是随时随地发生作用，终身受益。"[5]

在数学学习过程中，在获得必要的知识与技能后，面对富有挑战性的问题，发挥作用的也主要是数学思维。

不妨看两个分别属于初中和高中的例子。

例1：求 $|x-2|+|x+1|$ 的最小值。

这个以符号的方式表达的题目，如果以纯粹代数的方法解决，需要对 x 的取值范围进行分类才能去绝对值，过程非常烦琐。如果能够想到绝对值的几何意义，就可将问题转化为几何问题：如下图所示，$|x-2|+|x+1|$ 表示点 x 到 -1 和 2 的距离和，当 x 在 -1 和 2 之间时，x 到两点距离和始终为 3，当 x 在 -1 左侧或在 2 的右侧时，x 点到两点距离和大于 3，所以 $|x-2|+|x+1|$ 的最小值为 3。

例2：已知：a、b、$c \in R^+$，求证：
$$\sqrt{a^2+b^2-ab}+\sqrt{b^2+c^2-bc}>\sqrt{a^2+c^2-ac}$$

这是一个代数不等式，当然可以像得到椭圆标准方程的化简过程那样，通过代数运算和推理证明，但可以预见的海量计

算工作和代数恒等变形技巧令人生畏。而如果关注到不等式中的三个根号中部分的几何意义，如 a^2+b^2-ab 表示 $\triangle ABC$ 的边 AC 的长度，其中 $AB=a$，$BC=b$，$\angle ABC=60°$，这样，就可以构造一个四面体 $ABCD$，如下图所示，其中 $AB=a$，$BC=b$，$BD=c$，$\angle ABC=\angle ABD=\angle DBC=60°$，于是 $\triangle ADC$ 中，$AC=\sqrt{a^2+b^2-ab}$，$CD=\sqrt{b^2+c^2-bc}$，$AD=\sqrt{a^2+c^2-ac}$，根据三角形的"两边之和大于第三边"直接可以得到不等式。

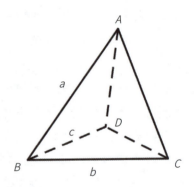

在这两个例子中，题目中本来都没有图形，是思维让解题者"无中生有"，通过构造图形将代数问题转化为几何问题，从而使得问题以一种非常简单的方式得以解决。

主动思考及时反思：形成数学思维和领悟数学思想的基本途径

数学思维很重要，就像做一盘菜没有盐就没有味道、但盐又必须融入菜中、

不能单独吃盐一样，数学思维的养成不能离开具体的知识的学习和具体问题的解决，离开载体的思维培养和思维训练并无意义。

"思起于疑"，数学思维的养成之道就是在数学学习中主动提问、主动思考。正如柯朗在其名著《什么是数学》中说："数学，作为人类思维的表达形式，反映了人们积极进取的意志、缜密周详的推理和对完美境界的追求"[6]。实际上，数学思维与好奇心、求真、求实、寻根究底等个性品质互为表里，共同激活一个人头脑中的数学知识与技能，使之成为探索和发现新事物的工具。

数学王子高斯少年时期留下了一个著名的故事，就是利用倒序求和法求得1+2+3+…+100的结果。高斯无疑是数学天才，这个故事也充分展示了其思维的深刻和敏捷特点，这一特点使其善于发现数学对象的规律，从而创造出新的方法。然而，需要关注的是，引发高斯开始对对象的规律进行探寻的动力，来自其对常规方法带来的巨大计算量的不甘，随后其"积极进取的意志"推动了他观察数学对象、发现其中的规律，进而产生了新的方法。

主动观察、归纳、推理、抽象、直观想象、寻求最后优化的方法，主动思考让

○ 在人类大脑中，有上千亿个神经元细胞在工作

○ 高斯 (1777—1855)，德国著名数学家、物理学家、天文学家、大地测量学家，近代数学奠基者之一。高斯被认为是历史上重要的数学家之一，并享有"数学王子"之称

思维活动真正发生，主动思考的学习者不仅能够更深刻地理解知识，还会成为知识的创造者和发现者。

我们来看一个发生在五年级数学课上的小故事。在学习了最小公倍数的概念后，老师布置了几个求最小公倍数的题目请学生解答：

(1) [1, 7]；　(2) [5, 6]；

(3) [9, 15]；　(4) [2, 8]；

(5) [4, 9]；　(6) [8, 12].

交流时，老师并没有让学生汇报自己的答案，而是说"你们有什么发现？"这一任务引发了学生的思考。

第一个学生说："我发现像 (1) 和 (4) 那样，两个有倍数关系的数，它们的最小公倍数就等于其中的大数。"第二个学生汇报的是："我从 (2) 和 (5) 发现两个互质的数的最小公倍数就是这两个数相乘。"

第三个孩子介绍了题目 [9,15] 的做法，他用的是列举法，先列出 9 的倍数，然后发现 45 也是 15 的倍数，于是得到最小公倍数 45。

而学生 S 则进行了进一步的思考，她主动举起手来说："老师，我慢慢发现，这种题也有简便方法，就是用最小公因数乘以大数，而这道题就是用 3×15。"

在老师的追问下，S 修正了"最小公因数"的说法为"不是 1 的最小公因数"，并进一步解释："我用另一个题目验证了下，[8,12] 也可以用它们的最小公因数 2 来乘以 12，这道题的最小公倍数是 $2 \times 12=24$。"

我们看到 S 的主动思考比其他同学更进了一步。首先可以看到她找到一个适用于解决像 [9,15]、[8,12] 这样的一般性的题目的简便方法，接下来她从特殊的问题中归纳出一般方法，并且通过另一个题目验证了自己的方法。

尽管 S 同学的发现并不正确或者说并不具有普适性，例如，用这种方法计算求 6 和 15 的最小公倍数就是错误的，然而，正如哈尔莫斯说："所有伟大的数学的源泉都是特殊情况。"S 同学从特殊情况出发试图找到一般性规律的思维过程难能可贵，只不过由于其赖以归纳的特殊情况的代表性不够导致了其发现的错误或者说不具有普适性，如果能够进一步分析"这两个题目的什么特点使得其能够用这种方法"，那更有意义的发现也就产生了。

在 [9,15]=3×15 中，比较显性的是 3×15 中的 15 来自题目的条件，而 3 显然来自 9，但需要追问的是：9 是两个 3 相乘，为什么最小公倍数只用一个 3 乘以 15？由于最小公倍数也是 9 的倍数，所以另一个 3 一定也存在于结果中，问题分析到此，显然可以看出 9 中的另一个 3"藏"在 15 中了；同样的道理也适用于 [8,12]=2×12，其一般性意义则是：在求两个数的最小公倍数时，可以用其中较大大数乘以较小的数中"多出来"的部分，而"多出来的部分"的准确含义是：当这两个数分别做质因数分解后，较小的数中有而较大的数中没有的全部质因数，以及两数都有但较小的数所含个数较多的质因数多出来的部分——这实际上就是求最小公倍数的通法——质因数分解法。五年级的学生们从几个基本的题目出发开始的主动思考所产生的成果及孕育的成果，生动地示范了数学思维引发数学发现的过程，也是高斯关于数学研究的体会的一个鲜活例证。高斯的体会是："通过归纳可以愉快地发现许多漂亮的定理，但要证明它们常常要经过多次失败，最终的成功依赖于深刻的分析和有幸发现的某种组合"[1]。

缺乏主动思考，题目稍微有些变化就变成了难题。我们再来看一个故事。这个故事来自苏步青数学教育一等奖获得者、数学特级教师谷丹，故事是发生在一个基础比较薄弱的班授课的教学片段[7]：

老师出了一道练习：比较 $\frac{\sqrt{5}+1}{2}$ 与 $\frac{3}{2}$ 的大小，学生们看了看，就说："不会！"

老师问："那题目改成什么样，你们就会了？"

孩子们稍微停顿了下，就提出了各种想法。有人说："没有根号，就会了！"有人说："没有'+1'就会了！"

老师："那好，怎么才能没根号呢？"

学生："把 5 换成 4 或者 9。"老师鼓励学生试试，学生顺利地应用放缩法得到正确结论，之后还总结道："换 4 行，换 9 不行！"

老师再问："那怎么才能没有'+1'？"学生说："两边都减 $\frac{1}{2}$。"老师说："行啊，咱们试试。"孩子们一试也顺利地得到了正确答案。

可能对于很多读者来说，在学习了二次根式之后"比较 $\frac{\sqrt{5}+1}{2}$ 与 $\frac{3}{2}$ 的大小"这样的问题太简单了，根本不需要老师的帮助就能顺利解决。但是如果慢慢回放自己解决这一问题的过程，你一定也是先判断了一下"改成什么样就会了"，然后确定"改"的方法，进而操作实施将问题解决——换句话说，如果故事中的学生能够主动思考"改成什么样你就会了"，他们其实根本无须教师的帮助。而此前，尽管他们拥有解决这一问题的全部知识和技能，但却不能将之有效地组织为解决问题的思路和方法。不能应用的知识是惰性知识，只有思维才能让人将一个需要解决的问题与解决问题相关联的已知已会的知识方法建立联系，再应用合理的方法改变问题，从而将新问题"转化"为旧方法。

○ 主动思考的学习者不仅能够更深刻地理解知识，还会成为知识的创造者和发现者

不是数学家，但可以像数学家那样思考

　　并非经过了大量数学训练、掌握了很多数学知识后才能向数学家一样思考，相反，数学知识是数学思考的结果，前文"最小公倍数"课堂中的小学生就展现了典型的数学家式的思考过程。数学是一门研究规律的学问，数学家的主要工作就是探求规律与规律的本质，这些规律及本质就是知识。像数学家那样思考，就是要求我们在面对驱动知识产生问题的时候，不被动等待，而是主动探究，特别是主动提问、寻求规律，让自己从知识直接接受者变为知识的"再创造者"。

思考：

本文对你有什么触动？

说说你从数学学习中得到了哪些收获？

参考文献

[1] 吴文俊 . 世界著名数学家传记（上）[M]. 北京：科学出版社，2003.

[2] 彭加勒 . 科学与方法 [M]. 李醒民，译 . 北京：科学出版社，2008.

[3] 顿继安 . 从备学生转向研究学生——基于学生研究的数学教学 [M]. 北京：教育科学出版社，2015.

[4] 张景中 . 数学与哲学——张景中院士献给数学爱好者的礼物 [M]. 北京：中国少年儿童出版社，2003.

[5] 米山国藏 . 数学的精神、思想和方法 [M]. 毛正中，美素华，译 . 成都：四川教育出版社，1986.

[6] 柯朗 . 什么是数学：对思想和方法的基本研究 [M]. 左平，张饴慈，译 . 上海：复旦大学出版社，2007.

[7] 谷丹 . 守望 · 成长——特级教师谷丹教育教学知行录 [M]. 北京：商务印书馆，2018.

张玉峰：

北京师范大学教育学博士，北京市特级教师，北京市物理学科教学带头人，北京教科院物理教研员

Order Pick Time

00:05:15

Order Pick Time

002:09:27

Order Pick Time

15:14:03

张玉峰：

如何学好物理

桥万物之理

　　今天，我们在科技馆（科学中心）里看到的展品，大多是基于物理学中的定律来设计的。这无疑是在提醒我们，物理学领域过去几个世纪里的种种探索和发现，是怎样重塑了人类的世界观，并且改变了文明发展的方向。如果说天文学的革命是科学革命的起点，那么物理学革命便是这段历史的高潮。而且，从了解天体运行，到认识微观粒子，这些科学新发现都离不开物理学这块基石。

　　物理学是自然科学领域的一门基础学科，它的研究对象是自然界物质的基本结构、相互作用和运动规律[1]。那么，如何学好物理呢？让我们从一代代物理学家是怎样完成自己的研究，帮助全人类了解物质世界中一探究竟。

剖析物质世界的"来龙去脉"

1954年，德国物理学家马克斯·玻恩凭借对量子力学的基础性研究，尤其是对波函数的统计学解释，获得了诺贝尔物理学奖。他在获奖后表示："我能荣获诺贝尔奖，与其说是因为我所发表的工作里包含了一个'自然现象的发现'，倒不如说是因为那里面包括一个'关于自然现象的新思想方法基础的发现'。"[2]

在玻恩自己看来，诺贝尔奖所奖励的，并不是他完成的科研工作本身，而是他得以做出这些发现的思维方法。他的这一番话，对于今天初学物理学的人依然有所启迪。这是因为，物理学这门学科诞生的过程，是基于观察与实验来建构物理模型，并应用数学等工具，通过科学推理和论证，形成系统的研究方法和理论体系。简而言之，物理学是一门带有方法论性质的学科。

○ 马克斯·玻恩

因此，对于学习物理学的人来说，除了由学科概念、规律、原理等元素构成的理论体系，物理学家的研究方法和思考方法，也是物理学的重要组成部分。或者说，让人们学会像物理学家那样思考，也是科学普及的重要内容。随着人类知识总量的激增和人工智能的发展，了解物理学家认识客观世界的方式，并且学会像物理学家那样思考，更是成为一个人可持续发展、应对未来不确定挑战的关键能力。正规科学的核心，是通过科学家的工作生产科学知识。牢记这些正规科学知识是如何生产的，至少对于揭示正规科学的复杂性和艰巨性是有益的[3]。不仅如此，还可以通过考察知识的生产过程，揭示科学家认识自然界所使用的思维工具。

"认识方式"就是人脑反映客观世界的模式。我们常常可以在讲述物理学发展史的书籍或者展览中看到，物理学家首先观察并记录不同物体在一段时间内的位置变化，而后经历一系列的抽象、概括、分类、比较等认识过程，着手描述物体运动的方式。为了完成描述，他们定义了速度、加速度等概念。但这些我们今天已经很熟悉的物理学概念，或者说物理课（科学课）上学到的知识，只是当年的物理学家们的具体的认识结果。想要真正弄清这些概念，就需要知晓并深入地理解这些概念与公式所经过的认识过程。

对物理学稍有了解的人，都知道伊萨克·牛顿提出的万有引力定律。它是关于任何有质量的物体之间相互作用的规律，描述的是物体间相互作用与它们的质量、

转变为可供研究的抽象模型。而后，他进行猜想和推理，并且验证理论数据与实际观测结果之间是否存在明显差异，最终证明了自己的理论可以（在一定范围内）解释天体运行的物理现象。

事实上，无论是牛顿这样伟大的科学巨匠，还是普通的物理学研究人员或者初学者，在解决物体运动这一类问题的时候，都遵循着大同小异的工作方法。他们首先根据实际需要，选择不同的研究对象，从不同的角度描述物体的运动。新理论的提出，也一定经历先定性描述再定量描述，先描述现象再解释现象等过程。

我们用"来龙去脉"来形容事件的前因后果。对于物理学家来说，认识方式的来龙去脉是清晰的。"来龙"是物理学家认识自然界所采用的方式，他们通过对现

○ 牛顿及其著作《自然哲学的数学原理》副本
（图片来源 / 维基百科）

距离之间的关系。但在得出这项定律，并将它写进代表作《自然哲学的数学原理》之前，牛顿首先将自然界真实存在的现象，

○ 新理论的提出，要经历先描述现象再解释现象等过程

石头拖着而变慢，整个物体的下落速度应该小于 8；但是，把两块石头捆在一起后，整个物体比大石头要重，因此整个物体下落的速度应该比 8 要大[4]。这种相互矛盾的结论，说明亚里士多德"重的物体下落得快"的看法是错误的。

利用逻辑推理的方式，伽利略说明了重的和轻的物体下落速度一样快。而且，他并没有就此止步，而是进一步通过实验研究了自由落体运动的规律。通过实验，伽利略建立了速度、加速度这些我们

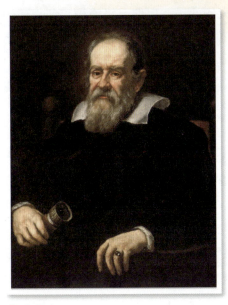

○ 伽利略

象的梳理，发现规律并扩充物理学的知识大厦；"去脉"则是应用物理学认识方式，解决自然界或者现实生活中真实的实际问题，以验证其适用性，并且保留和完善知识的体系。

伽利略实验说明了什么？

意大利天文学家、物理学家伽利略·伽利莱对自由落体运动的研究，便是我们观察物理学家认识世界方式的一个典型事例。在伽利略生活的时代，人们普遍相信古希腊哲学家亚里士多德的一种理论，认为从高处抛下物体的时候，重的物体下落速度会更快。

伽利略质疑这种观点。他首先进行了这样的逻辑推理：假设一块大石头的下落速度为 8，一块小石头的下落速度为 4，当把两块石头捆在一起时，大石头会被小

○ 传说，伽利略在比萨斜塔上进行了自由落体的"科学性时尚表演"

熟悉的物理学概念，并采用斜面实验获取数据，得出物体在斜面上做匀加速直线运动的结论。然后，他对上述结果做了合理的外推，把实验和逻辑推理和谐地结合起来，从而发展了人类的科学思维方式和科学研究方法。

从科学方法的角度来看，伽利略的研究过程可以大体分为三个阶段：

首先，他从质疑亚里士多德的观点入手提出问题，并进一步猜想重的物体与轻的物体应该下落得同样快。这项猜想，成为他后面进一步研究物体运动的速度随时间变化的关系的基础。在这个阶段，他用语言去描述了自己的问题与质疑，但他还没有建立速度、加速度这样的概念，所以还无法用数学表达式或者物理图像表达要研究的问题。但他已经懂得"创建"一个不考虑质量大小、形状等因素的一般化的"物体"，作为（逻辑推理中的）认识对象。今天，学过物理学的我们已经知道，这个"物体"就是质点模型。

其次，伽利略之所以能建立速度和加速度的概念，其实是因为他希望从运动与相互作用的角度，来研究物体的下落情况。尽管在他生活的时代，物理学中还没有这些描述运动的概念；但从后续的斜面实验可以看出，他试图描述物体的速度与时间的变化关系。

最后，伽利略在猜想的基础上，通过实验获取了位置随时间的变化关系。而后，他在上百次实验结果的基础上做了合理外推，得出了沿用至今的科学结论。用

○ 重力势能是过山车运动的能量来源

我们今天熟悉的语言来表述，他是采用了猜想与验证（科学探究）、实验与逻辑推理相结合的认识路径。

人类对自然界的认识深度，是伴随着认识路径的逐渐深化而提高的。人类对自然界认识深化的需求，催生了更加多样化、精细化的认识路径；反过来，认识路径的增长与拓展，提升了人类对自然界的认识深度。比如，伽利略开创的"实验+科学推理"的认识路径，直接提升了人类对运动与相互作用的认识水平；同时，研究者又把这一认识路径迁移到其他领域的研究，不仅推动了经典物理学的发展，同时也对化学、生命科学、地球与宇宙科学等领域产生了重要影响。

在中学物理课程当中，机械能守恒定律是力学的一个重要的知识模块。如果我们模仿伽利略的思维方式，去分析这项定律得出的来龙去脉，便有助于加深对它的了解。我们可以思考，当年的物理学家如何构建了这项定律？他们应该是从两个方面入手进行工作的：其一，他们能够根据自由落体运动或者其他情境，从理论上由动能定理推导出机械能守恒定律；其二，他们也可以设计实验，记录质点在运动过程中的位置和时间，进一步求得物体运动的速度，通过实验验证机械能守恒定律。

这就是说，分析物体的机械运动，可以有不同的视角。人们可以从机械运动与相互作用的角度，或者能量的角度，以两种方式分别分析物体的运动，最终殊途同归。在研究客观事物时，我们既可以选择单个物体并建构质点模型，也可以选择几

○ 游船借助重力作用顺流而下

个相互作用物体构成的系统；既可以从能量变化与力做功的角度分析物理过程，也可以通过选择合适的研究对象，发现能量变化之中的不变，即从能量守恒的角度来分析。

从机械能守恒定律的推导过程可以发现，人们在研究客观事物时，往往首先进行定性分析（具体到这个事例，便是首先确定物体的动能与势能之间可以相互转化），并发现过程中可能存在的定量关系，即物理规律（物体的动能与重力势能之和保持不变）。然后，人们再由此进行理论推导（由动能定理推导机械能守恒），并设计实验，对理论推导的结果进行验证。

像物理学家认识世界那样解决物理问题

在学习物理学的过程中，我们不妨用

这样的思路，去回溯今天熟悉的物理知识被推导出来的过程。如果我们把物理学的概念、规律、原理，比作艺术家的作品，那么，物理学认识方式就是艺术家进行艺术创作的工具。

当然，需要注意的是，物理学是以自然界中真实的情景为基础进行研究的。但真实的客观世界非常复杂，研究时无法兼顾所有的细节，所以只能抓住其中的主要因素，并忽略次要因素，取其"近似"来逼近客观真实。比如，对物体自由下落的研究，如果不忽略空气阻力、地球引力的变化等大量次要因素，问题将变得异常复杂，无法描述并解释自由下落物体的运动。因此，物理学的研究对象并不是"真实的物体"，而是以真实物体为原型，经过抽象和简化的模型。这些模型，就是逼近客观真实的"近似"。

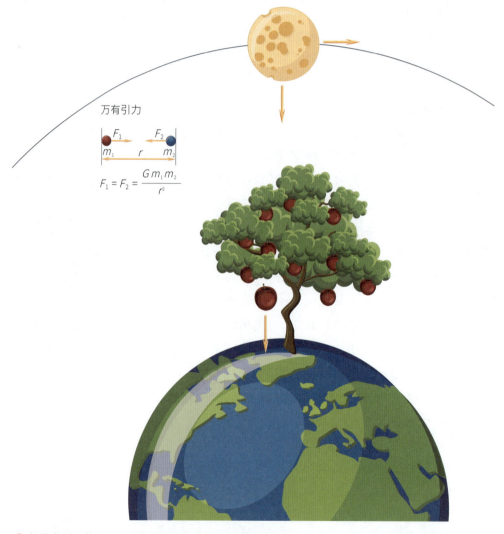

万有引力

$$F_1 = F_2 = \frac{G m_1 m_2}{r^2}$$

○ 苹果从树上落下、月球绕着地球转动都与万有引力有关

同一个物体，在不同的问题情境中，有可能会受到侧重点不同的抽象简化。比如，在中学的课堂上，一个圆形薄铁片有可能被简化为质点、热的良导体、有电阻的电导体等，对应着物理学不同领域的问题，如下表所示。反过来，很多物理学课程中的习题，考察的正是学生对物体被抽象简化之后，剩下的这一部分元素的认识与理解。所以，掌握物理学的认识方式，不仅可以让我们变得越来越会思考、会学习、会创新，还可以更有效地解答习题。

铁片在不同情境下抽象简化为不同认识对象举例

问题情境	铁片被简化成的认识对象
铁片在空中由静止释放	质点
铁片接入电路	一段有电阻的导体
铁片放置在静电场之中	铁片由在平衡位置附近振动的金属离子和自由电子构成
铁片进出磁场切割磁感线	大量闭合电路

2017年的高考理科综合试卷中，出现了基于科研实例的考题，请考生为扫描隧道显微镜（STM）设计对抗外界扰动的方案。在实际科研中，STM可以用来探测样品表面原子尺度上的形貌。为了有效隔离外界振动对STM的扰动，人们会在圆底盘周边沿其径向，对称地安装若干对紫铜薄板，并施加磁场来快速衰减其微小振动。考题的要求，便是请考生找出最快衰减紫铜薄板上下和左右振动的有效方案。

2017年普通高等学校招生全国统一考试理科综合能力测试（一卷）：

扫描隧道显微镜（STM）可用来探测样品表面原子尺度上的形貌。为了有效隔离外界振动对STM的扰动，在圆底盘周边沿其径向对称地安装若干对紫铜薄板，并施加磁场来快速衰减其微小振动，如右图所示。无扰动时，按下列四种方案对紫铜薄板施加恒磁场；出现扰动后，对于紫铜薄板上下及左右振动的衰减最有效的方案是

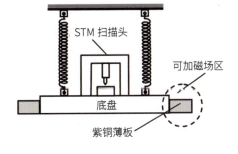

A   B   C   D

扫描隧道显微镜（STM）

扫描隧道显微镜是一种利用量子物理中的隧道效应来探测物质表面结构的仪器。它的核心是一根非常细的钨探针，针尖电子会跳到待测物体表面上形成隧穿电流。同时，物体表面的高低会影响隧穿电流的大小。因此，针尖随着物体表面的高低上下移动以维持稳定的电流，便可以反推出物体表面的形貌。这种探测的方式，如同电唱机的唱针扫过唱片，并播放出唱片上录制的内容。

扫描隧道显微镜可以用来观察和定位单个原子，并且能在低温下（4K，相当于－269.15℃）利用探针尖端精确操纵原子。因此，它在纳米科技领域，既是重要的测量工具，也是加工工具。

这道考题实际上是一个电磁学问题，也就是紫铜薄板在磁场中运动时，由于电磁阻尼的存在，使其微小震动得到迅速衰减。考题还有一个"隐含条件"：紫铜薄板是电的良导体。

在明确了所要解决问题的基础上，我们选择紫铜薄板和磁场作为认识对象，可以从运动与相互作用角度，或者能量角度，来分析紫铜薄板在磁场中的运动。它在运动中产生电磁阻尼，从而使微小震动减少或者衰减。而在解题的过程中，我们需要从宏观与微观两个角度来认识紫铜薄板，进一步把紫铜薄板等效成若干闭合电路；扫描隧道显微镜在扰动过程中的动能、弹簧的弹性势能，转化成紫铜薄板的内能；此外，还要进一步分析紫铜薄板在磁场中运动过程的能量变化，从能量转化与守恒的角度，来分析要衰减紫铜薄板的微小扰动需要怎样的磁场。通过这种像物理学家一样分析和解决问题的思路，看似复杂的问题便可以被"拆解"成种种熟悉的物理学公式和定律，从而迅速找到解答的方案。

思考：

本文对你有什么触动？你还知道哪些物理定律？

参考文献

[1] 中华人民共和国教育部．普通高中物理课程标准 (2017 年版)[M]．北京：人民教育出版社，2018．

[2] 朱鋐雄．物理学思想概论 [M]．北京：清华大学出版社，2009．

[3] 马克·埃里克森．科学、文化和社会 [M]．孟凡刚，王志芳，译．上海：上海交通大学出版社，2017．

[4] 人民教育出版社课程教材研究所．普通高中物理必修第一册 [M]．北京：人民教育出版社，2019．

遇见科学

04

院士专家讲科学

周玉芝：

教授，北京教育学院化学系主任。担任过北京市化学学科带头人及骨干教师培训、北京教育学院协同创新 STEM 视野下学科教学改进、天津滨海新区化学学科教学能手培训等项目负责人

周玉芝：

如何学好化学

○ 同学们正在做化学实验

化学研究的是物质的性质、组成、结构和变化规律，它最初起源于人们对自然现象的观察和总结，随着对客观规律理解的深入，人们得以将掌握的规律再运用到实践生产中，从而达到改善生活的目的。甚至有人说，化学家是仅次于上帝的精灵。自然界中的物质分子大概有 10^7 种，而化学家通过化学合成的方式可以制造的物质分子种类则高达 $10^{30} \sim 10^{200}$ 种，远远超过了自然界中物质分子种类的数量[1]。化学世界是如此绚丽多彩而又无处不在，那我们究竟应该如何学好化学呢？

无处不在的化学

当你看到下图这张在北京"鸟巢"燃放烟花的照片，你能从中看到化学吗？

○ 在北京"鸟巢"燃放烟花

其实，照片中的各种事物均与化学相关。烟花燃放的过程，实际上是一些化学物质发生了剧烈的发光、发热和产生气体的化学反应，从而瞬间引发爆炸；烟花中添加了不同的金属元素，这些金属元素在燃烧时发出不同颜色的光，所以烟花会绽放出五彩缤纷的火花。"鸟巢"的高强度钢铁骨架是通过化学方法由铁矿石冶炼而获得，除了铁和碳元素，还添加了一定比例的硅、锰、硫、磷等元素以保证其具有优质的强度和耐腐蚀性能；"鸟巢"顶棚用的是化学家制造出来的具有透光性、耐腐蚀性和防火性的高分子材料膜。甚至，

照片中的草地、树木、观众，甚至不可见的空气都与化学相关。

大千世界纷繁复杂的各种物质均由化学元素组成，这些物质经历的变化既有物理变化也有化学变化，可以说在我们的身边化学无处不在。

化学是人类认识和改造物质世界的主要方法和手段

目前，很多人对化学存在偏见，将化学与环境污染、有毒化学品紧密联系起来，甚至憎恶化学，这是极其错误的认识。

化学是在原子、分子水平上研究物质的组成、结构、性质、转化及其应用的一门基础自然科学，其特征是从微观层次认识物质，以符号形式描述物质，在不同层面创造物质。日常生活的衣、食、住、行都离不开化学，如尼龙、橡胶、钢铁、塑料、化肥等都是化学变化的产物，信息科学、生命科学、材料科学、环境科学、能源科学、地球科学等都离不开化学。比如，青霉素、维生素 B_{12} 等合成药物的诞生挽救了成千上万人的生命，单晶硅和光导玻璃纤维成为信息通信发展的物质基础。假如没有化学知识和以此为基础的化学工业，人类的衣食住行都将遭到破坏，整个现代社会也将不复存在。

○ 化学是许多其他学科的重要基础

科学技术是一把双刃剑，化学也不例外。化学品的不当生产与使用也会造成环境污染等问题。因此，对于一项科学与技术的应用，要进行系统而综合地考量。但我们不能因为化学品的不当生产与使用而归罪于化学学科本身，而是要正确理解化学学科性质，理解化学对社会发展及个人未来的意义，树立为国家和社会未来而积极学习化学的信念。通过对化学的学习来了解物质构成与变化的奥秘，形成观察世界的独特视角，掌握认识和改造物质世界的方法，从而更好地适应社会、服务社会。

重视对基本概念与原理的深层学习

化学教育家刘知新先生指出："牢固地形成化学基本概念是中学化学教学中的一项重要任务。可以说，离开了形成并运用化学基本概念，学生就不可能真正懂得种种物体的'质的变化'，就不可能从本质上去把握物质的属性。当然，也就难以真正掌握物质变化的规律，预见和控制物质的变化，达到利用自然和改造自然的目的。"[2]

然而，很多学生不够重视对概念与原理的深层学习，只满足于浅层的知道、归纳和记忆，并通过练习大量习题来取得比较理想的化学考试成绩。这种枯燥的、机械的表层学习导致一些学生只是按照解题套路并结合死记硬背给出答案，也导致很多学生觉得化学很难学，需要记忆的知识太多，甚至有学生认为化学是"第二外语"。

化学学习的确需要记忆一些元素符

○ 学好化学不仅仅是要记忆元素符号与方程式

号、化学反应方程式等化学用语，也需要记忆一些物质的性质等，但这些符号或事实性知识是有化学意义及生活意义的，并且存在规律。通过对概念与原理的理解，我们就可以更好地把握知识之间的联系与规律。

有学生按照初中化学教材的章节罗列出必记的化学反应方程式，然后逐条记忆。其实，这些化学反应方程式之间是有意义联系的，并不需要死记硬背。比如，对于 $C+O_2 \xrightarrow{点燃} CO_2$，需要理解该化学方程式表征了木炭燃烧所发生的化学反应。碳单质（C）具有还原性，易于夺取其他物质中的氧原子，发生氧化反

应。基于这种理解，碳单质（C）也可以夺取氧化铜（CuO）、氧化铁（Fe_2O_3）等物质中的氧原子而发生氧化反应。与此类似，金属、氢气和一氧化碳也具有还原性，也可以发生类似的氧化反应。这样从还原性的角度就可以将初中化学的一些常见化学反应方程式归为一类：

$$碳 \xrightarrow{还原性} \begin{cases} 与氧气反应 \begin{cases} C+O_2 \xrightarrow{点燃} CO_2 \\ 2C+O_2 \xrightarrow{点燃} 2CO \end{cases} \\ 与氧化物反应 \begin{cases} C+2CuO \xrightarrow{高温} 2Cu + CO_2\uparrow \\ 3C+2Fe_2O_3 \xrightarrow{高温} 4Fe + 3CO_2\uparrow \\ C+CO_2 \xrightarrow{高温} 2CO \end{cases} \end{cases}$$

$$CO + O_2 \xrightarrow{\text{点燃}} CO_2$$

一氧化碳 —还原性→ 与氧气反应 $CO+O_2 \xrightarrow{\text{点燃}} CO_2$
与氧化物反应 $CO + CuO \xrightarrow{\Delta} Cu + CO_2$

金属 —还原性→ 与氧气反应 $3Fe+2O_2 \xrightarrow{\text{点燃}} Fe_3O_4$; $2Cu+O_2 \xrightarrow{\Delta} 2CuO$
活泼金属与氧化物反应 $2Mg+CO_2 \xrightarrow{\text{点燃}} C + 2MgO$

氢气 —还原性→ 与氧气反应 $2H_2+O_2 \xrightarrow{\text{点燃}} 2H_2O$
与氧化物反应 $H_2+CuO \xrightarrow{\Delta} Cu + H_2O$

○ 从氧化还原视角看初中化学反应方程式

以上例子说明通过对物质的氧化性、还原性及氧化还原反应概念的理解，可以把初中一些常见的化学反应方程式归纳成为有意义联系的整体。随着对氧化还原反应概念、元素的氧化性与还原性规律和化学反应原理的深入学习，学生将会更加深入地理解氧化还原反应发生的规律，在理解的基础上能够融会贯通地记忆和应用更广泛的化学反应方程式。

把握学科思想方法，构建合理知识结构

认知心理学认为，学习者并不像录音机那样在他们的记忆里按照事物本身呈现的方式来记录一切知识，而是利用已有的知识来构建和理解那些对他们自身有意义的事物，并按照一定组织方式储存于脑中。对于专家和新手的知识结构对比研究发现，专家具有围绕本领域内主要的组织原则和基本概念原理组织起来的高度关联的知识结构，这种知识结构帮助他们辨别问题的本质，并在提取和运用知识时更为快捷有效[3]。

○ 要理解学科最基本的概念、原理和方法，特别是学科思想方法

因此，我们要理解学科最基本的概念、原理和方法，特别是学科思想方法，从而构建专家型的学科知识结构。美国教育家布鲁纳所说："如果你能够理解学科知识的结构，那么这种理解就允许你自己进行研究；你不需要自己面对自然中的每一件事物来了解自然；但是通过了解一些深层次的原则，在需要的时候你就可以推断细节知识。理解那些谨慎的策略，你能够对很多的事物了解甚多，而只需记忆很少的东西。"[4]

杨振宁指出："中国的学生知识太多，活的思想太少了。"[5] 我们要正视这一学习中的弊端，更加重视对学科思想方法的概括和运用。

对于中学化学而言，笔者认为以下一些学科思想方法需要中学生理解：

1. 结构决定性质
2. 热力学与动力学相结合
3. 守恒思想
4. 动态平衡思想
5. 绿色化学思想
6. 实验实证与理论 / 模型相结合

下面列举"结构决定性质"这一学科思想对于实际问题解决所起的作用。

很多学生在初三化学学习中，学习有关物质溶解的内容时，知道不同的物质在相同的溶剂中溶解性不同，也知道相同的物质在不同的溶剂中的溶解性也不同，还知道溶解度的含义，但却提不出区别硝酸钾和硝酸钠两种白色固体盐的方法。其原因是学生只了解了物质的溶解性具有差异，了解溶解度的含义，但却没有思考物质的溶解性为什么具有差异，没有进行超越事实的抽象思维，这样的学习是表层化的。学生即使记住了溶解度的含义，甚至能进行相关的计算，但其实并没有真正理解溶解度的含义，所学知识自然不能成为其分析问题和解决问题的武器。

如果基于"物质的结构决定其性质"这一学科思想，学生会知道在某温度下，硝酸钾或硝酸钠在水中的溶解度数值是不同的，这是因为硝酸钾或硝酸钠是不同的物质，其内部是由不同的微观粒子构成的。有了这样的理解，学生就能够提出利用硝酸钾或硝酸钠的溶解度的差异来区分硝酸钾和硝酸钠这两种白色固体盐的方案。可见，学科思想方法能够有效提升解决问题的能力。

在实践中内化与提升——成为知行合一的学习者

化学是一门以实验为基础的学科。化学上的许多理论和定律都是从实验中发现归纳出来的。化学理论的应用、评价也有赖于实验的探索和检验。但有同学认为：我是学习化学，并不是研究化学。通过观看化学实验录像也能学习化学实验知识，不必一定亲自动手做化学实验。这是错误的认识。首先，就如同我们不可能通过观看游泳视频就学会游泳一样，化学实验的技能不可能仅通过观看实验视频就能学会，而是需要在亲身实践中学习与提升；另一方面，通过化学实验，我们能够更加全面地感受物质及变化的宏观现象，如金属钠在空气中的变化、在水面迅速游动、放光、放热、产生气体等现象，并把宏观现象与微观组成等有机结合起来，加深对金属钠的物理与化学性质的认识与理解，发展"宏观辨识与微观探析"的化学学科核心素养。

不仅化学实验技能需要通过不断的实践来提升，化学学科概念、理论和思想方法同样需要在问题情境中借助问题解决的实践培育起来。这是由于化学概念、理论和思想方法来自实践，化学概念和理论教学也只有与实践相结合，这些概念和理论才具有可理解的意义。

纸上得来终觉浅，绝知此事要躬行。"没有任何观点可以作为观点从一个人传授给另一个人。当观点讲出来的时候，对讲述的对象来说，它将是一个给定的事实，而不是作为一个观点。观点需要由通过操作行为加以检验。"[6] 化学学科概念、理论和思想方法的学习，不能靠灌输，而是需要与真实世界的问题相联系，在实践中逐渐领会和内化。在实践中，知识、思想与方法逐步转化为分析和处理化学问题的正确价值观念、关键能力和必备品格，即学科核心素养。

同学们，你们现在知道如何学好化学了吗？

○ 在实践中学习化学

思考：

本文对你有什么触动？
你见过哪些化学变化？

参考文献

[1] 张如范.转动化学 [J].知识就是力量，2020（11）：4−5.

[2] 刘知新.加强化学基本概念的教学——略论化学概念的形成和发展 [J].化学通报，1962, 59（4）：57−58.

[3] 约翰·安德森.认知心理学及其启示 [M].秦裕林，程瑶，周海燕，等译.北京：人民邮电出版社，2013.

[4] 乔治·J.波斯纳.课程分析 [M].仇光鹏，韩苗苗，张现荣，译.上海：华东师范大学出版社，2007.

[5] 房欲飞，周洪林.杨振宁教育思想浅探 [J].高教发展与评估，2006（3）：77−80.

[6] John Dewey. Democracy and Education: An introduction to the philosophy of education[M] // 格兰特·威金斯，杰伊·麦克泰.追求理解的教学设计（第二版）[M].闫寒冰，宋雪莲，赖平，译.上海：华东师范大学出版社，2017.

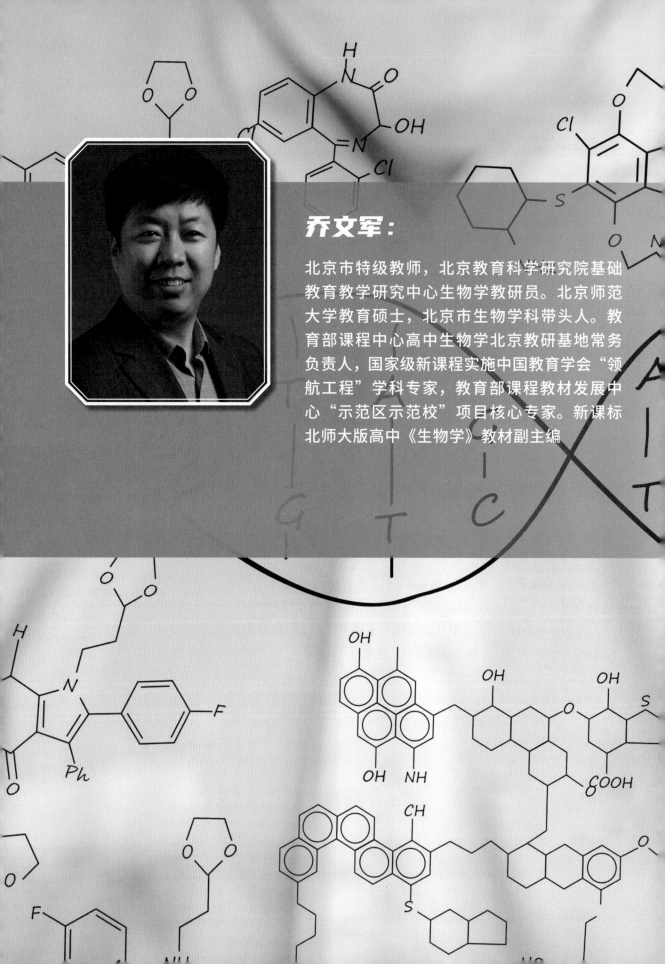

乔文军：

北京市特级教师，北京教育科学研究院基础教育教学研究中心生物学教研员。北京师范大学教育硕士，北京市生物学科带头人。教育部课程中心高中生物学北京教研基地常务负责人，国家级新课程实施中国教育学会"领航工程"学科专家，教育部课程教材发展中心"示范区示范校"项目核心专家。新课标北师大版高中《生物学》教材副主编

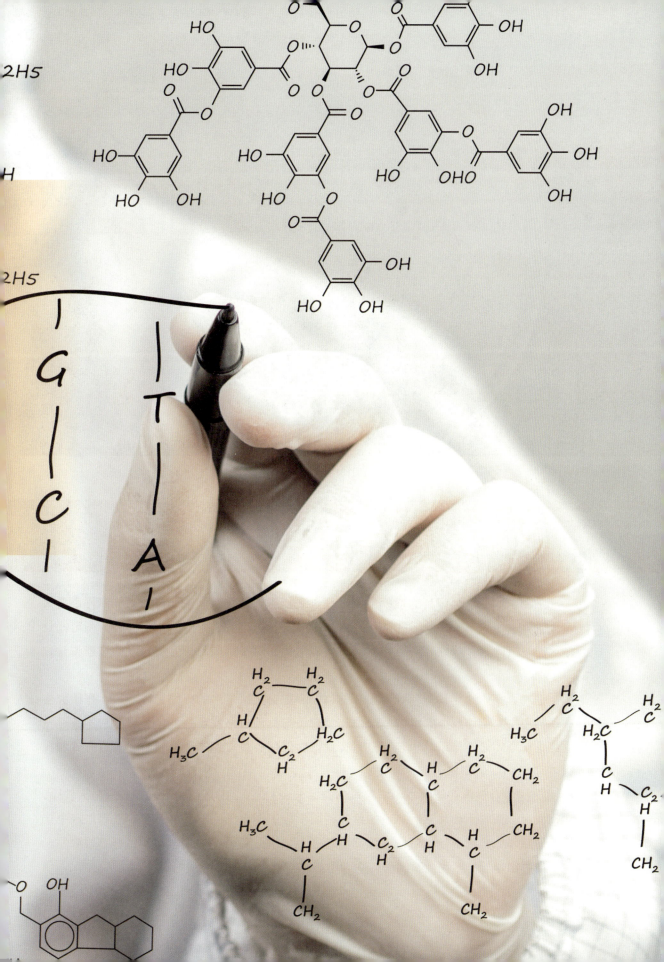

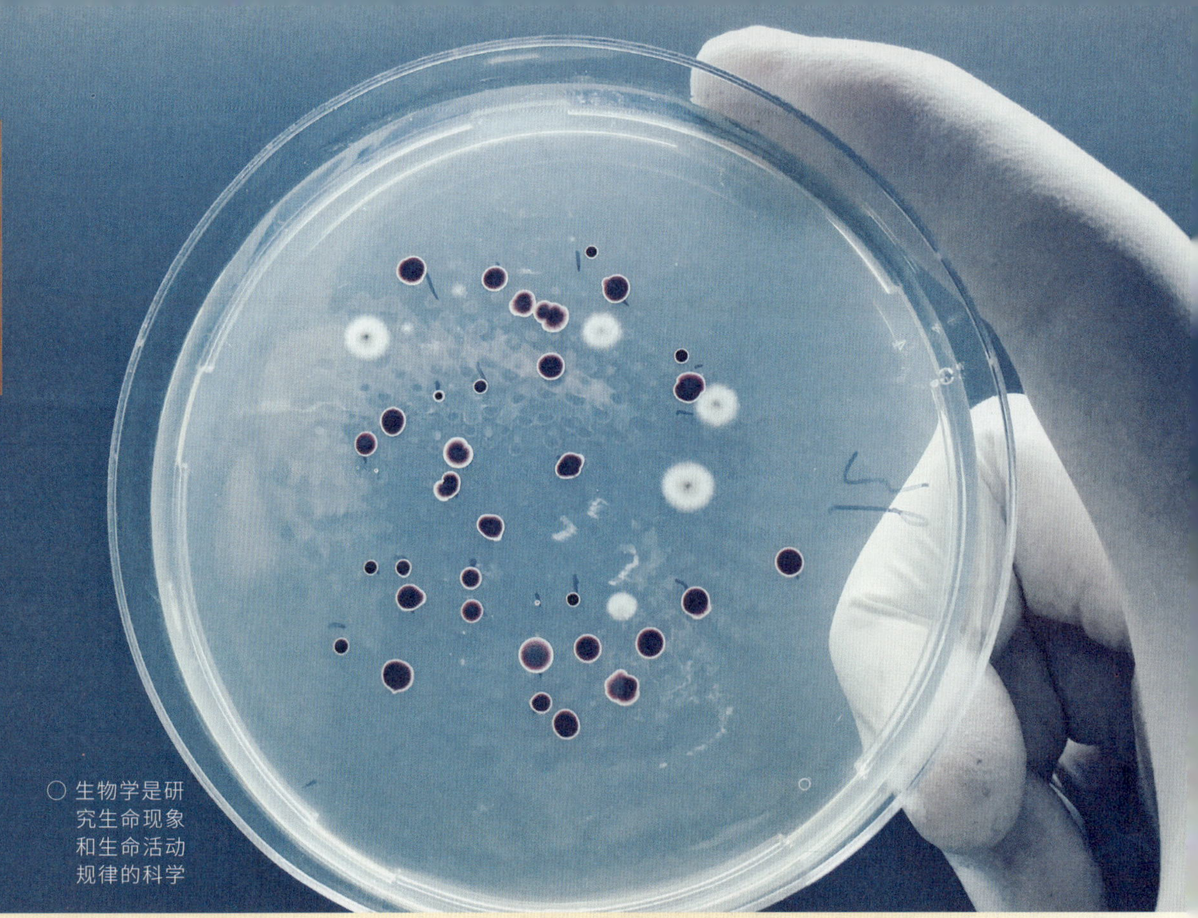

○ 生物学是研究生命现象和生命活动规律的科学

乔文军：

如何学好生物学

生物学，是这个学科的准确名称。在过去相当长一段时间里，在中学的课程表里大家会说要上"生物"课，要完成"生物"作业、要去办公室找"生物"老师……可能让你大吃一惊的是，从你拿到新的教科书（如下页图所示）的时候，你会发现这些说法过时了。

生物，是这个学科的研究对象。生物学，是自然科学中的一门基础学科，是研究生命现象和生命活动规律的科学[1]。生物学有着与其他自然科学相同的性质。它不仅是一个结论丰富的知识体系，也包括了人类认识自然现象和规律的一些特有的思维方式和探究过程。

"生物学"是识别新版本中学教科书的标志。在北京，常见的生物学教科书有人教版、北师大版、浙科版和北京版等。如果有的同学想扩展自己的参考书书目，还可以在书店里选购高等教育出版社出版的《陈阅增普通生物学》和《基础生命科学》等高校教材。在高中生物学奥林匹克竞赛课程的学习中，这样的参考书是必读书。

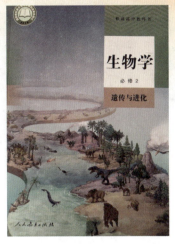
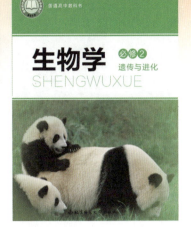

○ 新修订的初中《生物学》和高中《生物学》教科书

生物学是"理科"

实际上，现在中学已经不再分"文科班"和"理科班"。我们国家深化教育领域综合改革，逐步探索不分文理科的高中课程和考试评价方案。比如，北京、上海、浙江和山东等越来越多的省份，高考已经不再有"文科综合"或者"理科综合"的试卷，取而代之的考试形式是单科试卷，是在六个学科中选考任意三个学科。那么，为什么还要在这里强调生物学是理科呢？

人们通常会对文科有一种偏见，似乎历史、地理和政治等学科主要是要靠记忆和背诵的方法进行学习。同时，也存在另一个相关的对学科认识的误区，说生物学是"理科里的文科"。言下之意是，生物学这门学科也是要靠记忆和背诵的，这都是不正确的。即便是历史学科，也是要强调以史料为依据的理性分析和客观判断。生物学等学科强调科学是格物致知的一种

○ 生长在岩石表面的地衣是生物。地衣是由藻类和真菌共生的复合体，其结构和功能的基本单位是细胞，具有生长发育和繁殖等生命特征。岩石是非生物，地衣分泌的多种酸性物质，使岩石表面逐渐龟裂和破碎，自然风化后逐渐在岩石表面形成了土壤层，为其他植物的生长创造了条件。因此，地衣常被称为地球生物的"拓路先锋"（摄影／李都）

路径，其基本特点是以实证为判别尺度、以逻辑作辩论的武器、以怀疑作审视的出发点。

生物学的课程内容里极重要的栏目就是"实验"。在义务教育初中阶段的生物

○ 借助显微镜可以观察玻片中封装材料的微细结构
（供图 / 张前）

○ 借助望远镜可以观察自然界中远处的鸟类和兽
类活动

学课程标准里，有"用显微镜观察一滴池塘水中的微小生物""探究蚂蚁或其他动物的行为""验证人体呼出的气体中含有较多的二氧化碳"等几十个活动建议；在普通高中生物学课程标准里，有"检测生物组织中的还原糖、脂肪和蛋白质""使用光学显微镜观察各种细胞、结合电镜照片分析细胞的亚显微结构""探究植物生长调节剂对扦插枝条生根的作用""利用聚合酶链式反应（PCR）扩增 DNA 片段并完成电泳鉴定"等大量的活动建议[1][2]。

什么样的学科注重实验探究？是科学学科。科学探究是人们获取科学知识、认识世界的重要途径之一。无论是物理、

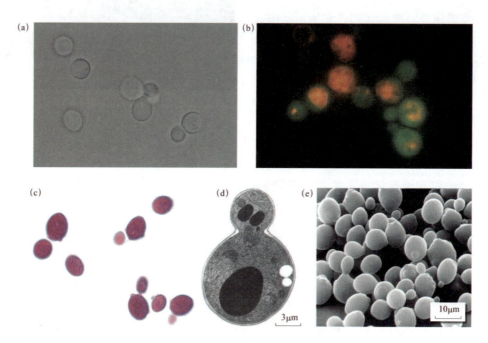

○ 用不同的显微镜及染色方法观察到的酿酒酵母细胞[3]（供图 / 乔文军）

化学，还是地球空间科学和生物学，都强调基于观察和实验认识自然规律。生物学课程是科学领域的重要学科课程之一，中学阶段教科书展示生物学的基本内容，反映自然科学的本质[1]。同学们要在生物学课堂上获得基础的生物学知识，而且强调要领悟生物学家在研究过程中所持有的观点，以及解决问题的思路和方法。

学习生物学要发展核心素养

生物学学科核心素养是学生在生物学课程学习过程中逐渐发展起来的，在解决真实情景中的实际问题时所表现出来的价值观、必备品格与关键能力。生物学学科核心素养包括生命观念、科学思维、科学探究和社会责任[1]。

曾经有这样一道高考试题，题干的叙述是"流行性感冒（流感）由流感病毒引起，传播速度快、波及范围广，严重时可致人死亡"，其对应在教科书中的内容，我们可以找到选择性必修《稳态与调节》免疫调节的章节。"流行性感冒由流感病毒引起……"的情境可以替换为"禽流感由禽流感病毒引起""艾滋病由HIV引起""新冠肺炎由新型冠状病毒引起"……不管是哪个新的情境，都是要求运用生物学的重要概念分析和解决与人类生活、健康密切相关的真实问题[4]。大家要体会到，练习和考试其实就是从教科书里的原型情境出发，不断推陈出新地换成题目里的新颖情境，但始终都是围绕"免疫系统能够抵御病原体的侵袭，识别并清除机体内衰老、死亡或异常的细胞，实现机体稳态"这一重要概念设计的。

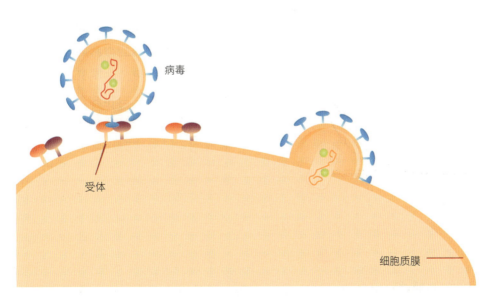

病毒

受体

细胞质膜

○ 病毒必须在活细胞内增殖。当病毒侵染宿主细胞时，会经过吸附、穿入、脱壳、生物合成和成熟释放等阶段

题目接下来进行这样的设问，"HA 和 NA 是流感病毒表面的两种糖蛋白，甲型流感病毒的 HA、NA 氨基酸序列的变异频率非常高，导致每年流行的病毒毒株可能不同。每年要根据流行预测进行预防接种的免疫学原理是____。"此处介绍的 HA 和 NA 蛋白，是病原体表面的结构成分。我们平时的学习中要注重联系生活、关注现实，或许就可以在新闻中了解到常见的禽流感病毒分为 N7N9、H5N1 等不同毒株，就能够理解对人流感病毒 N1N1 具有免疫预防的疫苗，对 H3N2 的流行预防效果不显著。此类问题的分析和讨论中运用了抗原 - 抗体特异性结合的原理，体现了"结构与功能观"和"稳态与平衡观"等生命观念。

"实验"也是生物学试题情境中的高频词汇。上面讨论的高考试题中接着介绍了研究者实验观察 NA 抗体对病毒侵染细胞的抑制作用。实验的结果如下图所示。

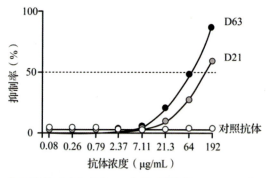

○ 两位流感康复者的 NA 抗体（分别为 D63、D21）对流感病毒的抑制率

当同学们获取题目中科研的信息后，要像科学家一样思考问题。题目既要要求

同学们设计正确的实验步骤，这是科学探究的素养，还要求同学们要能够结合图中实验结果，得出"对流感病毒抑制效果较好的抗体是 D63"的结论，这是科学思维的素养。这样的学习和评价，在平时的分组操作的实验课或者观摩老师演示的实验课上，在分析教科书栏目或学习任务单中的经典实验资料内容时都是类似的。"科学思维"是指尊重事实和证据，崇尚严谨和务实的求知态度，运用科学的思维方法认识事物、解决实际问题的思维习惯和能力。"科学探究"是指能够发现现实世界中的生物学问题，针对特定的生物学现象，进行观察、提问、实验设计、方案实施，以及对结果的交流与讨论的能力。

试题的最后有两个非常有意义的问题：一个问题是，"依据本实验结果提出疫苗研制的思路"，另一个问题是"若你已被确诊为流感患者，请列举具体的应对措施。"前者基于生物学的认识，参与社会事务的讨论，体现在科研和生产中作出理性解释和判断的能力。后者是基于对生物学的认识，参与个人事务的讨论，解决生产生活问题的担当和能力。这正是生物学核心素养中的"社会责任"的内涵。如果能够回答"通过对病毒灭活和减毒制备疫苗"，表明你学习掌握了疫苗研制最成熟的传统技术路线；如果还能够回答"通过缺陷型腺病毒复制合成 NA 蛋白作为疫苗的有效成分"，表明你能够很好地结合实验的结果和新闻热点中的新知解决问题；如果继续答出"可以探索研制以指导 NA 蛋白合成的 DNA 片段或者 mRNA 为有

截至 2020 年 5 月 11 日已进入临床实验阶段的 8 款新冠疫苗

技术平台	研发团队	临床阶段 / 监管状况
灭活疫苗	中国生物武汉生物制品研究所 / 国药集团	一、二期合并
灭活疫苗	中国生物北京生物制品研究所 / 国药集团	一、二期合并
灭活疫苗	北京科兴生物制品有限公司	一、二期合并
复制缺陷型腺病毒载体	天津康希诺生物 / 军事医学科学院	一期数据良好，二期正在开展
复制缺陷型腺病毒载体	英国牛津大学詹纳研究所	一、二期合并
mRNA 疫苗	Modema/ 美国国家过敏和传染病研究所（NIAID）	一期数据良好，二期已获批
mRNA 疫苗	BioNTech/ 复星医药 / 辉瑞	一、二期合并
mRNA 疫苗	Inovio 制药公司 / 苏州艾棣维欣 / 深圳康泰生物	一期

○ 新冠疫苗的研制采用不同的技术路线。这些不同类型的疫苗在制备的难度、时间成本、有效性和安全性等方面各有特点。2021 年，其中的多数疫苗获得批准投入使用，对全球疫情的防控起到重要作用

效成分的疫苗"，那就表明你能够综合运用遗传学知识和新的科研思路回答问题。这些思路在针对各种病原体，包括预防新型冠状病毒感染的疫苗研制中都是一致的。你看，生物学的学习是不是很有用呢？

生物学课程要求学生主动地参与学习，在亲历提出问题、获取信息、寻找证据、检验假设、发现规律等过程中习得生物学知识，养成科学思维的习惯，形成积极的科学态度，发展终身学习及创新实践能力[1]。只有在学习的过程中，不断地在知其然的过程中，孜孜不倦地追问知其所以然，才能够取得更加优异的成绩。

选修生物学适合报考所有的专业

说起中学阶段选修和选考的学科，人们常常会从过去没得选的窘境一头扎到难

以选择的慌乱中。尤其是高一学期末的合格考前后就要抉择选修哪些学科的"选择性必修"，甚至在初中阶段的不同学科的"学业水平考试"成绩，就开始左右每个同学的课程表中的学科组合。似乎，过去在高考结束后才需要考虑的"报志愿"，被大幅度地提前到了初中和高中的起始学段，以至于学生和家长都争先恐后地陷入集体焦虑。

选择，本身是课程方案和考试评价方案的先进特征。如何选择？当然是选自己喜欢的，选适合自己的。在选学、选考学科的问题上，最难的其实不是对自己"喜欢""合适"与否的判断，而是把自己的判断附加上"大学喜不喜欢""合不合适

社会"的因素。问题出在后面的两个因素，常常被误判、错判。

我们仔细分析一下普通高校本科专业选考科目要求。以 2020 年北京大学在京招生专业目录为例，选考科目要求分为三种：①不限选考科目；②物理／化学（选考其中一门即可）；③物理（必须选考）。具体对应的专业类如下图所示。

其中"不限制选考科目"的学科，当然可以通过选考生物学来报考。从数量和占比上来说，这样的学科和专业在其他大学招生要求中也是占多数。其中，经济学类、法学和国际政治等很多广受欢迎。而且，考古学、城乡规划和资源与环境经济学等专业如果有生物学的学科组合是很有

○ "可选专业"的误区。大学基础生物学本科毕业的学生可选的就业、读研的专业方向不会局限在此图中的专业中，更何况高中阶段的选学科目？可以说，报考这些专业一定要选学选考生物学，但是选考生物学并非"只能"报考这些专业

文科试验班类		
人文科学试验班		
哲学类		
经济学类		
法学		
国际政治		工科试验班类
社会学类		理科试验班类
中国语言文学类		数学类
新闻传播学类		物理学类
历史学类考古学	化学类	天文学
城乡规划	地质学类	地球物理学类
信息管理与信息系统	生物科学类	心理学类
工商管理类	环境科学与工程类	
公共管理类		
不限选考科目	**物理／化学（选考其中一门即可）**	**物理（必须选考）**

○ 2020 年北京大学在京招生本科专业选考科目要求

必要的。如果是懂卫生和健康方面的知识去从事公共管理类工作、懂生态和环保方面的知识去从事新闻传播学类的工作、懂生物化工和制药的理财经理去评估相关客户的金融保险类工作，是不是也非常必要并具有优势？

另外两种情况，物理或化学选考其中一门、物理必须选考，有一个共同的地方容易被大家忽略，就是除了所要求的学科，考生一定还有"空间"自主选择两门学科与之组合。我们可以设想，准备报考化学、环境科学和生命科学同学所选学科组合中，生物学是不是很合适？哪怕是志在报考"工科试验班"，其中所含的能源与环

境系统工程、航空航天工程、生物医学工程等专业方向，也对高中阶段学习生物学课程有较高期待。

我们的观点是，学习生物学适合报考所有专业，只要你喜欢就行。其实，换成讨论其他的学科学习与报考专业的关系，道理也一样！各类人才的培养都是建立在人的全面发展的基础上。学习生物学课程是每个公民不可或缺的教育经历，其学习成果是公民素养的基本组成。本课程是以提高学生生物学学科核心素养为宗旨的学科课程，是树立社会主义核心价值观、落实立德树人根本任务的重要载体。

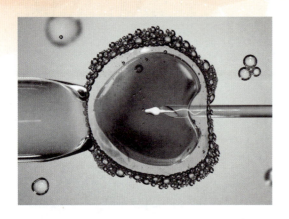

○ 在显微镜下用卫星注射器可以刺破细胞膜，吸出或者注入细胞核。我国在试管婴儿（人工辅助生殖）和"克隆猴"等生物技术与工程方面的成就举世瞩目

安全等，一多半重点领域及其优先主题与生物学相关；前沿技术中第一项就是生物技术，包括靶标发现技术、动植物品种与药物分子设计技术、基因操作和蛋白质工程技术、基于干细胞的人体组织工程技术、新一代工业生物技术。面向国家重大战略需求的基础研究的前三项为：人类健康与疾病的生物学基础、农业生物遗传改良和农业可持续发展中的科学问题、人类活动对地球系统的影响机制。四项重大科学研究计划中，蛋白质研究、发育与生殖研究，与量子调控研究和纳米研究并列。

最后，我们结合《国家中长期科学技术发展规划纲要（2006—2020）》来看看社会的需求。进入 21 世纪，新科技革命迅猛发展，正孕育着新的重大突破，将深刻地改变经济和社会的面貌。"纲要"中，水资源、环境、农业、人口与健康和公共

现在，我国新的 15 年"科学技术发展规划纲要"正在研制之中，可以想象生命科学领域的内容在其中仍然会占较大比重。期待同学们能牢牢把握时代脉搏，尽可能根据自己的兴趣爱好和特长做好职业规划前瞻，奠定扎实的学业发展基础。

○ 我国"十四五"时期主要目标任务之一，推动绿色发展，促进人与自然和谐共生。坚持绿水青山就是金山银山理念，持续改善环境质量，加快发展方式向绿色转型（摄影 / 李都）

思考：

本文对你有什么触动？

关于学习生物学要发展核心素养，说说你的理解。

参考文献

[1] 中华人民共和国教育部 . 普通高中生物学课程标准 (2017 年版 2020 年修订)[M]. 北京：人民教育出版社，2020.

[2] 中华人民共和国教育部 . 义务教育生物学课程标准 (2011 年版)[M]. 北京：北京师范大学出版社，2012.

[3] 付尊英，刘广发 . 普通高中教科书：生物学 [M]. 北京：北京师范大学出版社，2019.

[4] 教育部考试中心 . 中国高考评价体系 [M]. 北京：人民教育出版社，2019.

遇见科学

04

院士专家讲科学

牛建伟:

北京航空航天大学教授,博士生导师,卡内基梅隆大学访问学者,国家重点研发计划首席科学家,目前担任中国软件行业协会嵌入式系统分会理事

李延祺:

北京航空航天大学杭州创新研究院工程师

任涛：

博士，北京航空航天大学杭州创新研究院副研究员

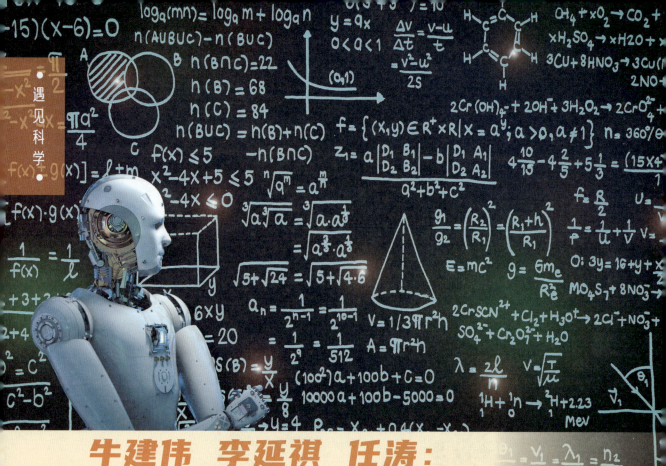

牛建伟　李延祺　任涛：

○ 培养计算思维

如何学好计算机

迪杰斯特拉说："我们所使用的工具影响着我们的思维方式和思维习惯，从而也将深刻地影响着我们的思维能力。"

现代社会，人们在工作、生活和学习中会遇到各种各样的问题，为了给读者提供思考问题、解决问题的思维模式，本文从计算思维出发，带你领略计算思维的魅力，从而培养计算思维意识，提高计算科学实践能力。

什么是计算思维？

"万物皆数"，意思是万物的本源是数。对于一个数学问题来说，只有确定其能够采用的数学解算规则，这个问题才会有解。这种理念蕴含着古代学者对计算的根本——可行性问题的理解。随着计算机科学的发展，计算的概念也在不断延伸，现在的计算是依据一定的法则对有关符号串进行变换的过程。进一步说，计算的过程就是从一个已知符号开始，依据一定的法则，经过有限步骤，最后得到一个满足

○ 什么是计算思维

符合预期的结果，这种符号变换过程就是计算。比如，1+1=2，这就是一个简单数值计算；而计算机中的二进制编码规则，所有信息在计算机中以 0、1 二进制存在，这就是目前计算机的计算模式。

思维是大脑借助于语言对客观事物的概括和间接反应的过程。通常意义上的思维，涉及认知行为或智力活动。思维是探索与发现事物内部的本质联系和规律性的过程，是认识过程的高级阶段。思维可以帮助我们通过学到的知识和积累的经验来认识客观事物。思维具有一定的概括性，主要表现在思维对某一类事物非本质属性

的摒弃和对其共同本质特征的概括归纳。

了解计算和思维之后，我们开始认识计算思维。原美国卡内基·梅隆大学周以真教授提出了计算思维的概念：计算思维（Computational Thinking，CT）是运用计算机科学的基础概念进行问题求解、系统设计和理解人类行为等涵盖计算机科学广度的一系列思维活动[1]。简单来说，计算思维是一种普适思维方法和基本技能，其适用人员并非局限于计算机科学家，每个人都可以学习并使用。与数学和物理科学相比，计算思维中的抽象显得更为丰富，也更为复杂。数学中抽象的最大特点

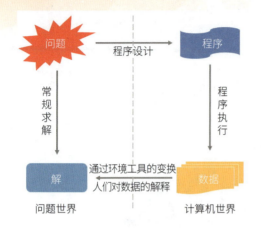

问题 → 程序设计 → 程序

常规求解

程序执行

解 ← 通过环境工具的变换 人们对数据的解释 ← 数据

问题世界　　　　计算机世界

○ 使用计算机学科解决问题的过程

是抛开现实事物的物理、化学和生物学等特性，而仅保留其量的关系和空间的形式，而计算思维中的抽象却不仅仅如此，计算思维中的抽象不只是抽象[2]出数据，更主

要的是利用抽象使我们设计的程序能正确反映客观事物的本质及其运行规律。

计算思维以设计和构造为特征，以计算机学科为代表，运用计算机科学的基础概念去求解问题、设计系统和理解人类行为。计算思维的本质[3]是分析问题、抽象问题和自动化解决问题。通过对问题进行分析，去除问题的表面现象，抽取出问题的实质（计算方法或数学模型）；进而对抽取出的问题实质进行抽象，有选择性地忽略某些细节，将复杂问题或系统处理成一些问题的抽象；最后针对复杂问题的抽象采用自动化方法来解决，选择合适的计算方法解释执行问题。

○ 计算思维是每个人都可以掌握的基本技能

为什么要培养计算思维能力？

思维是创新的源头，技术与知识是创新的支撑。在学习计算机科学时，我们要思考"计算机"的思维：计算机是如何工作的？计算机的功能为什么变得越来越强大？而在使用计算机时，我们又要思考：现实世界中如何利用计算机进行控制和处理的？计算机是如何和外界进行信息传递的？计算思维是一种能把想法和知识融会贯通，进而变成具有现实意义的工具；我们可能不再需要用纸和笔来画自己的想法，也不再需要用折纸、剪刀和胶水去做改动；我们可以用计算机做任何令人惊讶的事情，而其正是一种在当今必不可少的语言和工具，计算思维已经越来越显示出它独特的魅力。

计算思维是每个人都可以掌握的基本技能，不仅仅属于计算机科学家。正如印刷出版促进了阅读、写作和算术的普及，计算和计算机也促进了计算思维的传播[1]。每个孩子在培养解析能力时不仅要掌握阅读、写作和算术，还要学会计算思维。

培养计算思维的目标是培养青年学生解决问题的良好意识，也就是当遇到实际问题时，马上就能意识到能否利用计算学科的思想、方法和技术来求解。在计算学科，计算思维的核心思想就是"与其培养应用能力，不如培养应用意识"。当学生拥有了应用意识，并且具备相关知识后，再碰到应用领域的实际问题时，就会意识到应该如何去解决实际问题。

在教育中，计算机学科的基础教学[4]不只是教授一些基本操作和计算机基本思想，更多的是讲授蕴含在计算机专业教育中的大量计算思维方法。对于计算机学科教学来说，计算思维意识永远是第一位的；与其培养学生专业技能，不如培养学生学科意识，让学生养成特定的思维习惯。

计算思维在各学科的应用

计算思维正在逐步影响其他学科，如机器学习加快了统计学发展进程，计算生物学改变着生物学家的思考方式，计算博弈理论为经济学家提供了新的研究思想，计算化学改变了化学家的实验方法。

计算思维与生物学

计算生物学[5]是指开发和应用数据分析及理论的方法、数学建模、计算机仿真技术等，是融合生物学、行为学和社会群体系统研究的一门学科。由于生物学数据量和复杂性不断增长，每14个月基因研究产生的数据就会翻一番，仅依靠观察和实验已难以有效解决问题。必须依靠大规模计算技术，从海量信息中提取有用的数据。计算生物学的研究内容主要包括：生物序列的片段拼接、序列对接、基因识别、蛋白质结构预测和生物数据库等。

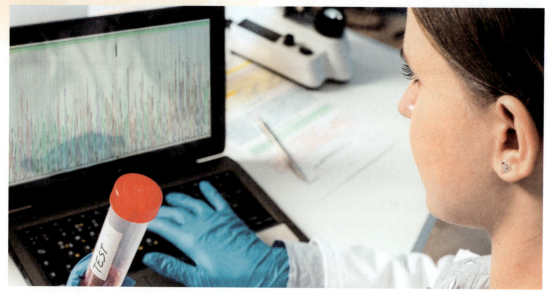

○ 科学家正在做基因测序

计算思维与脑科学

脑科学是研究人脑结构与功能的综合性学科，以揭示人脑高级意识功能为宗旨，与教育学、心理学、人工智能、认知学科，以及创造学等学科有紧密联系和交叉渗透。通过机器学习分析脑成像，对大脑的研究便可扩展至记忆、注意力、决定等方面。在某些情况下，脑成像技术甚至能够识别研究对象所见到的图像或者阅读的词语。

○ 脑机"互连"，记录大脑的活动情况

计算思维与化学

计算化学[6]是根据基本的化学理论，以大量数值运算方式来探讨化学系统的性质。主要将分子模拟为工具实现各种核心化学的计算问题，架起了理论化学与实验化学之间的桥梁。计算思维已经深入化学研究的方方面面，绘制化学结构及反应式，分析相应的属性数据、系统命名及光谱数据，都需要计算思维来支撑。

化学研究中所使用的化学软件就是要在化学理论和化学事实基础上，建立起相应的数据库，从而挖掘数据库中的数据，来达到抽取化学信息、归纳化学事实、推理新的化学理论的目的。

计算思维与经济

传统经济模式以实体经济为主，具有明确的层级结构，营销模式较为单一；而计算思维下的经济模式转变成了以虚拟经济和实体经济相结合的方式，成为一种推崇开放、平等和自由快捷的经营方式。新的经济模式下，以算法为核心的机器智能主导、以信息（包括知识和数据）为资源、以网络为基础平台的经济形态[7]已经逐步形成。在我们的生活中，采用计算思维构建的多种经济营销模式正在逐步推广，如平台经济（滴滴出行）、共享经济（爱彼迎）、数据经济（深圳市市民出行优化系统）和虚拟经济（比特币）等。

互联网让要素更高效流通

资金

信息

资源

生产中数据先行

市场中也有免费的午餐

○ 计算思维对经济发展的影响

○ 机密信息"隐身"在大量信息中

计算思维与文字处理

互联网和信息技术的蓬勃发展，带来的海量数据使得人们想要找到符合自身需求的信息变得困难，导致了"数据爆炸但知识缺乏"现象的发生，基于文本信息的挖掘技术应运而生。"文本挖掘"是指从文本数据中发现有价值的信息和知识的计算机处理技术，是运用计算思维和利用计算机技术取得新发现的具体体现。文本挖掘是从未经处理的文本中提取出未知的知识，它处理那些本来就模糊而非结构化的文本数据，涵盖了信息技术、文本分析、模式识别、统计学及数据挖掘等多种技术。当前文本挖掘已经应用到了电子商务网站、新闻消息自动化处理和邮件分析处理等方面。

培养计算思维的核心方法

计算工具可以帮助我们解决很多复杂的问题，但是在一个问题能够被计算机系统解决之前，需要利用计算思维的方法来理解和抽象问题本身，以及思考解决问题方案。计算思维的方法主要包括四个步骤：

（1）分解——将一个复杂的问题或系统分解成多个更小的、可以处理的部分；

（2）模式识别——从分解后的小问题中寻找相似的模式；

（3）抽象——提炼出问题中重要的、本质的信息，剔除次要的信息；

（4）算法——开发出一步一步解决问题的步骤过程，进而编程，实现问题。

分解

分解[8]的核心思想是将复杂问题分解为若干简单的子问题。人们利用计算机解决现实问题时，常常不知道该如何下手，一个复杂的问题或系统，如果不知道应该如何有效分解，问题就会很难处理；将一个复杂的问题分割成许多小问题，再把这些小问题各个击破；小问题全部解决之后，原本的大问题也就解决了。假如我们的一台计算机出现部件故障，将整台计算机分解成较小的模块（部分）；再对每个部分分别进行故障检查，这样就很容易找到出现故障的部件。

模式识别

将一个复杂的问题分解之后，可以发现小问题中有共同的属性或相似之处，我们可以将其看作计算思维中的模式。模式

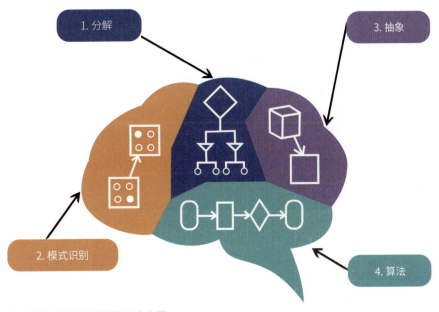

○ 计算思维解决问题的四个步骤

输入图像由像素RGB值编码　　　　选择疑似人脸区域　　　提取特征并分类为"人脸"和"非人脸"两个类别　　　得到结果

○ 人脸检测方法示意图

识别[9]是指在一组数据中找出特征或规则，用于对数据进行识别与分类，以作为决策判断的依据。模式可以让问题的解决更简化，可以用相同的方法解决具有相同模式的问题。

当前常见的生物识别技术就是利用人体的形态、构造等生理特征，以及行为特征作为依据，通过光学、声学、生物传感等高科技设备，对个人进行身份识别与身份验证。例如，指纹识别系统，先用机器读取指纹样本；然后再提取指纹的特征，与数据库中存储的指纹样本进行对比和验证。脸部识别技术则是通过摄像头提取人脸的特征（包括五官特征），与数据库中存储的特征模板进行搜索匹配，把匹配得到的结果输出。

抽象

抽象[1]就是过滤或忽略掉不重要的特征，集中在重要的特征信息上，有助于问题的概括简化。抽象没有固定的模式，具体的抽象方法会随着问题或实际情况进行变化。

针对一辆汽车进行抽象，不同的人会有不同的方法：汽车的销售人员会将汽车抽象成由车轮、引擎、方向盘、车门、座椅等组成的一个整体系统，而汽车维修人员则会将汽车看成是由底盘系统、传统系统、悬吊系统组成的一个大系统。

算法

算法是解决问题的方法和步骤，也是解决问题的一种思维方式。一个可执行的计算机程序是由算法和数据结构组成的，计算机程序就是用计算机语言表述的算法，流程图就是图形化的算法，设计程序的目的是加工数据，而算法就决定了如何加工数据。算法有其基本特点：有穷性——任何一个算法必须在执行有限次之后结束；确定性——组成算法的每个步骤都是确定的、明确无误的；可行性——算法中的每一步都是可以执行的；输入——算法开始前，可以有零个或多个输入数据；输出——每种算法必须有确定的结果，产生一个或多个输出。

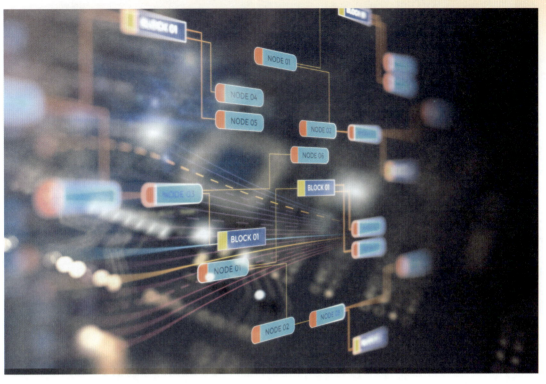

○ 培养计算思维，需要养成如何利用大量数据技术来解决实际问题的习惯

关于计算思维的思考

在大数据和人工智能时代，除了培养计算思维，还需要养成利用大量数据来解决实际问题的习惯。

计算思维是和计算工具紧密相关的[10]。如果是在古代算筹、算盘等计算工具下谈论计算思维，也许是考虑如何借助算筹、算盘等计算工具解决实际问题。而在当前基于硅芯片和冯诺依曼架构的电子计算机时代，培养计算思维的主要目标是养成把现实世界中的实际问题规约成可以借助计算机（分解、迭代）执行

的意识。如果是在未来的计算工具（量子计算机、生物计算机）时代，培养计算思维就应当根据计算工具能够提供的计算功能和能力来确定。

计算思维是和计算能力紧密相关的。在电子计算机应用的早期，利用计算机解决实际问题，主要考虑如何把问题抽象成用可解释的流程和算法（白盒方法）实现的程序，如各种信息系统、数据库等。在大数据和人工智能时代，培养计算思维，还需要养成如何利用大量数据技术（黑盒方法）来解决实际问题的习惯，如人脸识别、语言翻译、商品推荐等应用。

思考：

本文对你有什么触动？
说说你对计算思维的理解。

参考文献

[1] Jeannette M.Wing. Computational thinking[J]. Communications of the ACM, 2006, 49（3）：33−35.

[2] 李科，刘钰，宋昊敏，等.新工科背景下青少年计算思维能力培养探索[J].科技风，2020, 000（008）：221−222.

[3] Jeannette M.Wing. Computational thinking and thinking about computing[J]. Philosophical Transactions of the Royal Society A: Mathematical, Physical and Engineering Sciences, 2008.

[4] 张进宝.计算思维教育：概念演变与面临的挑战[J].现代远程教育研究，2019, 31（06）:89−101.

[5] Florian Markowetz. All biology is computational biology[J]. PLOS Biology, 2017, 15（3）：e2002050.

[6] Goh, Garrett B., Hodas Nathan O., Vishnu Abhinav. Deep learning for computational chemistry[J]. Journal of Computational Chemistry, 2017, 38（16）：1291−1307.

[7] Sadiku Matthew N.O., Tembely Mahamadou, Sarhan M. Musa. Computational Economics[J]. International Journal of Engineering Research, 2017, 6（11）：464−465.

[8] Kathryn M. Rich, et al. Decomposition: A k−8 Computational Thinking Learning Trajectory[J]. Proceedings of the 2018 ACM Conference on International Computing Education Research, 2018, 8：124−132.

[9] Ashok Basawapatna, Kyu Han Koh, Alexander Repenning, et al. Recognizing computational thinking patterns[J]. Computer science education, 2011, pp: 245−250.

[10] Alexander Repenning, A. R. Basawapatna , N. A. Escherle . Principles of Computational Thinking Tools[M]. Cham: Springer International Publishing AG, 2017.

遇见科学

04

院士专家讲科学